Heriburg Laarmann

Bilder erzählen von Gott

Neue Gottesdienstmodelle

Herder

Freiburg · Basel · Wien

Gedruckt auf umweltfreundlichem,
chlorfrei gebleichtem Papier

Umschlagfoto von Heriburg Laarmann

Dritte Auflage

Inhalt

Vorwort

Alles in unserer Welt erzählt von Gott, der „alles und in allen wirkt" (1 Kor 12, 6). Jedes Bild, jedes Geschehen kann als Gleichnis gedeutet und verstanden werden. Gott will immer und überall Begegnung mit uns feiern. Jesus sprach zu den Menschen seiner Zeit in Bildern und Gleichnissen (vgl. Mt 13, 34; Mk 4, 33–34) von der Nähe Gottes und seinem Wirken. Seit der Menschwerdung Gottes in Jesus von Nazaret ist Gott in unserer Welt zu finden. In Jesus hat er gezeigt, daß es seine Leidenschaft ist, bei den Menschen zu sein in Freude und Leid. Weil Jesus bei uns bleibt bis zum Ende der Welt (Mt 28, 20), gibt es keine gottlose Welt und keinen weltlosen Gott. Gott verliert, wer ihn nur als reinen Geist sucht und versteht. Bilder, Zeichen, Symbole, Lebensgeschichten, Märchen und alltägliche Ereignisse erzählen von Gott, der in unserer Welt ist. Mein Anliegen ist es, Glauben und Leben miteinander zu verbinden, Gott im Leben, in der Welt, im Alltäglichen entdecken zu helfen, um ihm liebend und anbetend begegnen zu können. Um Gott in jedem Bild, in jedem Menschen, Zeichen und Symbol begegnen zu können, müssen wir uns unsere Sinne öffnen lassen, um ganz offen zu sein für den gegenwärtigen Gott in dieser Welt. Nur wer mit allen Sinnen lebt, wird den Sinn seines Lebens finden, wird sinnvoll leben. Für solche Menschen ist alles transparent auf Gott hin. Die ganze Schöpfung, die wir mit unseren Sinnen wahrnehmen, kann zum Bild für Gott werden. Aus allen Poren des Lebens kann uns Gottes Nähe, Güte und Liebe entgegenströmen. In dieser diaphanen Glaubenssicht des Lebens weiß ich mich mit unserem Ordensvater Franz von Assisi verbunden. Das Wesentliche liegt nicht an der Oberfläche. Nur wer in sich geht und in die Dinge dieser Welt, der findet Gott, der in allem und durch alles zu erfahren ist. Wer immer und überall Begegnung mit Gott feiert, der kann tanzen, singen, feiern, aber auch kämpfen gegen Ungerechtigkeit, Hunger, Durst und Krankheit in dieser Welt, gegen die Zerstörung der Schöpfung und gegen jede Art von Tod.

Durch Bilder, Märchen, Geschichten, Zeichen und Symbole versuche ich in diesen Gottesdienstentwürfen Kindern und Erwachsenen einen tieferen Zugang zu Gott und seiner Botschaft zu erschließen. Im jeweiligen Vorwort zu den Büchern: „Freude am Glauben" (Matthias Grünewald-Verlag), „Mit Zeichen und Symbolen", „Mit Märchen und ihren Sinnbildern" und „Wir feiern Erstkommunion" (alle Herder-Verlag) habe ich über Vorbereitung und Feier der Familiengottesdienste viel geschrieben, das ich hier nicht wiederholen möchte.

Die Hochgebete sind entnommen aus „Fünf Hochgebete" (für Meßfeiern mit Kindern), Verlag Herder, Freiburg – Basel – Wien.

Die Liedvorschläge sind sicher nicht für alle Gemeinden geeignet. Jede Diözese und jede Gemeinde haben ja ihr eigenes Liedgut, das auch eingesetzt werden sollte. Die Lieder, die nicht im Gotteslob (GL) zu finden sind, wurden größtenteils folgenden Sammelbänden entnommen:

GL/EA = Gotteslob/Ergänzungsheft der Diözese Aachen (Kühlen-Verlag, Mönchengladbach 1985)
Ls = Laudato si mi Signore (Klerikat der Franziskaner-Minoriten, Franziskusgasse 7, 87 Würzburg 11)
UL = Unser Lied soll nun erklingen (Liederbuch für Kinder, herausgegeben von Hermann Josef Frisch, Gemeindekatechese Bagel, Düsseldorf)
Ws = Wenn du singst, sing nicht allein (Liederbuch für junge Leute, herausgegeben von Hermann Josef Frisch, Heinz-Josef Ossendorf und Wilfried Pilz, Bagel, Düsseldorf)
KD = Lieder und Texte zum 87. Katholikentag Düsseldorf (Herausgeber: Erzbischöfliches Generalvikariat Köln, Hauptabteilung Seelsorge)
DR = Der Regenbogen (Liederheft der Abtei Münsterschwarzach)
Die Lieder von Ludger Edelkötter sind aus dem Impulse-Musikverlag, Natorp 2, 4406 Drensteinfurt, die Lieder von Peter Janssens sind aus dem Peter-Janssens-Musikverlag, 4404 Telgte.

An vielen Stellen wurden Vorschläge zum Tanz gemacht, weil Kinder einen starken Bewegungsdrang haben und Gott mit ihrem ganzen Sein loben möchten. Einige Tänze wurden genommen aus: „Getanztes Gebet" von Waltraud Schneider (Herder-Verlag, 4. Aufl. 1989), andere Tanzbeschreibungen habe ich am Ende des Buches zusammengestellt. Kindern macht es viel Freude, Bewegungen und Tanzschritte zu Liedern oder zur Musik selbst zu erfinden.
Allen, die mit diesen Texten arbeiten oder sich davon anregen lassen, wünsche ich viel Freude und eine tiefe Erfahrung von Gottes Nähe und Liebe in allen Begegnungen und in allem Tun. Allen, die mit mir gesucht, gearbeitet, gebetet und gefeiert haben, danke ich. Besonders erwähne ich Propst Edmund Erlemann, Mönchengladbach, der diese Gottesdienste gefeiert und die Texte mit Leben gefüllt hat. Pater Erich Purk OFMCap, Werne, danke ich für die Durchsicht des Manuskripts.

Duingen, Pfingsten 1990

Heriburg Laarmann
Franziskanerin von Lüdinghausen

Türen öffnen

Vorzubereiten:
Eine Häuserzeile aus fester Pappe mit 4 aufgemalten Türen, die geöffnet werden können.

Eröffnung

Lied GL 115: Wir sagen euch an den lieben Advent – *oder* Lied: Im Advent, im Advent (aus: Edelkötter „Weihnachten ist nicht mehr weit")

Begrüßung und Einführung

Wir feiern miteinander Advent – Ankunft des Herrn. Der Herr will bei uns ankommen. Haben wir für ihn eine offene Tür? Der Herr ist nahe. Er kann nur da ankommen, wo er eingelassen wird. Über verschlossene und offene Türen wollen wir in diesem Gottesdienst nachdenken.

Vater: Mit Türen haben wir alle unsere Erfahrungen. Niemand von uns kann sagen, durch wieviele Türen er schon im Laufe des Lebens gegangen ist.

1. Kind: Durch manche Türen gehe ich gerne. Die Tür zu unserer Wohnung, die Tür zu meinem Zimmer, die Tür zu meinem Freund ist immer offen. Durch diese Türen gehe ich gerne.

2. Kind: Manche Türen machen mich neugierig. Wenn vor Weihnachten einige Türen verschlossen sind, Türen zu einem Schrank, in dem ich Schätze und Überraschungen vermute, dann machen diese Türen mich neugierig.

Mutter: Es gibt Türen, vor denen ich warten muß: beim Arzt ..., Türen, vor denen ich mit Herzklopfen stehe: beim Sozialamt, beim Jugendamt, beim Arbeitsamt ... Es gibt Türen, da habe ich Angst, sie zu öffnen: die Tür zu einem Krankenhaus, zu einem Sterbezimmer, die Tür zu einem Menschen, der mich nicht mag.

Priester: Türen erinnern mich an Menschen. Wir Menschen gleichen offenen oder verschlossenen Türen. Sind wir offene oder verschlossene Menschen?

Besinnung

3. Kind: Manchmal schlagen wir anderen die Tür vor der Nase zu. Wir sind verschlossen und abweisend. Darum bitten wir:

Lied GL 103, 1: Tau aus Himmelshöhn

4. Kind: Wenn wir uns zanken und streiten, dann schlagen wir oft aus Wut Türen zu. Manche Türen sind für immer zu. Darum bitten wir:

Lied 103, 2:

Erwachsener: Gott, manchmal sind wir verschlossen dir und den Menschen gegenüber, verschlossen durch Gleichgültigkeit, Egoismus, Vorurteile. Wir sind uninteressiert und abweisend. Darum bitten wir:

Lied 103, 3:

Gebet

Guter Gott, wir feiern Advent. In Jesus, deinem Sohn, willst du bei uns ankommen. In vielen Menschen begegnest du uns, wir aber erkennen dich nicht. Öffne uns Augen und Herz, damit wir dich erkennen, wenn du bei uns ankommen willst. Hilf, daß wir immer eine offene Tür haben für Jesus, deinen Sohn, daß wir ihm Raum und Heimat schenken in uns und unter uns. Darum bitten wir durch Jesus Christus, unsern Herrn. Amen.

Kanon: Macht hoch die Tür (aus: Adventskalender, Essen 1987)

Spiel

Erzähler: Draußen ist es kalt. Eisig bläst der Wind. Durch die Straßen kommt ein armer Mann, in Lumpen gehüllt. Er ist müde. Das Gehen fällt ihm schwer. Er geht auf das erste Haus in der Straße zu und klopft an. Wird er eine offene Tür finden?

Mann: Hallo! Hallo! Macht mir bitte auf! – Hallo! Bitte, öffnet mir eine Tür.

Hausbewohner 1: Was willst du?

Mann: Ich habe Hunger und Durst! Habt ihr etwas für mich?

Hausbewohner 1: Wir haben gerade den Tisch abgeräumt. Wir können dir nichts geben. Geh weiter!

Erzähler: Die Tür war zu. Menschen, die im Haus sind, lassen den Mann draußen stehen. Sie kümmern sich nicht um ihn. Der arme Mann ist traurig.

Kanon: Macht hoch die Tür

Erzähler: Der Mann geht weiter. Er klopft an die Tür des nächsten Hauses.

Mann: Hallo! Macht mir bitte auf!

Erzähler: Er wartet und klopft wieder.

Mann: Hallo! Hallo!

Erzähler: Er wartet lange. Endlich kommt jemand!

Hausbewohner 2: Was willst du hier?

Mann: Ich friere! Darf ich mich bei euch aufwärmen?

Hausbewohner 2: Das fehlt uns gerade noch! Du schleppst uns nur Läuse ins Haus. Du stinkst! Wir erwarten Besuch. Alles ist für den Empfang gerichtet. Für dich haben wir keinen Platz! Geh weiter!

Kanon: Macht hoch die Tür

Erzähler: Der arme Mann geht weiter zum nächsten Haus. Er friert, ist müde und hungrig, darum klopft er an die nächste Tür und ruft:

Mann: Hallo! Ich brauche Hilfe! Hilfe! Ich habe Hunger und Durst. Ich friere. Ich bin krank und müde.

Hausbewohner 3: Geh, du störst uns! Belästige uns nicht! Geh ins Krankenhaus. Wir sind für deine Krankheit nicht zuständig. Du steckst uns nur an.

Kanon: Macht hoch die Tür

Erzähler: Der arme Mann geht weiter. Er klopft an die nächste Tür.

Mann: Hallo! Hallo! Hört mich an! Laßt mich bitte bei euch ins Haus.

Hausbewohner 4: Warum gehst du nicht nach Hause? Hier wohne ich. Hier kannst du nicht sein. Meine Tür ist für dich zu!

Erzähler: Der arme Mann weiß nicht, was er machen soll. Er weiß nicht mehr weiter. Alle Türen und alle Menschen sind verschlossen. Alle weisen ihn ab.

Mann: Sind für mich alle Türen zu? Sind alle Menschen verschlossen und abweisend? Ist kein offener Mensch, keine offene Tür zu finden?

Kanon: Macht hoch die Tür

Erzähler: Da kommt jemand des Weges, einer, der auch draußen ist.

Helfer: Warum bist du nicht zu Hause? Es ist hier draußen viel zu kalt. Du zitterst ja vor Kälte!

Mann: Ja, es ist sehr kalt! In einer Welt, in der Menschen und Türen verschlossen sind, ist es bitterkalt.

Helfer: Wo wohnst du?

Mann: Ich habe kein Zuhause! Für mich gibt es keine offene Tür. Niemand läßt mich zu sich herein. Alle verweigern mir den Zutritt. Niemand macht mir eine Tür auf.

Helfer: Komm! Ich habe für dich eine offene Tür. Bei mir findest du Zugang. Bei mir darfst du ausruhen und dich wärmen. Bei mir darfst du essen, trinken und gesund werden. Bei mir darfst du zu Hause sein.

Kanon: Macht hoch die Tür

Mann: Warum öffnest du mir deine Tür?

Helfer: Weil ich bei dieser Kälte keinen Menschen draußen lassen kann! Gott hat uns Menschen eine Tür aufgetan, bei ihm finden wir immer eine offene Tür, darum möchte auch ich offen sein für alle, die in Not sind. Ich möchte, daß alle bei mir eine offene Tür finden, weil ich auch Zugang zu anderen Menschen suche.

Mann: Eine Tür, die sich öffnet, schenkt Mut, Hoffnung und neues Leben. Eine Tür, die sich öffnet, schenkt Gemeinschaft, Frieden und Freude. Wer kann Menschen aus der Verschlossenheit befreien? Wer schenkt uns einen neuen Zugang zum Leben?

Kanon: Macht hoch die Tür

Evangelium

Predigt Johannes des Täufers Lk 3, 1–16 (Lektionar für Gottesdienste mit Kindern Bd I, Nr. 17 oder 144) *Seid wachsam! oder:* Mk 13, 33–37 (Lektionar für Gottesdienste mit Kindern, Bd I, Nr. 13) *oder:* Mt 24, 37–44

Ansprache

Manche meinen, Geschichten, wie wir sie vorhin im Spiel gesehen haben, die gibt es heute bei uns nicht. Es gibt sie! Gestern habe ich mit einem Mann gesprochen, der im Park unter den großen Sträuchern wohnt. Er hat sich dort ein Lager eingerichtet: eine alte Matratze, Decken und Plastiksäcke. Auch jetzt im Winter schläft er unter den Sträuchern im Park, weil es für ihn keine offene Tür gibt. Es gibt viele Freunde von der Straße, die kein Zuhause haben, keine Tür, die sich für sie öffnet. Sie schlafen in alten Schuppen oder in abbruchreifen Häusern. Von vielen Leuten werden sie „Penner" oder „Stadtstreicher" genannt. Das tut ihnen weh, denn sie sind Menschen, die so fühlen wie wir. Manche möchten anders leben, aber sie schaffen es nicht. Von vielen Menschen werden sie abgelehnt, weil diese voller Vorurteile ihnen gegenüber sind. Wenn jemand für sie eine offene Tür, ein offenes Herz hat, dann erzählen sie gerne ihre traurigen Lebensgeschichten.

Nicht nur die Freunde von der Straße suchen bei uns eine offene Tür. Die Kinder aus der dritten Welt klopfen bei uns an und bitten uns um Hilfe. Durch unsere Hilfe können wir ihnen eine Tür zum Leben öffnen. Kinder aus der Klasse, die Kummer haben, allein und einsam sind, denen das Lernen schwerfällt, die fremd sind und anders aussehen als wir, sie klopfen an die Tür unseres Herzens und bitten stumm um Hilfe. Vielen Kindern geht es nicht gut. Sie suchen jemand, bei dem sie spielen und etwas erzählen können. Für Kinder von Übersiedlern, Gastarbeitern, Fremden haben wir oft keine offene Tür. Es fällt uns schwer, unsere Spielsachen, unsere Zeit, unser Können und Wissen mit ihnen zu teilen. Es wäre gut, wenn wir allen, die uns brauchen, die Tür zu unserm Herzen öffnen würden, wenn sie bei uns ankommen und Verständnis und Hilfe finden könnten. Täglich begegnen uns viele Menschen, die stumm darum bitten, daß wir ihnen eine Tür öffnen, daß wir uns nicht verschließen und einschließen.

Menschen, die uns brauchen, sind für uns ganz wichtig. In all diesen Menschen will Jesus bei uns ankommen: in dem Freund von der Straße, in den hungernden Kindern aus der dritten Welt, in den Mitschülern und Mitschülerinnen, in den Eltern, Großeltern, in allen, die uns brauchen. Wenn wir ihnen eine Tür zum Leben, zur Freude, zur Hoffnung, zur Freundschaft auftun, dann und nur dann kann Jesus bei uns ankommen, können wir Weihnachten feiern, das Fest der Menschwerdung, das Fest seiner Ankunft bei uns.

Jesus hat nicht nur damals in Betlehem durch Maria und Josef an verschlossene Türen geklopft, er klopft auch heute bei uns an, durch Menschen, die unsere Hilfe brauchen. Er klopft bei uns an, weil er bei uns und durch uns

Mensch werden will. Wenn wir ihm die Tür zu unserem Herzen, zu unserem Leben öffnen, dann kann er ankommen, dann kann Weihnachten werden.

Fürbitten

Priester: Wir wollen Gott unsere Bitten vortragen.
5. Kind: Angst macht verschlossen!
6. Kind: Gott, schenke Mut und Offenheit allen Ängstlichen, damit sie auf andere zugehen und sie um Rat und Hilfe bitten.

Alle: Gott, hilf uns, Türen zu öffnen!

5. Kind: Mißtrauen macht verschlossen.
6. Kind: Gott, schenke Vertrauen und Offenheit allen, die enttäuscht, mißtrauisch oder gehemmt sind, damit sie wieder zugänglich werden. **A.:**
5. Kind: Schuld macht verschlossen.
6. Kind: Gott, schenke Vergebung und Offenheit allen, die schuldig geworden sind, die sich verschlossen haben und die sich von dir abgewandt haben. **A.:**
5. Kind: Egoismus macht verschlossen.
6. Kind: Gott, mache uns offen und bereit, die Not der anderen zu sehen und ihnen zu helfen. **A.:**
Priester: Guter Gott, laß uns die Türen unseres Herzens öffnen, damit Weihnachten werden kann. Amen.

Gabenbereitung

Lied UL 78: Tragt in die Welt nun ein Licht (W. Longardt) *oder:* Herbergssuche (aus: Edelkötter, „Weihnachten ist nicht mehr weit") – *oder:* Eine Kerze zünde an (aus: Edelkötter, „Weil du mich so magst")

Gabengebet

Guter Gott, unsere Gaben Brot und Wein haben wir zu dir gebracht. Verwandle uns mit diesen Gaben in offene Menschen, die für dich und alle Hilfesuchenden eine offene Tür haben. Laß Jesus in den verwandelten Gaben bei uns ankommen. Darum bitten wir durch Jesus Christus, der uns ganz nahe ist. Amen.

Drittes Hochgebet für Meßfeiern mit Kindern

Präfation
Ja, es ist richtig, daß wir dir, unserem guten Gott, immer und überall danken. Wir danken dir, denn jetzt im Advent ist der Herr uns ganz nahe. Er will bei uns ankommen und in uns und durch uns Mensch werden. Mit allen, die für ihn eine offene Tür haben, mit allen, die ihn an- und aufnehmen, mit allen Engeln und Erlösten preisen wir dich und singen:

Lied GL 110,3: Gloria sei dir gesungen – *oder* UL 38: Gott ist heilig (G. Herwegen/Volksweise)

Vater unser

Friedensgruß
Lied GL 106: Kündet allen in der Not – *oder:* Herr, du bist Licht (aus: Edelkötter, „Licht auf meinem Weg")

Kommunion

Dank Lied: Das Licht einer Kerze ist im Advent erwacht (Adventskalender, Essen 1986 mit Lichterspiel) – *oder:* Ich zünde eine Kerze an (aus: Edelkötter, „Weihnachten ist nicht mehr weit") – *oder:* Wie eine Kerze leuchtet (aus: Adventskalender, Essen 1987)

Schlußgebet
Guter Gott, wir danken dir für deine Ankunft bei uns durch Jesus Christus, deinen Sohn. Wir danken dir, daß wir durch ihn immer Zugang zu dir haben. Hilf uns, offene Türen zu haben, und gib uns die Kraft, dich in allen Menschen zu erkennen, die uns brauchen. Komm durch Jesus, deinen Sohn, damit Weihnachten wird in uns und bei uns und durch uns. Darum bitten wir durch Jesus Christus, unsern Herrn. Amen.

Alle sollen Nikolaus sein

Vorzubereiten:
Rote Mitren aus Pappe für alle Kinder.

Eröffnung
Lied GL 115, 1. + 2. Str.: Wir sagen euch an – *oder:* Wir rufen dich, St. Nikolaus (aus: Barbara Cratzius, „Mit Kindern Heilige feiern", Herder 1985)

Begrüßung und Einführung
Jedes Jahr feiern wir das Fest des heiligen Nikolaus. Wir erzählen Geschichten von ihm, sagen Gedichte auf, singen Nikolauslieder und beschenken uns.
(An dieser Stelle kann ein Kind ein Nikolausgedicht vortragen.) Der heilige Nikolaus hat vor mehr als 1600 Jahren gelebt. Weil er gut war und ver-

suchte, die Menschen so zu lieben, wie Jesus es getan hat, darum ist er bis
heute nicht vergessen. Der heilige Nikolaus will uns anstecken mit seiner
Liebe, damit wir nicht nur Nikolaus spielen, sondern jede/r von uns ein
kleiner oder großer Nikolaus ist.
Ihr alle kennt viele Nikolausgeschichten. Immer wieder erzählen wir uns
alte oder neue Geschichten von diesem heiligen Mann. Eine wollen wir
jetzt hören:

Nikolausgeschichte

Der heilige Nikolaus kam nach (Name der Pfarrgemeinde). Er ging durch
die Straßen und Geschäfte und sah sich alles ganz genau an. Bald traf er
Menschen, die waren fast so gekleidet wie er. Sie trugen eine Mitra, einen
roten Mantel und manche auch einen Bischofsstab. „Es ist schön", dachte
er, „daß Leute meinem Beispiel folgen. So kann ich an verschiedenen Orten
gleichzeitig sein." Obwohl sie ihn freundlich grüßten, spürte er doch bald,
daß sie anders waren als er. Viele Nikoläuse waren Angestellte eines Ge-
schäftes. Ihre Absicht war es nicht, dem Beispiel Jesu zu folgen und den
Menschen die Güte und Freundlichkeit Gottes nahezubringen. Nach Ge-
schäftsschluß waren sie nicht mehr zu sehen. „Wenn sie Nikolaus sind,
wenn sie sein wollen wie ich", dachte er, „dann gehen sie jetzt zu alten oder
einsamen Menschen, zu Kranken, Obdachlosen, zu armen und einsamen
Kindern oder zu Menschen, die in Not sind." Bei diesen Leuten aber traf
Nikolaus sie nicht wieder. „An ihrer Güte werden sie nicht sterben!" dachte
er.
Nikolaus besuchte in N.N. viele Kinder, solche, die ihr Zimmer, ihr Bett,
ihre Spielsachen und alles, was sie hatten, mit anderen teilen mußten, aber
auch solche, die in großen Wohnungen zu Hause waren, die fast erstickten
in Bergen von Spielzeug, Kleidung und Süßigkeiten. Er ging zu den Kindern
der Gastarbeiter, und sie freuten sich, daß Nikolaus ein Herz für alle Menschen hat. Er ging zu einsamen Kindern, die von ihren Eltern fast immer
allein gelassen wurden. Er besuchte kranke und behinderte Kinder. Er ging
in die Schulen und auf die Spielplätze. Manchen Kindern schenkte er
kleine Gaben, anderen gab er ein gutes Wort, einigen schenkte er viel Zeit.
Alle freuten sich über seinen Besuch. Viele Kinder kannten Geschichten
aus seinem Leben, sie kannten Nikolausgedichte und -lieder, aber so leben
wie er, nein, das wollten sie nicht. „Schade", dachte Nikolaus, „jedes Jahr
feiern sie mein Fest. Sie lassen sich beschenken und singen Nikolauslieder,
aber meinem Beispiel folgen sie nicht. Wie schön wäre es doch, wenn in
N.N. alle Kinder Nikolaus wären, wenn sie helfen, teilen und Freude schenken würden." Ob er länger in N.N. bleiben mußte? Vielleicht brauchten die
Leute hier mehr Zeit, um zu begreifen, was es heißt: Nikolaus zu sein.
Nikolaus ging nicht nur zu den Kindern. Hier half er einer Kranken, dort
setzte er sich zu einem einsamen alten Mann. Mal fuhr er Kranke im Roll-
stuhl spazieren, dann wieder saß er bei den Nichtseßhaften am Bahnhof
oder im Park. Er besuchte Menschen in Altenheimen, in Krankenhäusern

und im Gefängnis. Er besuchte aber auch solche, die in ihren großen Wohnungen vor Einsamkeit zugrunde gingen. Alle freuten sich über seinen Besuch und baten ihn: „Bleibe bei uns, wir brauchen einen Menschen, der so ist wie du, Nikolaus." „Schade", sagte Nikolaus, „daß ich hier bei euch nicht überall gleichzeitig sein kann. Warum gibt es denn hier so wenige, die Nikolaus sind?"

Nikolaus war schon auf dem Weg, die Gemeinde wieder zu verlassen. Da besuchte er schnell noch eine kinderreiche Familie, die arm war. Viele Personen lebten hier in einer engen Wohnung zusammen. Der Vater war krank und arbeitslos. Die Mutter verdiente sich durch Putzen etwas Geld. Alle freuten sich sehr, daß Nikolaus sie besuchte. Nikolaus verschenkte alles, was er noch besaß. Nun waren seine Hände und Taschen ganz leer.

„Das geht nicht, Nikolaus", sagte Ralf, „du mußt auch anderen Kindern noch etwas schenken." Er holte seine letzten Spargroschen und legte sie Nikolaus in die Hand. Da geschah etwas Wunderbares. Die Groschen verwandelten sich in der Hand zu dicken Goldstücken. Alle staunten. „Du selbst aber bist das kostbarste Goldstück", sagte Nikolaus zu Ralf, „du bist ein richtiges leuchtendes Goldstück. Wer alles abgibt, wer verschenkt, was er hat, der wird erleben, daß es sich in seiner Hand verwandelt."

Nikolaus wußte sofort, wohin er die Goldstücke bringen mußte, damit eine andere Familie ihre Mietschulden bezahlen konnte. Er setzte Ralf seine Mitra auf. Der sah nun aus wie ein kleiner Nikolaus. Er nahm ihn bei der Hand und ging mit ihm zu der Familie, die in Not geraten war. Nikolaus hob Ralf hoch. Der warf die Goldstücke durch das Fenster, und beide flitzten schnell um die Ecke, damit sie nicht gesehen wurden.

Ralf sah Nikolaus nie wieder. Jetzt aber wußte er: Ich muß Nikolaus sein, jede/r von uns muß Nikolaus sein. Ralf ging beglückt mit seiner Mitra nach Hause. Er machte für alle Kinder, die hier zum Gottesdienst kommen, eine Mitra. Er dachte: „Sie alle müssen Nikolaus sein und erfahren, wie schön es ist, ein kleiner oder großer Nikolaus zu sein."

Aktion

Vielleicht hat sich in eurer Hand auch schon einmal etwas verwandelt. Eine Tafel Schokolade, ein schöner Stift, eine Blume hat sich in unserer Hand verwandelt in ein Zeichen der Liebe und Freundschaft, in ein Geschenk. Wer gut ist, teilt und hilft wie St. Nikolaus, der wird selbst zu einem Goldstück, zu dem die Leute sagen: „Du bist ein Goldstück."

Wie schön wäre es, wenn in unserer Gemeinde außer Ralf ganz viele leuchtende „Goldstücke" lebten. Nikolaus würde sich freuen, denn dann könnte er an ganz vielen Stellen gleichzeitig sein. Ihr bekommt jetzt alle eine Mitra, die könnt ihr aufsetzen. Ihr seht dann aus wie Nikolaus – ganz viele Nikoläuse. Ihr seht so aus. Ihr seid aber erst Nikolaus, wenn ihr teilt, helft und Freude macht wie der heilige Nikolaus. Seid Nikolaus heute!

16

Mitren verteilen

Lied: Als Nikolaus Bischof von Myra war (in: „Die Zugabe", Fidula-Verlag, Boppard) – *oder:* Wir feiern heut St. Nikolaus (aus: Religionspädagogische Praxis 1980/4-RPA-Verlag, Landshut)

Gebet

Gott, der heilige Nikolaus war den Kindern zugetan. Er hatte ein Auge, ein Ohr und ein Herz für alle, die Hilfe brauchten. Laß uns durch das Beispiel dieses Heiligen angesteckt werden, die Menschen so zu lieben, wie Jesus, dein Sohn, es getan hat. Hilf uns, „Nikolaus" zu sein und für viele Menschen zu lebendigen „Goldstücken" zu werden. Darum bitten wir dich, durch Jesus Christus, der mit dir lebt und liebt in Ewigkeit. Amen.

Evangelium

Johannes predigt in der Wüste, Lk 3, 3–6; 10–14; 18 (Lektionar für Kindergottes-dienste Bd I, Nr. 144) – *oder: Kehrt um! Das Himmelreich ist nahe,* Mt 3, 1–12 – *oder: Die Seligpreisungen,* Mt 5, 1–12 a (Lektionar für Kindergottesdienste Bd II, Nr. 26)

Fürbitten

Priester: Gott hat uns den heiligen Nikolaus geschenkt. Er weiß, wie schwer es uns fällt, zu teilen und zu helfen. Damit wir seinem Beispiel folgen können, bitten wir:
1. Kind: Laß uns dem Beispiel des heiligen Nikolaus folgen und teilen mit allen, die in Not sind.
Alle: Entzünde in uns das Feuer deiner Liebe!
2. Kind: Hilf, daß wir traurigen Kindern viel Freude schenken. **A.:**
Erwachsener: Gott, stecke uns an mit deiner Liebe und bringe uns auf den Weg zu allen, die einsam, krank oder alt sind. **A.:**
Jugendlicher: Hilf, daß wir unsern Überfluß teilen mit allen, die auf unsere Hilfe warten, und mache uns bereit, verantwortlich mit deiner Schöpfung umzugehen, damit auch die kommende Generation noch Lebensmöglichkeiten hat. **A.:**
Priester: Ja, Gott, laß uns, angesteckt von deiner Liebe, zu „Goldstücken" für diese Welt werden. Amen.

Gabenbereitung

Lied: Jedem gibst du deine Hände (aus: Edelkötter, Biblische Spiellieder zum Hungertuch aus Haiti) – *oder:* Sankt Nikolaus ein Bischof war (aus: Adventskalender, Essen 1983)

Gabengebet

Guter Gott, Brot und Wein haben wir zum Altar gebracht. Nimm uns mit diesen Gaben an und verwandle uns in liebende Menschen, die, wie der heilige Nikolaus, nach dem Beispiel Jesu helfen, teilen und Freude schenken. Laß viele durch uns deine Liebe erfahren. Amen.

Zweites Hochgebet für Meßfeiern mit Kindern

Präfation

Ja, Gott, es ist gut und richtig, wenn wir dir immer und überall danken. Wir danken dir für Jesus Christus, deinen Sohn, durch den wir deine große Liebe zu den Menschen erfahren durften. Wir danken dir für alle heiligen Menschen, die seinem Beispiel gefolgt sind. Heute danken wir dir besonders für den heiligen Nikolaus, der ein deutliches Zeichen deiner Liebe zu uns ist. Mit allen Engeln und Heiligen und mit allen, die deine Liebe zu den Menschen tragen, loben wir dich und singen:

Heilig-Lied GL 510: Heilig

Vater unser

Friedensgruß

Lied: Nikolaus, du Freund der Kinder (aus: Edelkötter, „Weil du mich so magst")

Kommunion

Dank Lied GL 106, 1. + 5. Str.: Kündet allen in der Not – *oder* Ls 112
Kanon-Tanz: Mache dich auf und werde Licht (aus: Lieder-Mosaik, Präsenz-Verlag der Jesus-Bruderschaft, Gnadenthal)

Schlußgebet

Gott, wir haben das Fest des heiligen Nikolaus gefeiert. Laß uns, von seinem Beispiel angesteckt, ihm folgen auf den Weg, den Jesus uns gezeigt hat. Laß uns zu echten „Goldstücken" werden, die unsere arme Welt heute so nötig braucht. Laß uns alle wirkliche Nikoläuse sein, die helfen, teilen und Freude schenken heute und an allen Tagen unseres Lebens. Darum bitten wir durch Jesus Christus, der mit dir lebt und immer für uns da ist. Amen.

Aller Anfang ist klein

Märchen: „Warum der Bär sich wecken ließ"

Eröffnung
Instrumentalmusik – *oder* Lied: Jesus ist geboren – *oder:* Es ward ein Kind geboren (beide aus: „Die gute Nachricht weitersingen", Menschenkinder-Musikverlag, Münster)

Begrüßung und Einführung
1. Kind (mit Blumentopf): Ich habe in der Adventszeit einige Senfkörner in die Erde gesät. Nun ist daraus schon eine kleine Pflanze geworden.
Mutter: Ein Anfang ist immer klein. Unser eigener Anfang im Mutterschoß war sehr klein. Auch nach der Geburt ist der Mensch noch sehr klein.
Priester: Die Geschichte Gottes mit den Menschen fing auch ganz klein an. Mit einem kleinen, hilflosen Kind in Betlehem schenkte Gott der Welt einen neuen Anfang. So wie Jesus war, so soll die neue Menschheit werden.
1. Kind: Aller Anfang ist klein und unscheinbar wie ein kleines Samenkorn.
Priester: Jesus ist das Samenkorn einer neuen Menschheit. Durch dieses Samenkorn, das Gott in die Erde gesät hat, hat sich die Welt verändert, ist die Welt ganz neu geworden. Aller Anfang ist klein. Durch Gott kann aus dem kleinen Anfang etwas Großes werden.

Besinnung
Lied GL 130, 1. + 3. Str.: Gelobet seist du Jesus Christ

2. Kind: Jesus Christus, du weißt, wie schwer es uns fällt, klein zu sein und klein zu beginnen.
3. Kind: Herr, du weißt, wie leicht wir die kleinen Anfänge übersehen.
Erwachsener: Herr, du weißt, daß wir den kleinen Anfängen oft nichts Großes zutrauen.

Lied GL 130, 4. + 7. Str.

Gebet
Guter Gott, wir danken dir, daß du aus kleinen Anfängen Großes werden läßt. Wir danken dir für Jesus, der klein in unsere Welt gekommen ist. Durch ihn hast du der Welt einen neuen Anfang geschenkt. Er ist der größte und beste aller Menschen und noch mehr: Er ist dein Sohn. Laß aus den kleinen Anfängen unseres Lebens, aus dem Versuch, zu lieben, zu teilen, Frieden und Freude zu schenken, etwas Großes werden. Darum bitten wir durch Jesus Christus, der Mensch und uns allen Bruder geworden ist. Amen.

Loblied GL 134: Lobt Gott, ihr Christen alle gleich

Hinführung zum Evangelium

Wir hören jetzt die alten Worte aus dem Lukas-Evangelium, die uns von der Geburt Jesu in Betlehem erzählen. Dieses kleine Kind in Betlehem hat die Menschen aller Zeiten an sich gezogen. Sie gehen zur Krippe und finden das Wunder, das klein beginnt. Ein paar unbedeutende Hirten vom Feld (ein paar von Juden verachtete Heiden aus dem Morgenland) finden den Herrn der Welt in der Krippe und beten ihn an. Sie sind die Ersten, ganz viele folgen ihnen – auch wir wollen mit ihnen zur Krippe gehen.

Evangelium

Geburt Jesu und Besuch der Hirten Lk 2, 1–20 (Lektionar für Gottesdienste mit Kindern Bd I, Nr. 21, 22, 23)

Lied: Ein Kind kommt aus Betlehem (aus: Wenn du singst, Nr. 18, D. Zils / R. Weber) – *oder:* Engel haben Himmelslieder (Schallplatte „Fidula Fon 3030", Fidula-Verlag, 5407 Boppard/Rhein)

Spiel

(nach: „Warum der Bär sich wecken ließ" von Josef Wilkon, Patmos-Verlag, Düsseldorf; möglich: Bilder dazu zu zeigen aus dem gleichnamigen Bilderbuch)

Erzähler: Als Engel den Hirten die Geburt Jesu verkündeten, hört das auch eine kleine Maus. Sie sieht den großen Stern am Himmel leuchten. Sie läuft gleich los, um die gute Nachricht den anderen Tieren weiterzusagen. So eine wunderbare Botschaft kann man nicht für sich allein hören. Zuerst weckt sie den Hamster, der nicht weit von ihrem Loch wohnt. Der Hamster, der gerade mit seinem Wintervorrat zu tun hat, ist ärgerlich.

Hamster: Warum störst du mich mitten in der Nacht?

Maus: Hör zu! Ich habe eine gute und frohe Nachricht für dich. Ein König ist geboren.

Hamster: Ein König? Muß es gleich ein König sein?

Maus: Ja, er ist größer und stärker als jeder andere König. Er ist auch unser König. Er ist gekommen, um alle und alles zu erlösen. Komm mit, wir wollen ihn besuchen.

Hamster: Laß mich in Ruhe. Eine Mäuseneuigkeit glaube ich sowieso nicht. Frag mal die Katze, die ist doch deine Freundin.

Erzähler: Die Maus blickt sich um. Sie ist ganz allein. Ob der griesgrämige Bursche recht hat? Für eine Maus ist es gefährlich, in dieser Jahreszeit unterwegs zu sein. Die Nacht ist kalt, und es fängt an zu schneien. Doch der Stern mit seinem hellen Licht macht der Maus Mut. „Der neue König ist groß und stark", denkt sie, „er wird mich beschützen." – Plötzlich funkeln zwei große Katzenaugen am Wegrand. Die Maus erschrickt.

Maus: Entschuldige, Katze, aber in dieser Nacht dürfen wir uns nicht streiten. Ich bin unterwegs zum neuen König.

Erzähler: Die Katze leckt sich das Maul.

Katze: Was für ein König?

Maus: Er ist heute geboren, und er ist stärker als du.

Katze: Woher weißt du das?

Erzähler: Die Maus hebt das Pfötchen und zeigt auf den hellen Stern. Da sagt die Katze:

Katze: Unglaublich! So ein Licht habe ich noch nie gesehen. Eigentlich wollte ich dich fressen. Aber jetzt bin ich neugierig auf den neuen König. Weißt du den Weg?

Maus: Ja, immer dem Stern nach! Der neue König ist wie ein heller Stern. Er zeigt uns den Weg zu einem richtigen und schönen Leben.

Erzähler: Maus und Katze kommen zum Dorf. Dort schläft Bello, der Hund, in seiner Hütte. Sofort beginnt er zu knurren. Mißtrauisch fragt er:

Hund: Was wollt ihr?

Maus: Heute nacht ist ein König geboren, er ist stärker als du. Wir wollen ihn begrüßen. Kommst du mit?

Hund: Unmöglich! Ich muß das Haus meines Herrn bewachen.

Maus: Dein Herr ist schon unterwegs zum König!

Hund: Und was geschieht, wenn Diebe kommen?

Maus: Die sind auch auf dem Weg zum König. Mach dir keine Sorgen, dem Haus wird nichts geschehen. In dieser Nacht ist alles so ganz anders. Der neue König verändert die Welt.

Hund: Wenn's wirklich so ist, dann komme ich mit!

Erzähler: Die drei Tiere laufen durch die kalte Winternacht. Voran der Hund, in der Mitte die Katze und am Schluß die kleine Maus. Im Wald treffen sie den Fuchs. Er hat sich im Dorf gerade eine Gans geschnappt und trägt sie in seinem Maul. Die Gans flattert mit den Flügeln und quäkt:

Gans: Hab Mitleid! Laß mich frei!

Maus: Laß die Gans frei, du Fuchs! Wir sind auf dem Weg zum neugeborenen König. Er ist gekommen, um uns und alle Geschöpfe zu befreien.

Fuchs: Ein König? – Ein Befreier?

Erzähler: Der Fuchs staunt und läßt die Gans los.

Fuchs: Mein König ist der Wolf!

Maus: Der neue König ist viel stärker und größer als der Wolf!

Fuchs: Glaubst du das wirklich? – Was wird der Wolf dazu sagen?

Maus: Er wird auch mitgehen!

Gans: Und ich fliege voraus!

Erzähler: schnattert die Gans und schwingt sich in die Luft. Der Fuchs ärgert sich. Mißtrauisch stellt er sich hinter den Hund. Aber er geht mit. Auf dem Berg steht der Wolf. Wild und mächtig sieht er aus. Sein Knurren ist weit zu hören. Die Maus faßt sich ein Herz.

Maus: Höre, Wolf! Kannst du sagen, wer dein Herr ist?

Wolf: Mein Herr ist der Bär. Ich kenne keinen, der stärker ist als er.

Maus: Wir sind auf dem Weg, einen noch mächtigeren König zu besuchen. Kommst du mit?

21

Erzähler: Der Wolf überlegt. Gegen ein Abenteuer hat er nichts einzuwenden. Vielleicht gibt es da etwas zu ergattern. Darum sagt er:
Wolf: Los! Ich laufe voran!
Erzähler: Der Wolf läuft so schnell, daß die anderen Tiere kaum folgen können. Endlich kommen die Tiere zur Höhle des Bären. Zuerst hören sie ihn nur schnarchen. Er hält seinen Winterschlaf. Ich muß ihn wecken, denkt die Maus. Er kann doch nicht einfach weiterschlafen, wenn eine ganz neue Zeit beginnt. Wer schläft, kann Großartiges verpassen. Sie schlüpft in die Höhle, kitzelt den Bären mit ihrem langen Schwanz an der Nase. Da muß der Bär niesen und öffnet die Augen.
Maus: Ein neuer König ist geboren. Er ist stärker und mächtiger als du.
Erzähler: Schwerfällig erhebt sich der Bär und tappt ein paarmal um sich selber.
Bär: König, hast du gesagt? Ein König, der stärker ist als ich?
Maus: Komm mit vor die Höhle, ich werde dir etwas Schönes zeigen. So etwas hast du noch nie gesehen!
Erzähler: Der Bär folgt der Maus aus der dunklen Höhle.
Maus: Siehst du den Stern am Himmel? Ein leuchtender Stern ist aufgegangen, eine neue Zeit hat begonnen. Unser Leben wird hell und schön!
Erzähler: Der Bär brummt:
Bär: Du hast recht, du kleine Maus. Da muß etwas Besonderes geschehen sein.
Erzähler: Mit schwerem Schritt macht sich der Bär auf den Weg. Er geht als erster. Hinter ihm läuft der Wolf, dann der Fuchs, der Hund, die Katze und die Maus folgen. Von überall her kommen Menschen und Tiere über die Felder und Berge. Der Bär wundert sich:
Bär: Wer hat sie alle geweckt, die Hirsche, die Rehe, die Kühe, die Hasen, die Schafe? Bauern, Hirten und Kinder kommen. Wollen sie alle zum neugeborenen König?
Maus: Ja, das wollen sie. Sie wollen ihren König ehren!
Erzähler: Da trabt der Bär los. Seine Sohlen wirbeln den Schnee auf. Hinter dem Berg liegt ein Stall. Die Gans hat ihn schon entdeckt. Sie fragt den Engel:
Gans: Ist hier der neugeborene König?
Erzähler: Der Bär hört das nicht. Er reckt sich zu seiner ganzen Größe auf und drängt sich nach vorn. Erschrocken machen Menschen und Tiere ihm Platz. Da trippelt die Maus los:
Maus: Habt keine Angst. Der Bär tut euch nichts. In dieser Nacht ist alles ganz anders. Der Bär will den neugeborenen König sehen.
Bär: Ja, das will ich! Wo ist er, der größer und stärker ist als ich?
Erzähler: Der Bär sieht das kleine Kind in der Krippe. Das soll unser König sein? denkt der Bär. Was kann ein kleines Kind schon ausrichten in der Welt der Großen und Mächtigen? Der Bär ist enttäuscht. Das Kind aber schaut den Bären an und streckt seine Hände nach ihm aus. Da sagt die Maus:

Maus: Siehst du, wie das kleine Kind sich freut? Es strahlt und leuchtet, weil du da bist.

Erzähler: Da schämt sich der Bär, weil er in dem Kind keinen König erkannt hat. Er beugt sich nieder und macht sich ganz klein. – Die Maus ist glücklich. Sie trippelt zurück und setzt sich wieder hinter die Katze.

Erzähler: Seltsam, denkt die Maus, daß ich es war, die zuerst die gute Nachricht gehört hat. Mäuse sind sonst die kleinsten und unbedeutendsten Tiere. Und doch habe ich alle zur Krippe gebracht. Ob in der neuen Zeit die Kleinen und Schwachen das Sagen haben? Ob der neue König auf der Seite der Kleinen und Unbedeutenden steht? – Eine wunderbare Nachricht! Gut, daß ich sie gehört habe.

Instrumentalmusik

Ansprache

Wir feiern heute die Geburt Jesu. Klein kommt Gottes Sohn zur Welt, an einem unbedeutenden Ort. Als das kleine Kind Jesus geboren wurde, regierte der große und mächtige Kaiser Augustus. Alle Menschen mußten tun, was der Kaiser wollte. Das kleine Kind in Betlehem hat zunächst niemand beachtet. Was bedeutet schon ein kleines Kind in der Welt der Großen und Mächtigen? Aus dem kleinen Kind, aus dem kleinen Anfang in Betlehem ist aber etwas Großes geworden, eine große Gemeinschaft von Menschen auf der ganzen Erde, die nicht mehr den Kaiser als ihren Gott anbeten, die nicht mehr die Macht verherrlichen und nur das Große verehren, sondern das kleine Kind, das, was in dieser Welt klein ist, schwach und hilflos. Jesus, Maria und Josef waren kleine und unbedeutende Menschen in den Augen der Mächtigen. Sie haben aber durch ihr Leben die Welt verändert. Ganz viele Menschen sind ihrem Beispiel gefolgt. Sie haben das Kleine und Unwichtige an die erste Stelle gesetzt, und das Große, Machtvolle mußte sich schämen – wie der Bär in unserer Geschichte. Der große Bär hat sich klein gemacht vor dem Kind in der Krippe. Gut wäre es, wenn wir so wach und aufmerksam wären wie die kleine Maus. Sie hat den leuchtenden Stern am Himmel gesehen und die Botschaft der Engel vernommen. Sie hat sich mutig auf den Weg gemacht zum göttlichen Kind und viele Tiere mitgenommen. Es ist immer dasselbe: Die Kleinen können in dieser Welt Großes bewirken. Maria betet: „Die Großen und Mächtigen stürzt er vom Thron, die Kleinen und Niedrigen erhöht er." Wenn wir uns klein und ohnmächtig fühlen in dieser Welt, wo so viele Mächtige etwas zu sagen haben, wenn wir meinen, nichts ausrichten zu können gegen die Herrschenden dieser Welt, dann geht es uns wie der kleinen Maus; sie aber hat den Stern gesehen. Wenn wir klein sind, uns klein wissen, dann dürfen wir glauben, daß Gott Großes an uns und durch uns wirken will. Wenn es in unserer Welt immer weniger Christen gibt, immer weniger Menschen, die bewußt nach dem Beispiel Jesu leben, dann darf uns das nicht entmutigen. Wir dürfen glauben, daß Gott durch unsere kleine Gemeinschaft etwas

Großes und Schönes in dieser Welt bewirken will. Nur eines dürfen wir nicht: Wenn wir groß geworden sind, dürfen wir uns nicht vor die anderen setzen und selbst wieder mächtig werden und andere beherrschen. Bei uns muß das Kleine wichtig sein und wichtig bleiben. Deshalb verehren wir das kleine Kind in der Krippe, deshalb sind Kinder in unserer Gemeinde so wichtig, deshalb sind die kleinen Gruppen in unserer Gemeinde bedeutsam, deshalb sind alle Menschen wichtig, die versuchen, in kleinen Anfängen sich für mehr Frieden und Gerechtigkeit in dieser Welt einzusetzen. Alles Kleine in dieser Welt ist wichtig, weil Gott durch das Kleine Großes bewirken kann. Ein kleines Stückchen Brot wird uns gleich in die Hand gelegt, und wir glauben, daß sich unser Herr und Gott darin an uns verschenkt. Es ist immer dasselbe: Im Kleinen ist ganz Großes verborgen. Wir müssen nur daran glauben, um es wahrnehmen zu können.

Fürbitten
Priester: Gott, unsere Rettung kommt von einem kleinen Kind. Durch dich wissen wir, daß die Kleinen in der Welt der Großen und Mächtigen viel vermögen. Du hast uns Jesus geschenkt als Samenkorn einer neuen Menschheit. In ihm bist du zu uns gekommen: arm, klein und schwach.
4. Kind: Wir bitten dich für alle Kinder, die klein, schwach und zart sind. Laß sie durch Jesus ihr Glück finden.

Alle: Wir bitten dich, erhöre uns!

5. Kind: Wir bitten dich für alle, die in dieser Welt nicht beachtet werden. Laß sie in Jesus ihren Retter finden und neue Hoffnung schöpfen. **A.:**
6. Kind: Wir bitten dich für alle, die sich groß und mächtig fühlen. Laß sie zu Jesus, unserm Heiland, finden und erkennen, daß er die Kleinen groß macht. **A.:**
7. Kind: Wir bitten dich für alle, die krank, alt und einsam sind. Laß sie in Jesus ihren Bruder finden und Gemeinschaft erfahren mit denen, die zu ihm gehören. **A.:**
Priester: Gott, laß uns alle in Jesus einen guten Freund finden und durch ihn Frieden und Freude erfahren. Laß uns durch ihn zu guten Freunden und Freundinnen füreinander werden. Amen.

Gabenbereitung
Lied GL 140: Zu Betlehem geboren

Gabengebet
Guter Gott, die Gaben, die wir gebracht haben, sind klein: ein Stückchen Brot und ein wenig Wein. Du aber machst Großes aus diesen Gaben: den Leib und das Blut deines Sohnes Jesus Christus. Laß uns glauben, daß du durch diese Gaben in unserm kleinen Leben Großes bewirkst. Darum bitten wir durch Jesus Christus, durch den du der Welt einen neuen Anfang geschenkt hast. Amen.

Drittes Hochgebet für Meßfeiern mit Kindern

Präfation

Ja, es ist wirklich gut und richtig, daß wir dir, dem großen Gott, immer und überall danken, weil du aus Kleinem Großes werden läßt: aus dem kleinen Kind wird ein großer Mensch, aus der kleinen Gemeinschaft, die Jesus um sich gesammelt hat, ist die große Gemeinschaft der Kirche auf der ganzen Welt geworden. Wir danken dir, weil du der Welt durch Jesus einen neuen Anfang geschenkt hast und immer wieder schenkst. Mit allen Erlösten im Himmel und auf Erden loben wir dich, großer und mächtiger Gott, der du in einem kleinen Kind unter uns erschienen bist. Mit allen Engeln singen wir zu deiner Ehre:

Heilig-Lied GL 143,4: Kommt, singet dem Herren

Vater unser (singen)

Friedensgruß Kommunion

Dank Lied GL 135: Singen wir mit Fröhlichkeit – *oder* UL 85: Uns wird erzählt von Jesus Christ (T: und M: Kurt Rommel)

Schlußgebet

Guter Gott, wir danken dir, daß du in dem kleinen Kind von Betlehem zu uns gekommen bist. Wir danken dir, daß Jesus sich in einem kleinen Stückchen Brot an uns verschenkt hat. Laß uns durch ihn erkennen, daß das Kleine in dieser Welt wichtig ist. Stärke uns, damit wir für Gerechtigkeit und Frieden in dieser Welt eintreten, damit wir uns auf die Seite derer stellen, die schwach und wehrlos sind in dieser Welt. Darum bitten wir dich durch Jesus Christus, unsern Herrn. Amen.

Weihnachten buchstabieren

Vorzubereiten:
Je einen Buchstaben vom Wort WEIHNACHTEN auf Pappe schreiben und an Stöcken befestigen. Kinder schneiden Hände aus und schreiben darauf, wie sie in der Adventszeit Licht verbreitet haben. Diese Hände zu einem großen Stern mit Schweif zusammenkleben. Möglich: Sterne für alle.

Eröffnung
Instrumentalmusik

Begrüßung und Einführung

(Buchstabe W)
1. Kind: Woher kommt ihr?
2. Kind: Was wollt ihr hier?
3. Kind: Warum seid ihr hier zusammengekommen?
4. Kind: Wir möchten miteinander den heiligen Abend, die heilige Nacht feiern. Wir freuen uns, daß Gott Mensch geworden ist, daß Jesus in Betlehem geboren ist.
5. Kind: Wir wollen heute über dieses Wunder nachdenken und wünschen uns, daß Gott auch bei uns Mensch wird und unsere Nacht zu einer heiligen Nacht werden läßt!
Priester: Wir beginnen unsern weihnachtlichen Gottesdienst: Im Namen ... Wir wünschen ...

(Buchstabe E)
1. Kind: Ein Licht strahlt auf in dunkler Nacht!
2. Kind: Ein Stern geht auf über dem dunklen Stall unserer Erde.
3. Kind: Etwas Neues beginnt. Ein Kind, eine neue Hoffnung wird uns geschenkt.
1. Kind: Erhellt dieses Kind unser dunkles Leben? Erhellt es unsere oft so finstere Welt?
2. Kind: Erbarmt Gott sich unserer Not?
3. Kind: Erlöst er uns von allem, was uns unfrei macht?

Lied GL 129: Licht, das uns erschien

(Buchstabe I)
4. Kind: Ich freue mich, daß Weihnachten ist, daß Gott kommt, um uns zu erlösen. Er will in uns Mensch werden und uns befreien vom Kreisen um das eigene „Ich".

5. Kind: In Jesus kommt Gott zu uns, um uns und unser Leben hell und froh zu machen. Das ist wunderbar. Irrenden zeigt er einen Weg zum Leben, Schuldige spricht er frei, und Arme macht er reich. Das ist der Grund zur Freude!

Gebet

(Buchstabe H)
Guter Gott, wir halten dir unsere leeren Hände hin. Wir hoffen, daß du uns Herz und Hände füllst durch Jesus, der kommt, um uns zu helfen und zu heilen. Laß alle helfenden und schenkenden Hände uns an deine große Gabe an Jesus, deinen Sohn, erinnern, den du dieser Welt und unseren Händen anvertraut hast. Amen.

(Buchstabe N)

Lied: Nun sei uns willkommen (GL-Aachen 842) – *oder* GL 131: Sei uns willkommen *oder* Kanon: Gekommen ist die heilige Nacht (aus: 9×11 neue Kinderlieder zur Bibel, Nr. 60/herausgegeben v. Gert Watkinson, Ernst-Kaufmann-Verlag)

(Buchstabe A)

Evangelium

Jesus ist der Anfang einer neuen Zeit. Als die Zeit des Wartens erfüllt war, kam Gottes Sohn zur Welt. Der Evangelist Lukas hat uns die frohe Botschaft vom Aufgang des Lichts, vom Anfang einer neuen Zeit aufgeschrieben.
Die Geburt Jesu Lk 2,1.3–7 (Lektionar für Kindergottesdienste Bd. I, Nr. 21)
(Zwei Kinder, Maria und Josef, legen das Kind in die Krippe)

(Buchstabe C)

Christ ist geboren, Christ ist geboren, darüber freuen wir uns!

Lied UL 85: Uns wird erzählt von Jesus Christ (T: und M: Kurt Rommel)

Ansprache

Ein kleiner Junge besuchte seinen Großvater, der gerade eine schöne Krippenfigur schnitzte. Einige Figuren standen schon fertig auf dem Tisch. Der Junge setzte sich zum Großvater und schaute zu. Er legte seinen Arm auf die Tischkante und dachte über das Weihnachtsgeheimnis nach. Plötzlich merkte er, wie alle Gestalten lebendig wurden. Er war ganz erstaunt, daß er mit ihnen reden konnte. Hirten, Könige, Maria und Josef waren plötzlich nicht mehr klein und er nicht mehr groß. Er ging mit ihnen in den Stall von Betlehem hinein. Er schaute das Kind an, das in der Krippe lag. Licht ging von diesem Kind aus, das den dunklen Stall hell machte. Das Kind schaute ihn an.

Plötzlich bekam er einen Schrecken. Tränen kamen in seine Augen. „Warum weinst du denn?" fragte das Jesuskind. „Weil ich für alle Weihnachtsgeschenke mitgebracht habe, nur dir habe ich nichts mitgebracht. Meine Hände sind leer!"

„Ich möchte aber von dir etwas haben", sagte das Jesuskind. Da wurde der Kleine rot vor Freude. „Ich will alles schenken, was ich habe", stammelte er. „Drei Geschenke will ich von dir haben", sagte das Jesuskind. Da fiel ihm der Junge ins Wort: „Meinen neuen Mantel, meine elektrische Eisenbahn und mein großes Buch mit den vielen schönen Bildern?" – „Nein", sagte Jesus, „das alles brauche ich nicht. Ich bin aus einem ganz anderen Grund zu euch auf die Erde gekommen. Von dir möchte ich andere Geschenke haben!" – „Was denn?" fragte der Junge erstaunt. „Schenk mir deinen letzten Aufsatz", sagte Jesus leise, damit es sonst niemand hören konnte. Da erschrak das Kind. „Jesus!" stotterte es verlegen und kam dabei ganz nahe an die Krippe. Der Junge flüsterte: „Dafür habe ich doch eine ,6' bekommen. ,Nicht genügend' hat der Lehrer darunter geschrieben." – „Eben, deshalb will ich ihn haben!" – „Aber warum denn?" – „Du sollst mir immer das geben, was dir nicht gelungen ist, wo ,Nicht genügend' darunter steht. Ich komme zu den Letzten, zu denen, die ganz unten sind, zu denen, die für andere nicht zählen, die nicht genügend bringen, um geliebt und anerkannt zu werden." Darüber mußte der Junge lange nachdenken. Er würde doch viel lieber glänzen und obenan sein – und nun kam Jesus zu den Letzten, zu denen, die ganz unten sind, die nicht zählen. Das war also die Botschaft von Weihnachten, vom Stall?

Lied Geht zu den Ställen heute Nacht (L. Edelkötter, aus: „Weil du mich so magst")

„Ich will noch ein zweites Geschenk von dir", sagte das Jesuskind. Hilflos schaute der kleine Junge Jesus an.
„Deinen Milchbecher!" – „Aber den habe ich doch heute zerbrochen", entgegnete er. „Du sollst mir immer das bringen, was du im Leben zerbrochen hast. Ich will es wieder heil machen. Gibst du mir das?" – „Jesus, das ist schwer! Hilfst du mir dabei?"
„Nun mein dritter Wunsch", sagte Jesus. „Du sollst mir die Antwort bringen, die du der Mutter gegeben hast, als sie fragte, wie denn der Becher kaputtgegangen sei."
Da legte der Kleine die Stirn auf die Kante der Krippe und weinte bitterlich. „Ich, ich, ich …", brachte er unter Schluchzen heraus.
„Ich habe den Becher umgestoßen. In Wahrheit habe ich ihn doch absichtlich auf die Erde geworfen, weil ich ihn nicht mag." – „Du sollst mir immer deine Schuld, deine Lügen, deinen Trotz, deine Wut, alles Böse bringen, was du getan hast", sagte das Jesuskind. „Wenn du damit zu mir kommst, will ich dir helfen. Ich nehme dich an, auch wenn du schwach und schuldig bist. Ich will dir vergeben und dir einen neuen Anfang schenken. Ich will dich an deine Hand nehmen und dir den Weg zeigen. Willst du dir das

schenken lassen?" – Der Junge hörte, staunte und streckte freudig seine leeren Hände aus, um das Kind an sein Herz zu drücken.

(nach Walter Baudet)

Musik

(Buchstabe H)

Evangelium
Verkündigung an die Hirten Lk 2, 8–14 (Lektionar für Kindergottesdienste
Bd. I, Nr. 22, Nr. 23)

Lied GL 144: Jauchzet ihr Himmel
(Stern mit Schweif wird hinter die Krippe gesetzt)
Erwachsener: Über der dunklen Höhle in Betlehem ist ein Stern aufgegan-
gen, der leuchtet und strahlt bis in unsere Zeit. Jesus ist der wunderbare
Stern, der uns herausruft aus aller Dunkelheit und Trostlosigkeit. Im
Schweif des Jesussterns, der vom Jahre 0 bis 1990 geht, glitzern und funkeln
leuchtende Sterne von N. N. (entsprechendes Dorf oder Stadt eintragen).
Unsere Hände, die Licht in die dunkle Welt tragen, machen deutlich, daß
wir zum Schweif des Jesussterns gehören.

Fürbitten

(Buchstabe T)
Erwachsener: Taghell wird die dunkle Nacht durch Jesus, der als Licht in
diese Welt kam, als Trost für alle, die traurig, einsam und allein sind.
Kind: Herr, führe alle Menschen aus der Dunkelheit in dein Licht.

Liedruf GL 358, 1: Schenke der Welt deinen Frieden.
Erwachsener: Taghell wird die dunkle Nacht durch Jesus, der als leuchten-
der Stern aufgegangen ist über dem dunklen Stall unserer Welt.
Kind: Herr, laß uns in deinem Licht leben und den Weg zueinander finden.
A.:
Erwachsener: Taghell soll die dunkle Nacht durch uns werden, denn wir
sollen sein Licht zu den Menschen tragen.
Kind: Herr, laß uns leuchtende Sterne sein, die dein Licht aufscheinen las-
sen, wo Menschen traurig, krank, zerbrochen oder schuldig sind. **A.:**
Erwachsener: Taghell wird es werden in der Gemeinde, wenn alle, die hier
sind, einen leuchtenden Stern zu denen tragen, deren Leben traurig und
dunkel ist, die Angst haben, mutlos sind und nicht mehr weiterwissen.
Kind: Herr, gib uns den Mut, dein Licht in die Welt zu tragen. Hilf, daß wir
mit unseren Händen Licht verbreiten, wo immer es möglich ist. **A.:**

Gabenbereitung

(Buchstabe E)
Wir decken den Tisch für das eucharistische Mahl und sammeln Geld ein,
das wir in den Wochen des Advents gespart haben. Von unserem Ersparten
kann Hungernden Essen gereicht werden.

Meditationsmusik – *oder* Lied GL 140: Zu Betlehem geboren

Gabengebet

Es ist kaum zu glauben, guter Gott, daß du Jesus dieser dunklen Erde und
unseren oft schuldig gewordenen Händen anvertraust! Nimm Brot und
Wein aus unseren Händen an und verwandle uns mit diesen Gaben in
Menschen, die wie Jesus viel Licht in diese dunkle Welt bringen. Laß Weih-
nachten werden bei uns und überall auf dieser dunklen Erde durch Jesus
Christus, unsern Herrn. Amen.

Zweites Hochgebet für Meßfeiern mit Kindern

Präfation
Es ist gut und richtig, es bringt uns Segen und Heil, wenn wir dir, dem verborgenen Gott, immer und überall danken. Du bist uns nahe durch Jesus,
der unser Bruder geworden ist. In Jesus streckst du uns deine helfende und
heilende Hand entgegen. Durch ihn führst du uns aus aller Dunkelheit ins
Licht, vom Tod zum Leben. Mit allen Engeln und Heiligen loben wir dich
und singen voll Freude:

Heilig-Lied: Engel auf den Feldern singen GL/Aachen 837 – *oder:* Engel haben Himmelslieder (Aus der Schallplatte „Fidula-Fon 3030", Fidula-Verlag,
5407 Boppard/Rhein)

Vater unser singen

Friedensgruß

Vor der Kommunion

Lied GL 134: Lobt Gott, ihr Christen

Nach der Kommunion

W – Wir wünschen zum Weihnachtsfest Frieden und Freude!
E – Ein Kind ist uns geboren. Ein Stern ging auf in unserer Nacht.
I – In einer dunklen Höhle kam Gott zur Welt. In Jesus kam Er, um uns
    zu erlösen.
H – Helfende, heilende Hände strecken sich uns entgegen, um uns aus al-
    ler Dunkelheit ins Licht zu führen.
N – Nahe will Gott uns sein! Durch Jesus soll unser Leben neu werden!

30

A – Arm und schwach kam Gott in diese Welt, um uns durch Jesus den Anfang einer neuen Zeit zu schenken, um sein Licht aufscheinen zu lassen, wo Menschen arm und am Ende sind.

C – Christus ist geboren, das ist unsere Hoffnung!

H – Hört mit den Hirten die Frohe Botschaft: Heute ist euch der Heiland geboren, Christus, der Herr!

T – Taghell ist die dunkle Nacht, tanzt, die ihr traurig seid, denn Gott ist da, um uns zu trösten. Tragt sein Licht in die Welt. Traut der Botschaft: Gott ist treu! Er hält, was er verspricht.

E – Ehre sei Gott in der Höhe und Friede den Menschen auf Erden!

N – Naht euch dem göttlichen Kind. Neigt euch vor ihm. Nehmt seine Liebe an, damit Weihnachten wird in euch und durch euch!

oder:

(Buchstabe N)
Erhellt ist die Nacht, alle Not hat jetzt ein Ende, weil Gott uns nahe ist in Jesus Christus. Gott ist unter uns erschienen und erscheint uns im Nächsten.

Priester: Wenn du dich sattgesehen hast an dem Kind in der Krippe, dann dreh dich nicht um und geh fort.
Mach erst seine Augen zu deinen Augen, seine Ohren zu deinen Ohren und seinen Mund zu deinem Mund.
Dazu helfe dir Gott!
Wenn du dich sattgesehen hast an dem Kind in der Krippe, dann dreh dich nicht um und geh fort.
Mache erst seine Hände zu deinen Händen, sein Lächeln zu deinem Lächeln, sein Herz zu deinem Herzen.
Dazu stärke dich Gott!
Erkenne in jedem Menschen deinen Bruder, deine Schwester.
Wenn du ihre Tränen trocknest,
ihre Not und ihre Freude teilst,
dann ist Gottes Sohn in dir geboren,
und du darfst dich freuen und WEIHNACHTEN feiern.
Dazu segne dich Gott ...

(nach Marisa Roos)

Aktion:
Bringt einen Stern mit einem Gruß vom Gottesdienst zu Menschen, die krank, einsam oder traurig sind!
(Sterne verteilen)

Lied GL 145: Stille Nacht

5 Erscheinung des Herrn

Eröffnung

Lied GL/EA 005 1.–3. Str.: Stern über Betlehem (T: und M: Alfred Hauszoller, Bosse Verlag, Regensburg).

Begrüßung und Einführung

1. Kind: Gott erscheint da, wo Menschen im Namen Jesu zusammenkommen und das tun, was er uns aufgetragen hat.

2. Kind: Gott erscheint da, wo Menschen versuchen, wie Jesus zu leben und zu handeln.

3. Kind: Gott erscheint da, wo Menschen einander helfen, trösten und Freude schenken.

Mutter: Wo Menschen treu, wahrhaftig und gütig sind, da kann etwas von Gott durchscheinen, da ist Erscheinung des Herrn.

Jugendlicher: Wo Menschen sich Vergebung und Frieden schenken, wo sie freundlich und hilfsbereit sind, da scheint der Herr durch, da ist Erscheinung des Herrn.

Besinnung – Kyrieruf

Priester: Erscheinung des Herrn war nicht nur damals, als die weisen Männer aus dem Morgenland nach Betlehem kamen. Sie war nicht nur bei der Taufe Jesu am Jordan. Erscheinung des Herrn ist immer dann, wenn wir ihn durchscheinen lassen.

4. Kind: Gott, wir haben oft verhindert, daß du durch uns durchscheinen kannst. Wir haben uns groß gemacht vor uns selbst und vor anderen. Wir haben viel an uns gedacht und von uns geredet und dadurch verhindert, daß der Herr durchscheinen kann.

Lied GL 129, 1: Licht, das uns erschien

5. Kind: Herr, wir machen uns oft breit. Wir drängen uns in den Vordergrund und schieben andere beiseite. Dadurch verhindern wir, daß du durchscheinen kannst.

Lied 129, 2: Dem sich der Himmel neigt

Jugendlicher: Herr, wir sind oft undurchsichtig und unehrlich. Wir lassen deine Treue und Wahrheit, deine Liebe und Güte nicht durchscheinen. Dadurch verhindern wir, daß du durchscheinen kannst.

Lied 129, 3: Glanz der Herrlichkeit

Zuspruch der Vergebung

Unser guter Gott hilft uns, daß wir Jesus durchscheinen lassen, daß Menschen durch unser Leben Jesus erkennen können. Er vergibt uns alle Schuld und schenkt uns die Kraft, Erscheinung des Herrn in dieser Welt Wirklichkeit werden zu lassen. Amen.

Loblied GL 147 1.–3. Str.: Sieh, dein Licht will kommen

Gebet

Herr, wir danken dir, daß du uns erscheinst in den Gesichtern der Armen und Hilfsbedürftigen, wenn wir ihnen helfen. Du erscheinst in jedem Lächeln, das wir auf die Gesichter der Menschen zaubern, wenn wir sie trösten und gut zu ihnen sind. Gib, daß Menschen an unserem Leben, an unserem Gesicht erkennen können, daß Erscheinung des Herrn Wirklichkeit ist. Hilf uns, daß wir etwas von deiner Güte und Liebe durchscheinen lassen. Öffne du uns die Augen, damit wir dich erkennen, wenn du uns erscheinst heute und einmal am Ende dieser Zeit. Amen.

Evangelium

Die Huldigung der Sterndeuter Mt 2,1–12 (Lektionar für Kindergottesdienste Bd. I, Nr. 26) *oder: Taufe Jesu* Mt 3,13–17 (Bd. I 27)

Spiel: Die drei Könige

Erzähler: Finju gehörte zu den Leuten, die immer unterwegs sind, um Menschen mit ihren Späßen und Zauberkünsten zu unterhalten. Finju konnte so gut auf der Laute spielen wie sonst niemand im Land. Oft wurde er eingeladen. Dann durfte er sich satt essen an reich gedeckten Tischen. Jetzt aber war es kalt. Seine Finger waren steifgefroren. Die Saiten der Laute konnte er so nicht greifen. Niemand machte ihm die Tür auf. Nirgendwo wurde er eingeladen. Eines Abends stapfte Finju durch den tiefen Schnee. Weit und breit war kein Haus zu sehen. Plötzlich entdeckte er eine dunkle Gestalt, die auch durch die weiße Ebene schritt. Finju jubelte vor Freude und rief, so laut er konnte. Der Fremde blieb stehen. Als Finju sich ihm näherte, sah er, daß es ein alter Mann war, hager und etwas zerlumpt. Finju schaute dem Fremden ins Gesicht und erkannte, daß der Alte blind war.

Arne: Wer bist du?

Finju: Ich bin Finju, der Lautenspieler.

Arne: Finju! Du bist der König unter den Lautenspielern. Ich kenne dich. Auf einer Hochzeit hast du wunderschön gespielt.

Finju: Das ist lange her. Aber du, wer bist du?

Arne: Ich bin Arne. Manche nennen mich den Bettlerkönig.

Erzähler: Finju erinnerte sich an einen alten blinden Geschichtenerzähler, den man „Bettlerkönig" nannte. Er bettelte mit so viel Würde, daß die Leute gar nicht daran dachten, einen gewöhnlichen Bettler vor sich zu haben. Mit seinem weißen Bart und dem grauen Haar sah er auch eher aus wie ein König. Nur die Krone fehlte und die prachtvollen Kleider.

Arne: Junge, was treibt dich zu dieser Jahreszeit über die große Ebene?
Finju: Die Wintersonnenwende und das Fest, das jetzt am Hof des Königs gefeiert wird. Vielleicht kann ich dort aufspielen und mich aufwärmen, denn meine Finger sind ganz steif vor Kälte.
Arne: Nun, nun! Du kennst den König nicht. – Wenigstens haben wir den gleichen Weg. Komm, gib mir deinen Arm, dann schreiten wir zusammen weiter.
Erzähler: Es war mühsam, bei jedem Schritt sanken sie ein und zogen eine wacklige Spur in den Schnee.
Arne: Du spielst zwar wie ein König, aber du hustest und hast eisige Hände. Es ist nicht gut, daß du so viel draußen bist.
Finju: Das ändert sich, wenn wir aufs Schloß kommen. Hei! Das gibt ein Fest!
Erzähler: Ein Stern ging auf, groß und leuchtend. Die beiden gingen schweigend durch die klare Nacht. Nur einmal bat Finju:
Finju: Arne, erzähle mir eine Geschichte!
Arne: Unser Leben ist voller Geschichten. Vielleicht erleben wir beide die wunderbarste Geschichte unseres Lebens.
Erzähler: Beide gingen schweigend weiter und hingen ihren Gedanken nach. War es nicht eine wunderschöne Geschichte, daß sie sich in dieser Nacht getroffen hatten, wo sie mühsam durch den Schnee stapften, wo einer für den anderen so wichtig war. Endlich kamen sie beim Schloß an. Es war festlich beleuchtet. Auf ihr Pochen öffnete sich die Tür. Man wies ihnen – abseits von der königlichen Tafel – einen Tisch zu. Arne und Finju fielen hungrig über die köstlichen Speisen her. Nach einer Weile flüsterte Finju:
Finju: Arne, ich weiß nicht, aber ich werde hier nicht warm. Meine Hände sind immer noch steif vor Kälte.
Erzähler: An festlich gedeckten Tischen saßen vornehme Leute, die mechanisch mit den Köpfen nickten, wenn der König etwas sagte. Alle saßen steif vornübergebeugt. Niemand wagte ein lautes Wort. Nur manchmal erklang ein lautes: „Jawohl, Majestät!" und dann war wieder alles totenstill. Finju flüsterte:
Finju: Die Stille draußen in der Ebene war viel schöner. Schau dir den mißmutigen König an. Er verbreitet eine eisige Atmosphäre.
König: Man spricht von einem neuen Stern. Das beunruhigt mich. Ist das Sternzeichen wenigstens gut für mich?
Hofmeister: Majestät, Sternzeichen sind schwer zu deuten. Der neue Stern sagt, daß ein großer Fürst erschienen ist. Damit kannst du nur gemeint sein. Laß uns auf dein Glück und Wohlergehen trinken.
König: Die Gaukler sollen aufspielen!
Erzähler: Es waren noch einige Männer von weither mit ihren Instrumenten gekommen. Alle schauten jetzt auf Finju. Sie kannten ihn und wußten, daß sich keiner mit ihm vergleichen konnte. Finju hustete verlegen und sagte zu Arne:

Finju: Ich kann hier nicht spielen ... jetzt nicht!

Erzähler: Aber der König stampfte ungeduldig mit den Füßen auf. Da griff Finju in die Saiten. Es klang so schrill und falsch, daß alle kicherten. Arne erhob sich und sagte:

Arne: Majestät, Finju ist der beste Lautenspieler im Lande. Aber seine Finger sind steif vor Kälte. Wir hofften, hier etwas Wärme zu finden. Habe Geduld mit ihm!

König: (wütend) Was nützt mir ein Spieler, der nicht spielen kann! Bettler kann ich nicht sehen. Er soll spielen, oder ich hetze die Hunde auf ihn!

Finju: Hier kann ich mich nicht erwärmen. Ich gehe!

Erzähler: Er stand auf, nahm seine Laute und schritt in die Kälte hinaus, ohne sich umzusehen. Arne folgte ihm.

Arne: Zurück kommen wir nicht mehr, Finju! Das ist zu weit. Und sonst wohnt hier niemand.

Finju: Arne, komm, wir folgen dem Stern, der leuchtend am Himmel steht.

Erzähler: Arnes Augen blickten nicht mehr so leer wie zuvor. Der helle Schein spiegelte sich in ihnen. Verwundert sagte er:

Arne: Ich sehe Licht! Ich sehe!

Erzähler: Finju freute sich, nahm ihn beim Arm und führte ihn auf der hellen Spur vorwärts. Doch dann hörten sie Pferdegetrampel, das immer näher kam. Sie blieben stehen und warteten.

König: Nehmt sie gefangen! Sie haben mich beleidigt. Das sollen sie büßen.

Erzähler: Die Knechte sprangen von den Pferden und liefen auf die beiden zu. Arne streckte die Arme aus, um sich freiwillig fesseln zu lassen.

Arne: König, wir haben dir nichts getan. Aber vielleicht bist du unser Retter. Es ist kalt hier draußen, und niemand ist da, der uns aufnehmen könnte.

König: Wohin wollt ihr denn gehen in dieser Nacht?

Finju: Wir folgen dem Stern. Siehst du nicht, wie er leuchtet? Wenn du willst, kannst du mit uns kommen!

Erzähler: Der König war verblüfft. Er schaute zum Stern, dann zu den beiden Wanderern. Er schickte seine Knechte zum Schloß zurück.

König: Seltsam, aber ich habe Lust, mit euch zu gehen.

Erzähler: Er griff nach den Zügeln. Zusammen schritten die drei Könige auf der leuchtenden Spur weiter. Vor einer armseligen Hütte hielten sie. Verwundert sagte der König:

König: Ein Haus habe ich hier noch nie gesehen. Wer mag hier wohnen?

Erzähler: Arne pochte an die Tür. Knarrend ging sie auf. Verwundert schauten sie hinein. Kein Tisch, kein Schrank, kein Bett war in der Hütte. Eine Frau beugte sich über eine Futterkrippe. Als die Fremden näher traten, sahen sie auch das Kind. Es war nur in Windeln gewickelt. Es fror. Arne strich sich mit der Hand über das Gesicht. Überrascht rief er aus:

Arne: Kind, ich kann dich sehen! Licht geht von dir aus!

Erzähler: Er nahm den Schafspelz, den er um die Hüften gebunden hatte und hüllte behutsam das Kind darin ein. Jubelnd rief er:

Arne: Mir sind die Augen aufgegangen über dem Kind!

Erzähler: Finju griff zur Laute und spielte, wie er noch nie zuvor gespielt hatte. Alle lauschten. Als er aufhörte, griff der König nach der goldenen Kette, die ihm um den Hals hing, und legte sie zu Füßen des Kindes nieder. Allen Schmuck, an dem sonst sein Herz hing, gab er schweigend ab.

König: Ich wußte nicht, daß es in meinem Reich so arme Leute gibt. Kommt mit in mein Schloß. Ich habe Platz genug. Ab heute werde ich dafür sorgen, daß niemand in meinem Reich Not leidet.

Erzähler: Als sie gemeinsam zurückgingen, sagte Arne zu Finju:

Arne: Weißt du jetzt, warum wir in der kalten Nacht über die große Ebene kamen?

Erzähler: Finju lächelte.

Finju: Arne, diese wunderschöne Geschichte mußt du mir nicht erzählen. Aber es wird deine beste sein.

(nach: „Drei Könige" von Kurt Baumann u. Josef Palecek, Nord-Süd-Verlag, Mönchaldorf und Hamburg 1982)

Ansprache

Das ist oft so. Erscheinung des Herrn geschieht da, wo wir es gar nicht vermuten. Im Königspalast, wo der König eine eisige Atmosphäre verbreitete, konnte der Herr nicht durchscheinen, da konnte der Lautenkönig Finju seinem Instrument keine schönen Töne entlocken, da blieb Arne, der Bettlerkönig, blind. In der kleinen Hütte, bei den armen Leuten, da, wo niemand es vermutet hätte, da war das göttliche Kind zu finden, da war Erscheinung des Herrn möglich. Drei Könige finden ein kleines Kind und erleben in Nacht und Kälte Erscheinung des Herrn. Sie werden geheilt von der Blindheit, von der Unbeweglichkeit und Hartherzigkeit. In Jesus konnte Gott durchscheinen und den Menschen das Heil bringen.

Die Geschichte vom Lautenkönig Finju, der mit den anderen beiden Königen in der Hütte Erscheinung des Herrn erlebte, zeigt uns, daß Erscheinung des Herrn nichts Lautes, Prächtiges, Auffälliges ist. Als Jesus sich im Jordan taufen ließ, da hat niemand gedacht, daß über diesem einfachen jungen Mann aus Nazaret sich der Himmel öffnet und Gottes Geist sich auf ihn niederläßt. Erscheinung des Herrn kann auch in unserem Leben immer wieder geschehen in ganz einfachen Dingen. Wenn wir freundlich zueinander sind, uns gegenseitig helfen, trösten, Freude schenken, dann kann Erscheinung des Herrn geschehen. Wenn wir hier miteinander Gottesdienst feiern, miteinander beten, sprechen, spielen und uns freuen, dann kann Erscheinung des Herrn sich unter uns ereignen, denn auch in unserem armen Leben will der große und gute Gott durchscheinen. Je mehr wir dem Beispiel Jesu folgen, je ähnlicher wir ihm werden, umso eher können andere durch uns Gottes Licht aufscheinen sehen. Der Herr will mit seiner Güte, Liebe und Menschenfreundlichkeit durch uns in dieser Welt erscheinen. Erscheinung des Herrn wird uns geschenkt, wenn wir uns für Gottes Erscheinen in dieser Welt öffnen.

Instrumentalmusik

Gabenbereitung
Lied GL 139. 2.–4. Str.: Hört, es singt und klingt mit Schalle

Gabengebet
Herr, wir bringen dir Brot und Wein, unscheinbare Zeichen, in denen du aber deine Liebe aufleuchten lassen willst. Verwandle uns mit diesen Gaben in Menschen, die deine Güte immer durchscheinen lassen. Darum bitten wir dich, der du mit Gott, dem Vater, und dem Heiligen Geist lebst und liebst in Ewigkeit. Amen.

Drittes Hochgebet für Meßfeiern mit Kindern

Präfation
Wir danken dir, verborgener Gott, daß du durch Jesus Christus dieser Welt sichtbar erschienen bist. Deine Liebe und Güte scheint immer neu auf, wo Menschen seinem Beispiel folgen. Wir danken dir, daß du die Quelle des Lichtes bist, daß deine Güte und Menschenfreundlichkeit aufstrahlt in allen Heiligen auch mitten unter uns. Mit allen Engeln und Heiligen preisen wir dich, verborgener Gott, und singen zu deinem Lob:

Heilig-Lied GL 143,4: Kommt, singet dem Herren

Vater unser

Friedensgruß
Lied GL 144, 4.+5. Str.: Gott ist im Fleische

Kommunion

Dank Lied GL 140, 1.–3. Str.: Zu Betlehem geboren

Schlußgebet
Gott, in der Menschwerdung deines Sohnes hast du unsrem Leben und der ganzen Welt Licht und Freude geschenkt. Wir danken dir, daß du durch Jesus sichtbar in dieser Welt erschienen bist. Wir bitten dich, laß sein Licht und seine Liebe in unserem Leben aufstrahlen und hilf uns, dich, den verborgenen Gott, überall da zu finden, wo du in dieser Welt anwesend bist. Darum bitten wir durch Jesus Christus, der unser Licht und Leben ist. Amen.

Sehnsucht nach Erlösung

oder Liebe befreit und schenkt neues Leben

Märchen: „Das Waldhaus"

Eröffnung

Lied GL 297: Gott liebt diese Welt – *oder* Ls 259: Wo zwei oder drei in meinem Namen versammelt sind (T: Mt 18, 20/M: Jesus Bruderschaft Gnadenthal)

Begrüßung und Einführung

Kinder und Erwachsene erzählen, wo Menschen mit einem guten Herzen sie durch ihre Liebe befreit haben und damit neues Leben ermöglichten.

Beispiele:

Gott, der uns liebt, hat seinen Sohn in die Welt gesandt, um uns zu erlösen von allem, was unfrei macht und gefangenhält. Jesus hat uns durch seine Liebe erlöst und neues Leben geschenkt. Die ganze Schöpfung, alles, was lebt, wartet sehnsüchtig auf die Erlösung, auf die Befreiung zum vollen Leben (vgl. Röm 8, 19–22). An dieser Erlösung können wir alle mitarbeiten, durch unsere Liebe befreien und zum neuen Leben verhelfen. Über unsere Sehnsucht nach Erlösung, über die Befreiung zum vollen Leben wollen wir heute nachdenken.

1. Kind: Wer krank ist, sehnt sich danach, geheilt zu werden.

2. Kind: Wer Hunger hat, möchte satt werden. Er wartet auf liebende Menschen, die helfen und teilen, die aus der Not befreien.

1. Kind: Wer schuldig ist, wartet auf Vergebung.

2. Kind: Wer gefesselt ist, möchte befreit werden.

1. Kind: Wer fremd ist, sehnt sich danach, angenommen zu sein und Heimat zu finden.

2. Kind: Wer müde und erschöpft ist, wer nicht mehr weiterkann, sehnt sich danach, neue Kraft zu bekommen.

1. Kind: Wir alle sehnen uns nach Liebe, Freiheit und Glück.

2. Kind: Wir alle sehnen uns nach einem guten, erfüllten Leben, nach dem Himmel.

Besinnung und Kyrie-Rufe

3. Kind: Guter Gott, gib uns ein liebendes Herz, das die Not der anderen wahrnimmt. Vergib, wenn wir die übersehen, die auf unsere Hilfe warten.

Liedruf GL 451: Herr, erbarme dich.

Jugendlicher: Gott, du kennst unsere Vorurteile. Vergib, wenn wir nicht bereit sind, fremden Menschen zu helfen.

Liedruf:

Erwachsener: Gott, du weißt, wie oft wir nicht bereit sind, verantwortlich für Menschen und Tiere zu sorgen, deine gute Schöpfung zu hüten und zu pflegen.

Liedruf:

Zuspruch der Vergebung

Loblied Ls 53: Die Erde ist schön (Sœur Sourire, Neue-Stadt-Verlag) – *oder* Kanon DR 391: Te Deum laudamus (Elisabeth Musikal, P. Janssens, Telgte) – *oder* Tanz: Laudate omnes gentes (Taizé)

Gebet

Guter Gott, vieles in unserem Leben und in unserer Welt ist nicht in Ordnung. Mit der ganzen Schöpfung sehnen wir uns nach Erlösung und Befreiung. Wir danken dir, daß du uns Jesus geschenkt hast, unsern Retter und Befreier, der mit dir und dem Heiligen Geist lebt und liebt in Ewigkeit. Amen.

Märchen

Ein armer Holzhauer lebte mit seiner Frau und drei Töchtern in einer kleinen Hütte am Waldrand. Eines Tages sagte er zu seiner Frau: „Laß mir mein Mittagessen vom ältesten Mädchen in den Wald bringen. Damit es sich nicht verirrt, streue ich Hirsen auf den Weg." Als die Sonne mitten über dem Wald stand, machte sich das Mädchen mit einem Topf voll Suppe auf den Weg. Da die Waldvögel die Körner aufgepickt hatten, konnte es die Spur nicht finden. Auf gut Glück ging es, bis die Sonne sank und die Nacht einbrach. Als es Angst spürte, sah es plötzlich ein Licht blinken, ein Haus, dessen Fenster erleuchtet waren. Es ging auf das Haus zu und klopfte an. „Nur herein", rief eine rauhe Stimme. Als das Mädchen eintrat, saß da ein alter, eisgrauer Mann mit einem langen Bart. Am Ofen lagen drei Tiere. Das Mädchen erzählte sein Schicksal und bat um ein Nachtlager. Der Mann sprach: „Schön Hühnchen, schön Hähnchen, und du, schöne bunte Kuh, was sagst du dazu?" „Ducks!" antworteten die Tiere, das mußte wohl heißen: „Wir sind einverstanden." Der Alte sagte: „Hier ist Hülle und Fülle, geh an den Herd und koch uns ein Abendessen." Das Mädchen fand in der Küche Überfluß an allem und kochte eine gute Speise, trug die volle Schüssel auf den Tisch, setzte sich zu dem grauen Mann und aß. Als es satt war, sprach es: „Jetzt bin ich müde, wo ist mein Bett?" Die Tiere antworteten: „Du hast mit ihm gegessen, du hast mit ihm getrunken, du hast an uns gar nicht gedacht, nun sieh auch, wo du bleibst die Nacht." Der Alte sprach: „Oben sind zwei Betten, decke sie mit weißem Linnen, so will auch ich kommen und mich schlafen legen." Das Mädchen schüttelte und deckte die Betten, dann legte es sich hinein, ohne auf den Alten zu warten. Als der graue Mann kam, sah er, daß das Mädchen eingeschlafen war. Er öffnete eine Falltür und ließ es in den Keller sinken.

„Das Mädchen muß sich verirrt haben", sagte die Frau, als der Holzhauer nach Hause kam. Am nächsten Tag verlangte er, die zweite Tochter solle ihm das Essen bringen. „Ich nehme Linsen mit, die Körner wird das Mädchen besser sehen", sagte er. Der zweiten Tochter erging es genau wie der ersten. Die Waldvögel hatten die Körner aufgepickt. Als die Sonne sank, sah sie ein Licht und ging ins Waldhaus. Dort verhielt sie sich wie ihre Schwester. Mit einem Kopfschütteln ließ der alte Mann das Mädchen in den Keller hinab.

Am dritten Tag sprach der Holzhauer: „Schicke mir heute unser jüngstes Kind mit dem Essen hinaus, das ist immer gut und gehorsam gewesen. Es wird auf dem rechten Weg bleiben und nicht wie seine Schwestern, die wilden Hummeln, herumschwärmen. „Soll ich mein liebstes Kind auch noch verlieren", jammerte die Mutter. „Sei ohne Sorge", sagte der Mann, „das Mädchen verirrt sich nicht, es ist klug und verständig. Ich streue Erbsen, um ihm den Weg zu zeigen." Als das Mädchen hinauskam, hatten Tauben die Erbsen schon im Kropf. Es wußte nicht, wohin es gehen sollte. Es war in Sorge, weil es an den Vater dachte, der Hunger hatte, und an die gute Mutter, die jammern würde, wenn es ausbliebe. Als es finster wurde, sah es das Licht und kam zum Waldhaus. Es bat um ein Nachtlager. Der Mann fragte wieder seine Tiere und sie antworteten wieder: „Ducks!" Da trat das Mädchen an den Ofen, liebkoste Hühnchen und Hähnchen, strich mit der Hand über die glatten Federn und kraulte die bunte Kuh zwischen den Hörnern. Es bereitete eine gute Suppe und stellte sie auf den Tisch. „Es ist alles in Hülle und Fülle da", sagte das Mädchen, „ich will zuerst für die Tiere sorgen." Es holte Gerste für Hühnchen und Hähnchen und duftendes Heu für die Kuh. Dann stellte es einen Eimer mit Wasser den Tieren hin, damit sie trinken konnten. Danach setzte es sich an den Tisch und aß, was der alte Mann übriggelassen hatte. Als Hühnchen und Hähnchen den Kopf zwischen die Federn steckten und die bunte Kuh müde blinzelte, sagte das Mädchen: „Sollen wir uns zur Ruhe begeben?" „Schön Hühnchen, schön Hähnchen und du bunte Kuh, was sagst du dazu?" Die Tiere antworteten: „Ducks! Du hast mit uns gegessen, du hast mit uns getrunken, du hast uns wohlbedacht, wir wünschen dir eine gute Nacht." Das Mädchen deckte die Betten frisch und wartete, bis der Alte sich gelegt hatte. Dann betete es und legte sich ins andere Bett und schlief ein.

Um Mitternacht ward es unruhig im Haus. Das Mädchen erwachte. In allen Ecken fing es an zu knittern und zu knattern, Türen sprangen auf und Balken dröhnten, es krachte, als wenn das ganze Dach zusammenfiele. Als es still wurde, schlief das Mädchen wieder ein, dankbar, daß ihm nichts geschehen war. Bei hellem Sonnenschein wachte es auf. Was erblickten seine Augen? Es lag in einem großen Saal, alles glänzte in königlicher Pracht, das Bett war aus Elfenbein und die Decke von rotem Samt. Das Mädchen glaubte, es wäre ein Traum. Drei reichgekleidete Diener traten ein und fragten nach ihren Wünschen. „Geht nur", antwortete das Mädchen, „ich stehe auf und koche dem Alten eine Suppe und gebe auch den Tieren ihr Futter."

Als es sich umsah, lag in dem anderen Bett ein junger, schöner Mann. Der sagte: „Ich bin ein Königssohn und war von einer bösen Hexe verwünscht worden. Als alter, eisgrauer Mann mußte ich im Wald leben mit meinen drei Dienern in der Gestalt eines Hühnchens, eines Hähnchens und einer bunten Kuh. Die Verwünschung sollte erst aufhören, wenn ein Mädchen käme, das so gut von Herzen, daß es nicht allein gegen die Menschen, sondern auch gegen die Tiere sich liebreich bezeigte. Das bist du gewesen. Heute um Mitternacht sind wir durch dich erlöst worden. Das alte Waldhaus ist wieder in mein Schloß verwandelt worden." Als sie aufgestanden waren, sagte der Königssohn zu den drei Dienern, sie sollten Vater und Mutter des Mädchens zur Hochzeit holen. „Wo sind meine beiden Schwestern?" fragte das Mädchen. „Die habe ich im Keller eingesperrt, die sollen nun einem Köhler im Wald so lange dienen, bis sie gelernt haben, auch die Tiere nicht mehr hungern zu lassen. (verkürzt nach Brüder Grimm Nr. 169)

Meditative Musik

Lied DR 57: Wir erwarten einen neuen Himmel, wir erwarten eine neue Erde (T: 2 Petr./M: Michael Corth)

Evangelium

Heilung der Tochter einer Syrophönizierin Mk 7,24–30 – *oder: Das Gleichnis von den Talenten* Mt 25,14–30 – *oder: Es naht eure Befreiung* Lk 21,25–28 – *oder: Mahnung zur Wachsamkeit* Lk 21,34–36 – *oder: Neuer Himmel, neue Erde* Off 21,1–7 – *oder: Rückkehr nach Galiläa* Mt 4,12–23 – *oder: Isaaks Heirat* Gen 24,1–4.10–14 – *oder: Licht leuchtet auf in der Finsternis* Jes 9,1–2

Ansprache

Menschen aller Zeiten sehnen sich nach Erlösung. Auch die Menschen zur Zeit Jesu warteten auf einen Befreier, sehnten sich nach Rettung. Nach Erlösung, nach einem Menschen mit einem liebenden Herzen, der sie befreien kann, sehnen sich auch der alte Mann und die Tiere im Waldhaus. Durch die Liebe des Mädchens wurden sie befreit. Die Menschen, die mit Jesus lebten, hatten oft große Sorgen. Von den Römern wurden sie unterdrückt. Sie lebten im Dunkel, im Dunkel des Unrechts, der Gewalt, der Angst. Weil sie so im Dunkeln lebten, waren sie auch nicht gut zueinander. Rücksichtslos dachten viele nur an sich selbst. Das Volk, das im Dunkeln saß, hoffte auf die Erlösung, betete um den Retter. Jesus kam und befreite durch seine Liebe die Menschen. Für die Leute, die im Waldhaus lebten, kam die Rettung durch das jüngste Mädchen. Durch ihr liebendes Tun konnte sie die Verzauberten erlösen. Wie Jesus wendete sich das Mädchen allen zu, die Hilfe brauchten.
Jesus verkündete den Menschen die Botschaft von der großen Liebe Gottes

zu allen Geschöpfen. Er heilte alle Krankheiten und Gebrechen. Er hat durch seine Liebe alle und alles erlöst und befreit.

Auch wir leben in einer dunklen Zeit. Vielen Menschen geht es nicht gut, sie haben Angst vor der Zukunft, viele sind krank an Leib und Seele. Vielen Menschen geschieht Unrecht, sie werden unterdrückt, ausgebeutet, gefangengehalten, gequält. Sie leben unter Gewalt, leiden unter Krieg und Hunger. Menschen sitzen im Dunkeln, in der Einsamkeit. Das Wort des Propheten Jesaia (9, 1–2) gilt auch heute. Allen, die im Dunkeln leben, leuchtet ein helles Licht. Jesus hat Hoffnung und Erlösung gebracht. Mit ihm sollen wir in dieser dunklen Welt leuchten. Mit ihm können wir die Menschen retten und befreien. Jesus traut es uns, seinen Freunden und Freundinnen, zu. Wenn wir, wie die jüngste Tochter im Märchen, in Liebe für Menschen und Tiere sorgen, uns für die Umwelt und Mitwelt einsetzen, dann können wir andere erlösen und befreien. Menschen, Tiere, Pflanzen, unsere ganze Welt wartet darauf, daß wir uns liebend für sie einsetzen, leidenschaftlich für ihr Glück und Heil kämpfen. Mit Jesus die Welt heute retten, erlösen, befreien, das ist ein großer, aber auch schöner Auftrag. Täglich können wir sehen, was die Menschen brauchen. Wie die jüngste Tochter können wir aufmerksam helfen. Sie hat die Tiere nicht übersehen. Wenn wir für alle Geschöpfe auf dieser Welt sorgen, nichts wegwerfen, was man noch brauchen kann, nicht so viel Energie verbrauchen, die Welt schonen und ihr nicht noch mehr Wunden zufügen, dann werden wir die ganze Welt in der Kraft Jesu, in der Kraft seines guten Geistes retten. Wer liebt, kann befreien und anderen neues Leben schenken. Was die dritte Tochter im Märchen getan hat, was Jesus im Land der Dunkelheit getan hat, das sollen wir mit ihm tun: durch Liebe befreien und erlösen. Weil Jesus uns liebt und uns seinen guten Geist schenkt, können wir mit ihm die Welt erlösen.

oder:

Deutung des Märchens

Da gehen drei Mädchen hinaus ins Leben, ins Ungewisse. Sie gehen auf gut Glück, bis die Sonne untergeht. Den Spuren des Vaters sollen sie nicht folgen, sondern eigene Wege suchen, deshalb hat der Vater Körner auf ihren Lebensweg gestreut, Nahrung für die Vögel. Wie er sollen sie dann, wenn sie Hunger haben, für die ganze Kreatur sorgen. Wer für Tiere und alles Geschaffene sorgt, der wird umsichtig und weitblickend. Im Waldhaus entscheiden die Tiere mit, ob die Verirrten ein Nachtlager bekommen. Zwischen dem alten Mann und seinen Tieren wird ein neues, vorbildhaftes Verhalten gezeigt. Der alte Mann, der Königssohn, macht seine Diener zu geachteten Mitarbeitern. Sie leben mit ihm im gleichen Raum. Sie gestalten den künftigen Weg, den Wandlungsprozeß mit. Um Fesseln und Bann zu lösen, müssen sie mittun und die Mädchen prüfen. Verwandlungen geschehen im Leben nicht von selbst. In der geschundenen, ausgeplünderten Natur sähe es anders aus, wenn wir vor jeder Entscheidung, auch vor jeder politischen Entscheidung, die uns anvertrauten Tiere fragen würden: „Was sagt ihr dazu?" Die Tiere im Waldhaus tadeln oder loben das Verhalten der Mädchen. Wer sich ihnen nicht sorgend zuwendet, verpaßt seine Zukunftschancen. Wenn wir unsere Verantwortung gegenüber der Schöpfung nicht wahrnehmen, wie die beiden älteren Schwestern, machen wir uns unfrei, krank, verbauen wir uns die Zukunft. Wer wie das jüngste Mädchen sich in Liebe für alle Lebewesen öffnet, wer Augen, Herz und Hände für andere hat, der kann Erlösung bringen und sein Glück finden. Erlöst werden können die Bewohner im Waldhaus nur von einem Menschen mit einem guten Herzen. Die beiden älteren Schwestern denken nur an sich, an die Befriedigung ihrer Bedürfnisse. Sie nehmen keine Rücksicht auf den alten Mann und übersehen, daß die Tiere auch Hunger haben und versorgt sein möchten. Wer nur an sich denkt, kann andere nicht erlösen und wird darum auch sein Glück nicht finden. Sie können sich nicht neu und verwandelt erheben, sondern fallen in die Tiefe. Das jüngste Mädchen dagegen wendet sich den Tieren liebevoll zu. Es versteht, mit Hülle und Fülle richtig umzugehen. Es gibt den Tieren aus der Fülle der Vorräte, es wartet auf den alten Mann, läßt ihn zuerst essen und ruhen. Im Gebet sucht es die Verbindung zu Gott, um Kraft zu haben, allen Geschöpfen in Ehrfurcht zu dienen. Weil es liebend für Menschen und Tiere sorgt, wird es reich beschenkt und hat eine gute Zukunft.

Märchen zeigen uns prophetisch, wie wir aus unseren Sackgassen herausfinden können. Wer mit wachen Sinnen alles wahrnimmt, mit dem Herzen mitfühlen kann und anteilnehmend handelt, wer im Gebet die Verbindung zu Gott sucht, der kann andere erlösen und befreien, weil er frei ist von Eigennutz. Durch die Verwandlung und Befreiung des Menschen, erfahren auch die Tiere ihre Erlösung. Was tierhaft war, wird menschlich und dient dem König und der Königin. Im Bild von der Hochzeit wird vom neuen Leben, von der Wiedergeburt erzählt.

Durch die liebende Tat eines anderen können auch heute Menschen sich neu und verwandelt erleben. In jedem Menschen, in der ganzen Natur, in der alten Mutter Erde schlummern Kräfte zur Verjüngung. Jesus hat uns einen neuen Himmel und eine neue Erde versprochen. Mit uns will er Welt und Menschen erneuern und verwandeln.

Glaubensbekenntnis

Liedruf GL 624: Auf dein Wort, Herr, laß uns vertrauen, stärke unsern Glauben. *oder:* DR 269: Manchmal feiern wir mitten im Tag ein Fest der Auferstehung (aus: „Ihr seid meine Lieder" P. Janssens)

4. Kind: Ich glaube an Gott, der alles, was lebt, geschaffen hat. Ich glaube, daß er seine Schöpfung liebt und sie durch uns vor der Vernichtung bewahren will. Ich glaube, daß er uns beruft, den Menschen und der Schöpfung zu dienen.

Liedruf

Jugendlicher: Ich glaube an Gott, der durch seinen heiligen Geist uns hier zusammengeführt hat. Ich glaube, daß er uns erlösen und befreien will von allem, was uns gefangenhält. Ich glaube, daß er uns in Jesus Christus den neuen Menschen gezeigt hat, der liebt und für andere da ist.

Liedruf

Erwachsener: Ich glaube an Gott, der uns Kraft gibt, gegen Ungerechtigkeit und Unterdrückung in dieser Welt zu kämpfen. Ich glaube, daß er alle Vorurteile abbauen will, daß wir aus der Verbindung mit ihm an seinem Reich der Liebe und des Friedens mitarbeiten sollen, bis er es einmal in Fülle offenbaren wird.

Liedruf

oder:

Fürbitten

Priester: Wir möchten leben mit wachen Sinnen und wie Jesus uns die Not der Menschen zu Herzen gehen lassen. Wie er möchten wir uns einsetzen für das Heil aller Menschen. Wir bitten:

1. Kind: Für alle, die Neues wagen und in eine ungewisse Zukunft gehen, daß sie in aller Dunkelheit Licht sehen und in aller Gefahr einen schützenden Ort finden.

Alle: Herr, erhöre uns!

Erwachsener: Für alle Jugendlichen, die sich hinauswagen ins Leben, die auf Irr- und Umwegen ihre Erfahrungen machen, daß sie mit deiner Hilfe ihren Weg finden und sich verantwortlich für das entscheiden, was du ihnen aufträgst. **A.:**

2. Kind: Für alle Christen, daß sie Menschen werden, die mit Herz und Händen anderen Menschen helfen und liebevoll für alle Lebewesen sorgen. **A.:**

Erwachsener: Für alle, die die Natur schützen und pflegen, die durch ihr Verhalten verändernd wirken und dadurch den Spott anderer auf sich ziehen, daß sie den Mut haben, gewohnte und bequeme Wege zu verlassen. **A.:**

Jugendlicher: Für alle, die anderen Menschen mit Vorurteilen begegnen, daß sie die königliche Würde in jedem Menschen durchschimmern sehen. **A.:**

3. Kind: Für alle Arbeitgeber und für alle, die von anderen bedient werden, daß sie ihre Untergebenen als Mitarbeiter achten und schätzen. **A.:**

Jugendlicher: Für alle, die nach außen anders erscheinen als sie sind. Hilf, daß sie befreit werden, daß sie ihre alten Hüllen und Masken fallen lassen und zeigen, wer sie wirklich sind. **A.:**

4. Kind: Für alle, die sich verirrt haben, daß sie bereitwillig Aufnahme und Hilfe finden. **A.:**

Priester: Ja, Gott, erlöse uns von allem, was alt und eisgrau an uns ist, und laß es wieder glänzen in königlicher Pracht. Darum bitten wir durch Jesus Christus, unsern Erlöser und Befreier. Amen.

Gabenbereitung

Lied GL/EA 041: Wenn das Brot, das wir teilen (T: C. P. März/M: Kurt Grahl) – *oder* GL/EA 026: Gottes gute Gaben allen Menschen zugedacht (T: Willi Fährmann/M: Heino Schubert)

Gabengebet

Gott, aus der Fülle der Gaben haben wir Brot und Wein für dieses Mahl bereitgestellt. Sie sind Zeichen für unser Leben. Du willst diese Gaben verwandeln, neu machen. Laß uns durch dich neue Menschen werden, die die Welt in der Kraft deines Geistes retten. Laß uns, durch diese Gaben gestärkt, uns liebevoll allen zuwenden, die auf unsere Hilfe warten. Darum bitten wir durch Jesus Christus, unsern Herrn. Amen.

Hochgebet zum Thema „Versöhnung"

Präfation

Wir danken dir, befreiender Gott, Schöpfer des Himmels und der Erde, daß du durch Jesus Christus alle Menschen und die ganze Schöpfung von der Knechtschaft und Vergänglichkeit erlöst und uns durch Jesus in die herrliche Freiheit der Kinder Gottes geführt hast. Wir danken dir, daß in ihm deine Liebe zu allen Geschöpfen aufgeleuchtet ist, daß du durch ihn alles heil und gut machst. Jesus führt aus der Armut in die Fülle, aus der Enge in die Weite. Er verwandelt und erweckt zum neuen Leben, macht alles Alte jugendfrisch und verheißt eine königliche Zukunft. Mit allen, die durch ihn im Himmel und auf Erden erlöst und befreit sind, singen wir zu deinem Lob:

Heilig-Lied GL 427: Heilig

Vater unser

Friedensgruß

Waldvögel sind es, die bei den älteren beiden Schwestern die Körner aufpikken. Tauben, die Symbol des Friedens sind, werden der jüngsten Tochter zugewiesen. Wer ein gutes Herz hat, mitleidig und hilfreich sich Menschen und Tieren gegenüber verhält, der lebt im Frieden mit sich selbst, mit der Schöpfung und mit Gott. Jesus will uns diesen Frieden immer wieder schenken.

DER FRIEDE DES HERRN ...

Lied GL 290, 4. + 5. Str.: Gott wohnt in einem Lichte – *oder* DR 203: Unfriede herrscht auf der Erde (aus: Jugendkreuzweg 1982, tvd-Verlag, Düsseldorf)

Kommunion

Dank Lied GL 289: Herr, deine Güt ist unbegrenzt – *oder* GL/EA 013: Wenn der Himmel in unsere Nacht fällt (W. Offele/H. Florenz)

Schlußgebet
Guter Gott, du hast uns beschenkt mit der Fülle deiner Gaben durch Jesus Christus, deinen Sohn. Laß uns, durch ihn erlöst und gestärkt, mit deinen Gaben dankbar umgehen und heilend und befreiend auf andere wirken. Darum bitten wir durch Jesus Christus, durch den diese Welt und unser Leben neu werden. Amen.

 # Jesus Christus ist unsere Sonne

Märchen: „Die verlorene Sonne"

Vorzubereiten:
Für den Altarraum eine große Sonne und für alle Kinder kleine Sonnen, Gebet (siehe Anfang) daran befestigen.

Eröffnung
Instrumentalmusik – *oder* Lied GL 213: Christ ist erstanden

Einführung
Mit einem altchristlichen Lied möchte ich heute alle begrüßen: „Er ist meine Sonne, und seine Strahlen ließen mich auferstehen. Sein Licht hat alle Finsternis von meinem Angesicht vertrieben. Halleluja!" (aus der 15. Ode Salomos) Wir feiern miteinander Ostern, das Fest des neuen Lebens. Jesus, der die Nacht des Todes und alle Dunkelheit überwunden hat, ist die Sonne unseres Lebens. Er macht unser Leben hell und warm. Im Licht dieser Ostersonne können wir leben, und durch sie erleuchtet, zum Licht für andere werden.

Lied GL 223: Wir wollen alle fröhlich sein

1. Kind: Die Sonne im Altarraum will ein Zeichen für Jesus Christus sein, der auferstanden ist, um uns Licht und Leben für immer zu schenken.

2. Kind: Ostersonne, wir grüßen dich!

Mutter: Wir alle werden vom Licht und von der Wärme der Ostersonne durchdrungen. Durch Jesus Christus können wir selbst zu Sonnen, zu Sonnenmenschen werden.

2. Kind: Seid gegrüßt, ihr Sonnenmenschen!

Mutter: Damit ihr auch äußerlich ausseht wie Sonnen, als Sonnenmenschen zu erkennen seid, haben sonnige Menschen aus unserer Gemeinde für alle Kinder Sonnen gebastelt. (6 Kinder stellen sich mit Sonnen vorne auf)

Priester: Laßt euer Licht leuchten. Seid strahlende Menschen, Sonnenmenschen, damit die Welt durch euch hell und warm wird und neues Leben hervorbringt.

Wenn ihr mit Jesus Christus Licht in alle Dunkelheit unserer Welt bringt, wenn ihr die Kälte in unserer Umwelt vertreibt, dann können Menschen auferstehen zu einem neuen Leben und frohe Ostern feiern.

Lied DR 269: Manchmal feiern wir mitten im Tag ein Fest der Auferstehung (aus: „Ihr seid meine Lieder" P. Janssens – P. Janssens Musikverlag, Telgte)

Besinnung

3. Kind: Gott, in uns und um uns herum ist es manchmal dunkel. Jesus will unser Leben hell und leuchtend machen. Wir aber lassen uns oft nicht durchdringen von seinem Licht, lassen es nicht immer durchscheinen.

Kyrie-Ruf GL 506: Christus, Herr, erbarme dich

4. Kind: Gott, manchmal ist uns kalt, andere können durch uns deine Wärme nicht erfahren. Deine wärmende Sonne kann uns nicht durchdringen. **Kyrie-Ruf:**

Jugendlicher: Gott, manchmal sieht alles kahl und tot aus in unserem Leben. Die Sonne hat noch nicht die Kraft, neues Leben in uns aufzuwecken. Manchmal vergessen wir, daß es dich, die unbesiegbare Sonne gibt. Wir nehmen deine Strahlen nicht in uns auf. **Kyrie-Ruf:**

Zuspruch der Vergebung

Gloria – oder Lied: Mir ist ein Licht aufgegangen (aus: „Licht auf meinem Weg", Menschenkinder Musikverlag Münster)

5. Kind: Jesus, mit dir feiern wir das Fest der Auferstehung. Wir singen dir ein Lied der Freude, weil du für Erde und Himmel neues Leben bringst. **Lied:**

6. Kind: Wir loben dich, du leuchtende Sonne, heute am Tag der Sonne, am Sonntag. Wir loben dich, weil du uns zu Sonnenmenschen machst. **Lied:**

Gebet

Jesus Christus, du bist die Sonne unseres Lebens, die Sonne, die uns heilt und alle Dunkelheit und Kälte vertreibt. Laß uns durch dich zu Sonnenmenschen werden, die viel Licht und Freude verbreiten. Schenke allen neues Leben, Hoffnung und Frieden heute und an allen Tagen unseres Lebens. Amen.

Lied UL 25, 1: Eine freudige Nachricht breitet sich aus (M. G. Schneider/ Christophorus-Verlag, aus: „Sieben Leben möcht ich haben")

Evangelium

Der Auferstandene erscheint Maria von Magdala Joh 20, 1–18

Lied UL 25, 1: Eine freudige Nachricht breitet sich aus

Ansprache

Früher lebten Menschen in Wäldern und auf Wiesen. Jeden Morgen wurden sie von der Sonne geweckt. Abends zündeten sie auf den Bergen ein Feuer an, um der Sonne zu zeigen, wo sie am nächsten Tag wieder aufgehen sollte. Die Menschen lebten im Licht der Sonne und waren glücklich. Die Sonne schien, wenn die Kinder im Bach fischten, mit Murmeln spielten oder vor Freude tanzten. Alle freuten sich über ihr Leben auf dieser schönen Welt.

Eines Tages begannen die Menschen, Häuser zu bauen. Zunächst bauten sie sich kleine Häuser, dann große und immer größere. Immer dichter und höher bauten sie ihre Häuser, so daß kaum noch Licht in ihre Straßen und Wohnungen fiel. Die Sonne wurde schwächer. Es wurde dunkel und kalt auf der Erde.

Eines Tages kam ein Mann in die Stadt. Erschrocken fragte er: „Warum ist es hier so dunkel und kalt? Warum habt ihr keine Sonne?" Die Leute schauten aufmerksam zum Himmel. „Wir haben elektrisches Licht und auch Strom, um uns zu wärmen", trösteten sie sich. In den Häusern war es warm und bequem. An die Sonne dachten sie kaum noch. Es fiel ihnen nicht auf, daß die Sonne immer schwächer wurde. Aus allen Kaminen stieg Rauch auf und legte sich als dunkle Wolke über die Stadt. Die Sonne wurde traurig und verfinsterte sich, weil niemand sie beachtete und brauchte. So wurde es plötzlich ganz dunkel in der Stadt. Es wurde kalt, und bald lag überall tiefer Schnee. Die Menschen konnten sich kaum noch bewegen. Dunkelheit, Kälte, Glatteis und Schnee verhinderten, daß sie zusammenkamen. Bald erkannten die Leute, was sie alles verloren hatten. Sie waren ratlos. Wer konnte ihnen noch helfen? Eines Tages kam ein sehr alter Mann und sagte: „In früheren Zeiten stiegen die Menschen auf den Berg und zündeten ein Feuer an, um die Sonne zu ehren und zu rufen. Wollt ihr es nicht wieder versuchen?" Die Menschen dachten nach. Weil ihnen nichts Besseres einfiel, trugen sie Äste und Zweige auf den Berg und zündeten das Holz an. Flammen stiegen empor und leuchteten in der Dunkelheit. Unverwandt

schauten sie nach Osten, um das Aufgehen der Sonne zu erleben. Lange standen sie am Feuer und schauten in die Nacht. Es blieb aber dunkel wie zuvor. Die Sonne erschien nicht. „Mit einem Feuer kann man die Sonne nicht herbeilocken", sagten sie zueinander und gingen enttäuscht nach Hause. Nur wenige Menschen blieben, schafften neues Holz herbei und sorgten, daß das Feuer nicht ausging. Doch auch in der zweiten Nacht brachte das Feuer die Sonne nicht zurück. In der dritten Nacht war nur noch ein Mädchen, eine junge Frau, allein auf dem Berg. Sie glaubte noch an die Rückkehr der Sonne. Sorgsam wachte sie über das Feuer. „Die Sonne wird kommen", sagte sie. „Es muß wieder Tag werden!" Beharrlich schaute sie in die Dunkelheit, hoffend, daß die Sonne mit ihrem Licht die Finsternis besiegen würde. Plötzlich rief sie begeistert aus: „Die Sonne steigt auf! Ein neuer Tag bricht an! Neues Leben, eine neue Zukunft wird uns geschenkt!" Menschen hörten das Rufen der jungen Frau und kamen aus ihren dunklen Häusern. Sie staunten: „Wirklich, die Sonne kommt!" Sie jubelten und sangen vor Freude, sie tanzten und umarmten sich. Bald steckten Blumen ihre Köpfe aus der dunklen Erde, und Kinder rannten vergnügt der Sonne entgegen. Sie dankten der Sonne, daß sie gekommen war, um ihnen Licht, Wärme und neues Leben zu schenken. Voll Begeisterung pflückten sie leuchtende Blumen und hüpften in die Stadt zurück, um allen die Botschaft vom neuen Leben zu bringen. Die Straßen und Häuser der Stadt waren aber noch grau. Besorgt stiegen die Kinder auf die Dächer. Die Sonne konnten sie da oben auch nicht sehen. Kein Sonnenstrahl konnte durch den Qualm dringen, der aus den Schornsteinen kam. „Wir haben die Sonne verloren!" jammerten die Kinder. „So kann es nicht weitergehen!" riefen sie. „Wir müssen die Sonne retten! Ohne Sonne haben wir kein Licht, keine Wärme, kein Leben, keine Zukunft!"
(nach: „Die verlorene Sonne" v. Štěpán Zavřel, Nord-Süd-Verlag Hamburg, 1973)

Im heutigen Evangelium war auch von einem Mädchen, von einer Frau, die Rede. Maria von Magdala stand am Grab Jesu und weinte. Sie hatte Jesus, ihr Licht, ihre ganze Hoffnung, ihr Leben, verloren. Sie blieb am dunklen Grab, als alle anderen enttäuscht und hoffnungslos nach Hause gegangen waren. Am dritten Tag durfte sie den Aufgang der Ostersonne erleben. Jesus, die Sonne ihres Lebens, war neu aufgegangen, schenkte der Welt neues Leben, Freude und Licht. Jesus erschien ihr, sprach sie an und schickte sie mit einer frohen Botschaft zu seinen Freunden. Jesus, der Auferstandene, war ihr erschienen. Weil er lebte, konnte sie froh zu den anderen gehen, um die Osterbotschaft allen zu verkünden.
Jesus ist die Sonne unseres Lebens, das feiern wir Ostern und an jedem Sonntag. Jesus, die unbesiegbare Sonne, hat Dunkelheit, Grab und Tod überwunden. Durch seine Liebe überwindet er jeden Tod. Die leuchtende Ostersonne, das Osterfeuer, die brennende Osterkerze sind Zeichen, daß Jesus lebt und bei uns ist. Wir glauben, daß er lebt und unser Leben hell und warm macht.

Wir Menschen sind immer wieder in Gefahr, Jesus, unsere Sonne, zu verlieren im Dunst und Qualm unserer alltäglichen Sorgen und Probleme. Wer der Sonne, Jesus, entgegengeht, der wird von ihm erleuchtet, warm und lebendig gemacht. Jesus möchte die Sonne unseres Lebens sein. Er möchte uns durchdringen und uns zu leuchtenden, strahlenden Menschen machen, zu Sonnenmenschen, die mit ihm alle Dunkelheit und Kälte dieser Welt vertreiben. Mit dem Mädchen aus dem Märchen und mit Maria von Magdala müssen wir oft lange in der Dunkelheit ausharren und auf das Licht der Sonne warten. Beide aber sagen uns, was wir auch einander sagen können: Die Sonne geht auf über unserem dunklen Leben, über dieser dunklen Welt. Sie vertreibt Finsternis, Kälte und Tod. Sie schenkt Hoffnung, neues österliches Leben, eine unverlierbare Zukunft.

Fürbitten

Priester: Guter Gott, du bist Licht und Liebe. Durch Jesus, der strahlend aufgegangen ist über unserem dunklen Leben, schenkst du uns Hoffnung und neues Leben. Wir bitten dich:

7. Kind: Laß uns österliche Menschen werden, Sonnenmenschen, die das Licht der Ostersonne zu allen tragen, deren Leben dunkel und traurig ist.

Liedruf UL 26: Es werde Licht, das die Nacht durchbricht! (T: W. Willms / M: P. Janssens)

8. Kind: Laß alle, die kraft- und mutlos sind, die auferweckende Kraft der Sonne spüren und neue Hoffnung schöpfen.

Liedruf:

9. Kind: Schenke österliche Freude und österlichen Frieden allen Menschen, denen wir heute begegnen.

Liedruf:

Erwachsener: Schenke allen, die in der Dunkelheit leben, die Kraft, geduldig auf das Licht zu warten, auf die Sonne, die Heil und Leben schenkt.

Liedruf:

Vater: Schenke dein Licht allen, die in der Dunkelheit des Hungers, in der Nacht des Unglaubens, in der Finsternis von Gewalt, Folter und Krieg leben müssen.

Liedruf:

10. Kind: Nimm unsere Toten auf in das ewige Licht, in die ewige Freude.

Liedruf:

Priester: Guter Gott, du hast uns durch Jesus Christus das Licht der Ostersonne geschenkt. Jesus hat Tod und Dunkelheit für immer überwunden. Er schenkt allen Menschen Licht und Leben. Laß uns durch ihn sonnige Menschen werden, die dein Licht durchscheinen lassen. Darum bitten wir durch Jesus, die unbesiegbare Ostersonne. Amen.

Gabenbereitung
(12 Kinder stellen sich mit ihren Sonnen im Halbkreis um den Altar)
Instrumentalmusik – *oder* Lied GL 220,1.–3. Str.: Das ist der Tag, den Gott gemacht

Gabengebet
Guter Gott, wir bringen das Brot, das aus vielen Körnern bereitet ist. Wir bringen den Wein, der aus vielen Trauben gekeltert ist. Wir bringen die Sonne, durch die du alles wachsen und reifen läßt. Nimm uns mit Brot und Wein an und führe uns aus der Dunkelheit ins Licht, vom Tod zum Leben durch Jesus Christus, der auferstanden ist und bei uns bleibt bis in Ewigkeit. Amen.

Drittes Hochgebet für Kinder

Präfation
In Wahrheit ist es würdig und recht, dir, guter Gott, zu danken für Jesus Christus, deinen auferstandenen Sohn. Er ist unsere Ostersonne, das Licht, das unser Leben hell und warm macht. Durch ihn sind wir zum Licht für diese Welt geworden, zu Sonnenmenschen, die mit ihm alle Dunkelheit vertreiben können. Seinetwegen preisen wir dich mit allen, die in deinem Licht leben und singen zu deiner Ehre:

Heilig-Lied UL 81: Unser Lied nun erklingt (R. Strauss-König) – *oder* GL 434: Heilig

Nach der Wandlung
Wir preisen deinen Tod (Liturgie aus Frankreich, in: „Mit Zeichen und Symbolen" S. 37, oder Ws 75)

Vater unser singen – tanzen „Vater unser – mach alles neu"

Friedensgruß

Vor der Kommunion
Lied GL/EA 030: Wenn wir das Leben teilen wie das täglich Brot (T: Rozier/Hans Florenz/M: Wackenheim/S: H. Florenz)

Nach der Kommunion
Erwachsener: Jesus Christus, du bist unsere Sonne. Deine Strahlen lassen uns auferstehen zu einem neuen Leben. Dein Licht vertreibt alle Finsternis aus Herz und Angesicht. Wir danken dir!

Danklied GL 208: O Licht der wunderbaren Nacht – *oder* Ls 82: Danket, danket, singt ein neues Lied (aus: Mariapoli, Neue-Stadt-Verlag)

Schlußgebet

Gott, wir danken dir für dieses Ostermahl und für die Gemeinschaft, die du uns geschenkt hast. Wir danken dir für Jesus, die Sonne unseres Lebens. Erfüllt von seinem Licht und seiner Liebe, gehen wir strahlend nach Hause, um anderen unsere Freude mitzuteilen. Laß uns in seinem Licht leben, und durch ihn gestärkt, alle Dunkelheit vertreiben. Darum bitten wir durch Jesus Christus, die Sonne unseres Lebens. Amen.

Segen

Aktion

Alle Kinder bekommen jetzt eine Sonne, damit sie als Sonnenmenschen in die Welt gehen. Seid Sonnen füreinander! Laßt euer Licht leuchten, damit durch euch neues Leben in dieser Welt entsteht! Diese Sonne will euch immer wieder daran erinnern, daß ihr durch Jesus Christus erleuchtet seid, daß er alle Finsternis aus unserem Gesicht, aus unserem Leben vertrieben hat. Das Gebet, das ihr zu Beginn des Gottesdienstes gehört habt, ist an die Sonne geheftet.

 Mensch, ich mag dich

Vorzubereiten:

Aufkleber mit der Aufschrift „Mensch, ich mag dich" (zu erhalten bei der Autorin, Ebertstr. 14, 3225 Duingen). Vor dem Gottesdienst verteilen Kinder am Eingang der Kirche Aufkleber an alle, die kommen.

Eröffnung

Lied: Wir feiern heut ein Fest (Edelkötter, aus: „Einfache Lieder zum Kirchenjahr")

Begrüßung und Einführung

„Mensch, ich mag dich!" Wer hört das nicht gern? Wo Menschen das zueinander sagen, da wird das Leben zum Fest. „Mensch, ich mag dich!" Das ist die Frohe Botschaft, die uns auf allen Seiten der Bibel verkündet wird. „Mensch, ich mag dich!" – das sagt Gott zu jeder, zu jedem von uns. Weil Gott uns mag, deshalb sollen auch wir zueinander sagen: „Mensch, ich mag

dich!" In jedem Gottesdienst feiern wir die große Liebe, die Gott zu uns allen hat. Gott sagt auch heute zu uns: „Mensch, ich mag dich!" In seinem Namen sind wir hier zusammengekommen: Im Namen des Vaters ...
Wer sich von Gott sagen läßt: „Mensch, ich mag dich!", der kann es auch zu sich selbst und zu anderen sagen. Tauscht die Aufkleber aus und sagt damit zum Nachbarn, zur Nachbarin: „Mensch, ich mag dich!"

Gedanken zum Aufkleber

1. Kind: Der Aufkleber gefällt mir. Wenn jemand zu mir sagt: „Mensch, ich mag dich!", dann freue ich mich. Ich spüre dann, daß es gut und schön ist, daß es mich gibt!

2. Kind: Rot ist die Farbe der Liebe, die Farbe des Herzens. Wenn jemand in Liebe zu mir sagt: „Mensch, ich mag dich!", dann wird es hell in meinem Leben. Die Sonne, die Leben und Wärme schenkt, geht dann strahlend auf in meinem Leben. Sie verändert mich. Ich strahle vor Glück, weil jemand sich darüber freut, daß es mich gibt.

3. Kind: „Mensch, ich mag dich!" Wenn ich das zu einem sage, der traurig ist, dann spüre ich, daß er aufblüht wie eine Blume und mich anlacht und strahlt.

4. Kind: „Mensch, ich mag dich!" Wenn wir das zueinander sagen, dann ist unser Leben schön, dann können wir miteinander singen und tanzen vor Freude – wie die Menschen auf diesem Aufkleber.

5. Kind: Wenn wir in Liebe zueinander sagen: „Mensch, ich mag dich!", dann erleben wir Frieden, Freude, Gemeinschaft und Freundschaft. Darum sagen wir jetzt und oft zueinander: „Mensch, ich mag dich!"

Priester: „Mensch, ich mag dich!" Es ist gut, daß es dich gibt! Das sagt Gott schon immer zu uns. Er wird es immer und ewig zu jeder, zu jedem von uns sagen. Deshalb ist der Untergrund des Aufklebers blau. Blau ist die Farbe des Himmels, die Farbe für das Königreich Gottes. Blau ist auch die Farbe des Wassers. Durch das Wasser der Taufe hat Gott uns sein Leben, seine Liebe geschenkt. „Mensch, ich mag dich!" das hat Gott in der Taufe für immer zu uns gesagt. Ich mag dich so, wie du bist. Ich bin immer für dich da. Das ist mein Name: Jahwe = ich bin für dich da. Darauf kannst du dich verlassen.

Lied-Tanz: Gottes Liebe ist wie die Sonne (aus: Waltraud Schneider, Getanztes Gebet Nr. 26)

Besinnung und Kyrie-Ruf

6. Kind: Guter Gott, du hast uns das Leben geschenkt. Du sagst immer zu uns: „Mensch, ich mag dich!" Vergib, wenn wir uns so wenig über deine Liebe freuen.

Liedruf:
GL/EA 023: Herr, erbarme dich (Peter Janssens-Musikverlag)

53

Jugendlicher: Gott, du liebst uns. Du willst, daß wir zu uns selbst sagen: „Mensch, ich mag dich!" Vergib, wenn wir uns oft nicht so annehmen, wie wir sind.

Liedruf:

7. Kind: Gott, deine Liebe ist wie die Sonne. Im Licht deiner Sonne dürfen wir leben, wachsen, blühen und uns freuen. Vergib, wenn wir so selten zueinander sagen: „Mensch, ich mag dich!"

Liedruf:

Zuspruch der Vergebung

Gebet

Guter Gott, Vater und Mutter aller Menschen, aus deiner Liebe kommen wir, in deiner Liebe leben wir. Gib uns die Kraft, deine Liebe an andere weiterzuschenken. Laß uns in der Liebe zu dir und zueinander wachsen durch Jesus Christus, den guten Freund aller Menschen. Amen.

Lied-Tanz: Die Herrlichkeit des Herrn (aus: Getanztes Gebet, Nr. 23)

Evangelium

Taufe des Herrn Mk 1, 7–11; Lk 3, 21–22 (Lektionar für Kindergottesdienste Bd. I, 90b, 92) *oder: Verklärung Jesu* Mk 9, 2–8 – *oder: Liebet einander* Joh 13, 34–35 (Lektionar für Kindergottesdienste Bd. I, 56)

Deutung

Jesus hat erfahren: Gott liebt mich, er steht zu mir. Ich bin sein geliebter Sohn, sein geliebtes Kind. Weil Gott zu ihm sagt: „Mensch, ich mag dich!" – „An dir habe ich mein Wohlgefallen", deshalb kann Jesus zu den Menschen gehen und die Frohe Botschaft von der Liebe Gottes allen Menschen weitersagen. Wer im Gottesdienst hört oder im Leben erfährt: Gott liebt mich, der muß zu anderen Menschen gehen und auch ihnen die Botschaft der Liebe Gottes weitersagen und sie bezeugen.

oder:

Ansprache

Das Märchen „Der kleine Drache Hab-mich-lieb" (Andrea Schwarz, Verlag Herder) erzählt, daß ein kleiner Drache davon träumt, daß eine Katze eines Tages zu ihm sagt: „Du, ich mag dich! Ich hab dich lieb!" Der kleine Drache träumt von Liebe, Verstehen, Angenommensein und Geborgenheit. Er geht von zu Hause weg, um die Katze zu suchen, die zu ihm sagt: „Ich mag dich! Ich hab dich lieb!"

Immer, wenn der kleine Drache Tiere trifft, versucht er, so zu sein, wie sie sind. Er glaubt, wenn ich mich ihnen anpasse und versuche, so zu sein, wie sie sind, dann sagen sie vielleicht zu mir: Ich mag dich! Ich hab dich lieb! Der kleine Drache wird enttäuscht, die Tiere lachen ihn aus, stoßen ihn

aus, laufen vor ihm weg. Traurig und enttäuscht geht er nach vielen ge-
scheiterten Versuchen in den Wald. Er will nicht mehr leben, weil niemand
zu ihm sagt: „Du, ich mag dich, ich hab dich lieb!"
Moya, ein kleiner Mann, der im Wald wohnt, findet den traurigen Drachen. Er nimmt ihn mit in seine Hütte. Er läßt sich vom kleinen Drachen
seinen Traum und seine Enttäuschungen erzählen. Moya versteht die
große Sehnsucht nach Liebe und Angenommensein, die in allen Lebewesen
liegt. Der kleine Drache darf für längere Zeit bei Moya wohnen. Beim Abschied sagt Moya zu ihm: „Ich wünsche dir, daß dein Traum sich erfüllt.
Für deinen zukünftigen Lebensweg gebe ich dir einen Rat mit: Hab dich
selbst lieb! Versuche nicht, so zu werden, wie die anderen sind oder wie andere dich haben möchten. Werde so, wie du sein sollst! Hab dich selbst lieb,
dann werden die anderen dich auch mögen." Moya sah den kleinen Drachen liebevoll an und fügte hinzu: „Und wenn du einmal einen Freund
brauchst: Ich mag dich! Ich bin für dich da! Aber vergiß nicht, ich kann deinen Weg nicht gehen. Du mußt dein Leben selbst leben."
Der kleine Drache „Hab-mich-lieb" nahm Abschied. Lange dachte er über
die Worte von Moya nach. Er war froh und dankbar, daß jemand zu ihm
gesagt hatte: „Ich mag dich! Ich hab dich lieb!" Langsam lernte er es, sich
selbst und andere liebzuhaben. Der kleine Drache verstand gut: Wer einen
Freund findet, der zu ihm sagt: „Ich mag dich!", der lernt, sich selbst und
andere liebzuhaben. Wer solche Erfahrungen macht, der wird froh und
glücklich.
Im heutigen Evangelium sagt der Vater zu Jesus: „Ich mag dich! Ich hab dich
lieb! Du bist mein geliebter Sohn!" Weil Jesus sich vom Vater geliebt wußte,
konnte er mutig seinen Lebensweg gehen, konnte er Leid, Schwierigkeiten
und Tod überwinden. Weil er sich vom Vater geliebt wußte, konnte er zu
den Menschen gehen und ihnen die Botschaft von der Liebe Gottes bringen. Jesus sagte sie in besonderer Weise den Kleinen, Schwachen, Kranken,
denen, die von anderen verlacht, verurteilt und abgelehnt wurden. Er sagte
allen, die ihm begegneten: „Mensch, ich mag dich! Ich hab dich lieb! Ich
stehe zu dir. Ich helfe dir. Hab dich selbst lieb! Nimm dich an, so wie du
bist, dann kannst du anderen deine Liebe schenken."
In jedem Gottesdienst sagt und zeigt Jesus uns: „Mensch, ich mag dich! Ich
hab dich lieb! Ich bin dein Freund. Ich stehe zu dir. Ich schenke dir meine
Liebe und mein Leben. Gehe deinen Weg! Hab dich selbst lieb und schenke
deine Liebe weiter an andere."
„Ich mag dich! Ich hab dich lieb!" Das sagt Gott heute und immer zu uns.
Darum dürfen wir zu uns selbst sagen: „Mensch, ich mag dich!" und darum
können wir es auch zu anderen sagen: „Mensch, ich mag dich!"
Ob wir es heute damit versuchen? Der schöne Aufkleber wird uns hoffentlich recht oft daran erinnern.

Fürbitten

Priester: Gott hat sich in Liebe zu Jesus und zu allen, die zu ihm gehören, bekannt. Wir alle sind Söhne und Töchter Gottes. Weil er uns mag, bitten wir:

Erwachsener: Gott, viele Menschen mögen sich selbst nicht. Sie leiden und tragen schwer an den Problemen ihres Lebens. Laß sie Menschen finden, die zu ihnen in Liebe sagen: „Mensch, ich mag dich!"

Alle: Laß alle Menschen deine Liebe erfahren!

Jugendlicher: Gott, laß uns an deine Liebe glauben und durch gute Menschen erfahren, daß du uns immer liebst. Laß uns in Freude und Dankbarkeit täglich zu uns selbst sagen: „Mensch, ich mag dich!" **A.:**

Mutter: Gott, laß alle Kinder erfahren, daß sie angenommen sind. Hilf, daß Eltern und Lehrer täglich zu ihnen sagen: „Mensch, ich mag dich!" **A.:**

1. Kind: Gott, laß alle, die sich minderwertig fühlen, durch deine Boten erfahren, daß sie immer von dir geliebt sind, daß du immer zu ihnen sagst: „Mensch, ich mag dich!" **A.:**

Vater: Gott, laß alle, die ängstlich und verkrampft sind, befreit und erlöst werden durch das Wort deiner Liebe: „Mensch, ich mag dich!" **A.:**

2. Kind: Gott, vergib allen, die schuldig sind. Gib uns die Kraft, Schuldige nicht zu verurteilen, sondern ihnen zu sagen: „Mensch, ich mag dich!" **A.:**

Jugendlicher: Gott, laß uns in allen Lebenssituationen an deine Nähe und Liebe glauben und zueinander sagen: „Mensch, ich mag dich!" **A.:**

Priester: Gott, laß uns staunen, daß du ein Wort der Liebe für uns hast, daß du uns durch Jesus Christus als deine geliebten Kinder angenommen hast. Erhöre uns durch Christus, unsern Herrn. Amen.

Gabenbereitung

Lied GL/EA 041: Wenn das Brot, das wir teilen (T: C. P. März / M: Kurt Grahl)

Gabengebet

Guter Gott, wir schenken uns dir mit Brot und Wein. Schenke uns diese Gaben verwandelt zurück als Leib und Blut Christi. Laß uns durch diese Gaben deine Liebe erfahren und gestärkt werden, einander Leben und Liebe zu schenken durch Jesus Christus, unseren Freund und Bruder. Amen.

Zweites Hochgebet für Meßfeiern mit Kindern

Präfation

Es ist gut und richtig, dir, Gott, immer und überall zu danken für Jesus, deinen geliebten Sohn. In ihm konnte deine große Liebe zu uns Menschen aufleuchten und durchscheinen. Er kam in unsere kranke Welt, in unser oft so verwundetes Leben, um uns durch deine Liebe zu heilen. Er hat uns geliebt bis zum Tod. Er gibt uns die Kraft, einander zu lieben. Durch ihn erlöst und befreit, singen wir zu deinem Lob:

Heilig-Lied GL 427: Heilig

Vater unser
Lied: Vater unser, der im Himmel, der du Liebe bist – *oder* (Waltraud Schneider, Getanztes Gebet, Nr. 30)

Friedensgruß

Vor der Kommunion
Lied: Wenn du uns leuchtest (aus: „Licht auf meinem Weg", Menschenkinder-Musikverlag)

Danklied Kanon GL 282: (Tanz) Lobet und preiset, ihr Völker, den Herrn – *oder* Ls 215: Unser Leben sei ein Fest (P. Janssens-Musikverlag)

Schlußgebet
Guter Gott, wir freuen uns, daß du uns magst und uns durch Jesus als deine Kinder angenommen hast. Wir danken dir, daß du uns durch ihn gestärkt hast, deine Liebe weiterzugeben und zueinander zu sagen: „Mensch, ich mag dich!" Laß uns in deiner Liebe leben und sie an alle weiterschenken, die uns heute begegnen. Darum bitten wir durch Jesus Christus, der mit dir lebt und liebt in Ewigkeit. Amen.

Segen

Entlassung
Überlegt, wo ihr diesen Aufkleber anbringt, damit ihr ihn möglichst oft sehen könnt. Er soll euch daran erinnern, daß Gott euch liebt und sagt: „Mensch, ich mag dich!" Sagt es täglich zu euch selbst und zueinander: „Mensch, ich mag dich!" So kann unser Leben miteinander zum Fest werden.

Sehend werden

Märchen: „Der Korb mit den wunderbaren Sachen"

Vorzubereiten:
Evtl. Dias für das Märchen, (Patmos-Verlag)

Eröffnung
Lied Ls 163: Komm, Herr, daß wir dich sehen (aus: Liedmesse für die Fastenzeit, Hoppe/Werry-Verlag)

Begrüßung und Einführung
Macht bitte die Augen zu und überlegt still, wofür ihr blind seid. Vielleicht habt ihr aber auch erlebt, daß andere euch nicht sehen, euch übersehen, daß sie euch nicht sehen wollen oder können. – Stille –
Kinder und Erwachsene erzählen einige Beispiele.
Wir alle müssen sehend werden, denn oft sind wir blind füreinander, blind für Gottes Wirken in dieser Welt, blind für die Gaben, die er uns schenkt. Viele Menschen sehen nur, was der Mensch leistet, was er bringt, sie übersehen, wer er wirklich ist.
1. Kind: Das stimmt! Meine Oma sieht immer nur meinen Bruder, der gute Noten nach Hause bringt. Für jedes „sehr gut" und „gut" bekommt er Geld. Mich übersieht sie, weil ich „nichts bringe", wie sie sagt. Dabei strenge ich mich oft viel mehr an als mein Bruder. Dafür aber ist sie blind.
2. Kind: Meine Eltern sagen oft: „Wenn du lieb bist, dann darfst du das haben, dann erlauben wir dir das, dann darfst du dahin gehen ... Warum muß ich immer zuerst etwas leisten? Warum sehen sie nicht, wie schwer mir das „Liebsein" fällt? Ich wünsche mir, daß sie mir etwas schenken oder erlauben, weil sie mich liebhaben.
Mutter: Wenn ich meine Kinder um Hilfe bitte, kommt oft die Frage: Was bekomme ich dafür? Mann und Kinder sind blind für das, was ich den ganzen Tag für sie tu. Ich wünsche mir, daß sie meine Arbeit sehen und mir helfen, weil sie mich liebhaben.

Kyrie-Ruf
GL 506: Christus, Herr, erbarme dich

Zuspruch der Vergebung

Lied Ls 53: Die Erde ist schön (Sœur Sourire, Neue-Stadt-Verlag, München)

Gebet

Guter Gott, du bist die Quelle des Lichtes, der Liebe und des Lebens. Oft fühlen wir uns ohnmächtig und blind. In ängstlicher Sorge beschäftigen wir uns mit uns selbst. Laß uns sehend werden für die Wunder deiner Schöpfung, für dein Wirken in dieser Welt, für das, was du uns durch andere schenkst. Darum bitten wir durch Jesus Christus, der uns liebt und Leben schenken will in Fülle. Amen.

Märchen
(möglich mit Dias/Patmos-Verlag)

Es war einmal ein Mann, der hatte eine wunderbare Rinderherde. Alle Tiere trugen ein schwarz-weißes Fell; das war geheimnisvoll wie die Nacht. Der Mann liebte seine Kühe und führte sie immer auf die besten Weiden. Wenn er abends die Kühe beobachtete, wie sie zufrieden waren und wiederkäuten, dachte er: „Morgen früh werden sie viel Milch geben!"
Eines Morgens jedoch, als er seine Kühe melken wollte, waren die Euter schlaff und leer. Er glaubte, es habe an Futter gefehlt, und führte seine Herde am nächsten Tag auf saftigen Weidegrund. Er sah, wie sie sich sattfraßen und zufrieden waren, aber am nächsten Morgen hingen die Euter wieder schlaff und leer. Da trieb er die Kühe zum drittenmal auf neue Weide, doch auch diesmal gaben die Kühe keine Milch. Jetzt legte er sich auf die Lauer und beobachtete das Vieh. Als um Mitternacht der Mond weiß am Himmel stand, sah er, wie sich eine Strickleiter von den Sternen heruntersenkte. Auf ihr schwebten sanft und weich junge Frauen aus dem Himmel herab. Sie waren schön und fröhlich, lachten einander leise zu und gingen zu den Kühen, um sie leerzumelken. Da sprang er auf und wollte sie fangen, aber sie stoben auseinander und flohen zum Himmel hinauf. Es gelang ihm aber, eine von ihnen festzuhalten, die allerschönste. Er behielt sie bei sich und machte sie zu seiner Frau.
Täglich ging seine Frau auf die Felder und arbeitete für ihn, während er sein Vieh hütete. Sie waren glücklich, und die gemeinsame Arbeit machte sie reich. Eines aber quälte ihn: Als er seine Frau eingefangen hatte, trug sie einen Korb bei sich. „Niemals darfst du da hineinschauen!" hatte sie gesagt. „Wenn du es dennoch tust, wird uns beide großes Unglück treffen."
Nach einiger Zeit vergaß der Mann sein Versprechen. Als er einmal allein zu Hause war, sah er den Korb im Dunkeln stehen, zog das Tuch davon und brach in lautes Lachen aus. Als seine Frau heimkehrte, wußte sie sofort, was geschehen war. Sie schaute ihn an und sagte weinend: „Du hast in den Korb geschaut!" Der Mann aber lachte nur und sagte: „Du dummes Weib, was soll das Geheimnis um diesen Korb? Da ist ja gar nichts drin!" Aber noch während er dies sagte, wendete sie sich von ihm ab, ging in den Sonnenuntergang und wurde auf Erden nie wieder gesehen.
Und wißt ihr, warum sie wegging? Nicht, weil er sein Versprechen gebrochen hatte. Sie ging, weil er die schönen Sachen, die sie vom Himmel für

beide mitgebracht hatte, nicht sehen konnte und darüber sogar noch lachte.

(aus: Religionsbuch für das 1. Schuljahr, Herausgeber: Hubertus Halbfas, Patmos-Verlag)

Meditative Musik

Evangelium

Die Heilung des blinden Bartimäus Mk 10, 46–52 (Lektionar für Kindergottes-dienste Bd. II, 126) *oder: Heilung zweier Blinder* Mt 9, 27–31 – *oder: Heilung eines Blindgeborenen* Joh 9

Ansprache

Zwei ganz entgegengesetzte Geschichten haben wir da gehört. Im „Mär-chen vom Korb mit den wunderbaren Sachen" gibt es einen reichen Mann, der auf eigenen Füßen steht, der sehen und rechnen kann, was ihm Gewinn einbringt. Er freut sich an seinen Kühen, weil sie ihm etwas bringen, weil sie viel Milch geben. Ob er die schönen Tiere, die zu Gottes guter Schöp-fung gehören, auch dann noch liebt und hütet, wenn sie ihm nichts brin-gen? Wer in Indien Kühe hütet, beschützt damit die ganze Mutter Erde, schützt und bewahrt damit die ganze Schöpfung. Dafür aber ist der Mann blind. Er sieht nur, ob sie ihm Milch geben oder nicht. Eines Nachts scheint er sehend zu werden. Er sieht in eine andere, in eine himmlische Welt, in eine neue, unbekannte Wirklichkeit, die ihm bisher verschlossen war. Er sieht, daß Frauen vom Himmel herabschweben in seine alltägliche Welt und ihm etwas wegnehmen. Die allerschönste Frau fängt er gleich ein. Er muß sie für sich haben, er macht sie zu seiner Frau. Sie bringt ihm Glück mit, den Himmel auf Erden. Die Gaben, die sie mitbringt im „Korb mit den wunderbaren Sachen", die machen sie glücklich. Der Mann, der gesunde Augen hat, ist dennoch blind für das, was wirklich glücklich macht. Er ist blind für den eigentlichen Wert der Frau, blind für das Geheimnis, das sie als himmlisches Wesen mitbringt. Er sieht nur, was die junge Frau für ihn bringen kann. Er schickt sie täglich auf die Felder, damit sie für ihn arbeitet, denn durch beider Fleiß werden sie reich. So wie er seine Kühe nur gesehen hat von dem, was sie ihm an Nutzen bringen, so sieht er seine junge Frau, das Geschenk des Himmels, nur als Hilfe an, die für ihn sehr brauchbar ist. Sie bringt ihm Glück und Gewinn. Dieser sehende Mann ist blind, weil er nur sieht, was ihm nützt. Er ist blind, weil er alles nur äußerlich und ober-flächlich sieht, weil er nicht mit dem Herzen sieht und im Irdischen nicht das Himmlische sehen kann. Der verschlossene Korb aber zeigt, daß die Frau etwas vom Himmel mitgebracht hat, das unsichtbar und unfaßbar ist. Diesen Korb gibt es nicht nur in diesem Märchen, sondern überall da, wo Menschen miteinander leben. Viele Menschen sehen heute nur – wie der Mann – was der Mitmensch für sie bringt, welchen Nutzen er durch ihn hat. Sie sind blind für das unfaßbare Geheimnis der Liebe, daß der andere vom Himmel mitbringt. Nur ganz wenige können den Mann, die Frau, das

Kind, den Nachbarn, den anderen Menschen, der in sein Leben tritt, als Geschenk des Himmels sehen. Der Mann lacht, als er in den Korb sieht. Er merkt gar nicht, wie blind er ist, er hat gar nicht den Wunsch, tiefer zu sehen, mehr zu sehen und zu erkennen. Er fragt seine Frau auch nicht, gibt ihr nicht die Möglichtkeit, ihn sehend zu machen. Er lacht und zerstört damit das Geheimnis der Liebe. Sein Glück scheitert daran, daß er unfähig ist, die schönen Sachen, die seine Frau vom Himmel für sie beide mitgebracht hat, zu sehen.

Wer wirklich glücklich sein will, der muß sich die Augen öffnen lassen für eine andere Welt, der muß sich von seiner Blindheit heilen lassen, alles nur oberflächlich und vordergründig zu sehen, alles nur vom Nutzwert her zu sehen. Uns allen kann es so ergehen wie dem Mann, der gute Augen hat und dennoch blind ist für das, was wirklich glücklich macht. Viele sehen und sehen doch nicht. Am Beginn des Gottesdienstes haben wir Beispiele dazu gehört. Zu Hause und in der Schule sind wir oft blind füreinander, weil wir den anderen nicht mit dem Herzen sehen, ihn nicht lieben um seiner selbst willen. Wir alle brauchen einen, der uns sehend macht, wir brauchen Jesus, der uns heilt wie den blinden Bartimäus.

Bartimäus, der arme, blinde Bettler, der allein am Straßenrand sitzt, ist das Gegenteil von dem sehenden, reichen Mann. Der blinde Bartimäus sieht, daß Jesus der Sohn Davids ist, und das schreit er laut in die Menschenmenge. Der blinde Bartimäus sieht in Jesus den Retter, ein Geschenk des Himmels. Die vielen Leute, die mit Jesus vorbeizogen, hatten gesunde Augen. Sie waren aber blind für Jesus, erkannten nicht, daß er der erwartete „Sohn Davids" war. Bartimäus schreit in seiner Not. Er schreit über die Straße und durch die Menschenmenge, um gehört und geheilt zu werden. Er weiß, daß ihm etwas fehlt, das Jesus ihm schenken kann, weil er vom Himmel zu ihm gekommen ist. Der Blinde, der sieht, wer Jesus ist, sucht in seiner Nacht und Dunkelheit nach der rettenden Güte Gottes. Bartimäus sieht den „Korb mit den wunderbaren Sachen", die Jesus vom Himmel mitgebracht hat. Die Stolzen und Mächtigen aller Zeiten werden darüber lachen und meinen, der sei leer. Bartimäus aber sieht, daß dieser „Korb" gefüllt ist mit rettenden Gaben des Himmels. Deshalb erbittet er Gaben aus diesem „Korb". Er möchte etwas haben von dem, was Jesus vom Himmel mitgebracht hat. Jesus, der den Glauben des blinden Bettlers sieht, verwandelt sein Unheil in Heil. Er sagt: „Geh, dein Glaube hat dir geholfen!" Weil Bartimäus erkennt, wer Jesus ist, bleibt er bei ihm und folgt ihm auf seinem Weg.

Jesus ist jetzt in unserer Mitte. Alle, die wissen, daß sie blind sind, dürfen ihre Not ihm entgegenschreien. Wenn wir an ihn glauben, glauben, daß er vom Himmel kommt und einen „Korb", gefüllt mit wunderbaren, rettenden Gaben, mitbringt, dann können wir ihn um Hilfe bitten. Jesus will auch heute unser Unheil in Heil verwandeln. Er will uns die Augen öffnen und sagen: „Dein Glaube hat dir geholfen!"

Fürbitten

Priester: Guter Gott, oft fühlen wir uns wie Bartimäus allein, unbeweglich und blind. Öffne uns die Augen für uns selbst, für alle, die mit uns leben, und für dich. Wir bitten dich:

Mutter: Für alle, die blind sind für ihren eigenen Wert, für die geheimnisvollen Gaben, die du ihnen im „Korb" ihres Lebens mitgegeben hast. Öffne ihnen die Augen, damit sie die wunderbaren Gaben des Himmels in ihrem Leben erkennen.

Alle: Herr, laß uns sehend werden!

Vater: Für alle, die nur sehen, welche Leistung der andere Mensch bringt, welchen Nutzen er ihnen bringt. Laß sie erkennen, daß jeder Mensch ein Geschenk des Himmels ist, beschenkt mit wunderbaren Gaben, die andere glücklich machen können. **A.:**

3. Kind: Für alle, die nur sehen, was vordergründig und oberflächlich ist. Öffne ihnen die Augen, damit sie sehen, was wirklich glücklich macht. **A.:**

Jugendlicher: Für alle, die von sich selbst eingenommen sind, die blind sind für das, was innerlich glücklich machen kann. Laß sie merken, wie blind sie sind und gib ihnen den Wunsch, tiefer zu sehen und zu erkennen. **A.:**

4. Kind: Für alle Christen, daß sie Jesus erkennen und sehen, welche rettenden Gaben er vom Himmel für uns mitgebracht hat. **A.:**

Erwachsener: Für alle, die nur fragen, welchen Nutzen du, Gott, für ihr Leben bringst, was Kirche und Religion für sie bringen. Öffne ihnen Augen und Herz, damit sie den Reichtum deiner Liebe erkennen. **A.:**

Priester: Gott, du hast uns Jesus geschenkt als Licht in unserer Blindheit. Wir danken dir und bitten dich, daß wir Glück und Erfolg nicht nur unserer Leistung zuschreiben, sondern in ihnen Geschenke deiner Liebe sehen. Amen.

Gabenbereitung

Lied GL/EA 013: Wenn der Himmel in unsere Nacht fällt (T: W. Offele / M: Hans Florenz)

Gabengebet

Guter Gott, in der Freude darüber, daß du uns mit vielen guten Gaben reich beschenkt hast, bringen wir dir Brot und Wein. Verwandle diese Gaben und schenke uns durch sie Jesus, der als Licht in dieser Welt aufgeleuchtet ist und rettende Gaben vom Himmel brachte und bringt. Laß uns durch ihn sehend werden, der mit dir lebt und liebt durch Zeit und Ewigkeit. Amen.

Erstes Hochgebet für Meßfeiern mit Kindern

Präfation
Es ist gut und richtig, dir, dem verborgenen Gott, zu danken für alle deine Geschöpfe, besonders für die Menschen, die dein Ebenbild sind. Du hast sie uns geschenkt und ausgestattet mit vielen guten Gaben. Wir danken dir für Jesus, deinen Sohn, durch den du unser Unheil in Heil verwandelst, durch den du uns die Augen öffnest und reich beschenkst. Mit allen, die an ihn glauben und durch ihn Heil erfahren haben im Himmel und auf Erden, singen wir zu deinem Lob:

Heilig-Lied Ls 199: Heilig, heilig (Gen Rosso, Neue-Stadt-Verlag, München)

Vater unser

Friedensgruß
Lied Ls 122: O Herr, mach mich zu einem Werkzeug deines Friedens (aus: Lieder Mosaik, Präsenz-Verlag, Gnadenthal)

Kommunion

Dank Lied-Tanz: Gottes Liebe ist wie die Sonne (Getanztes Gebet, Nr. 26)

Schlußgebet
Wir danken dir, guter Gott, daß du uns in dieser Feier so reich beschenkt hast. Laß uns, durch Jesus geheilt, sehen, was du in unserem Leben und in dieser Welt wirkst, wie reich du uns alle beschenkt hast mit vielen guten Gaben. Hilf, daß wir in Ehrfurcht einander begegnen und glauben, daß jeder Mensch ein Geschenk des Himmels ist. Darum bitten wir durch Jesus Christus, der das Heil der Welt ist. Amen.

Anregung
Vielleicht hat heute jemand von euch Lust, einen lieben Menschen, den er als Geschenk des Himmels ansieht, mit seinem „Korb" zu malen. Malt oder schreibt in diesen Korb, welche wunderbaren Sachen dieser Mensch für euch mitgebracht hat (z. B.: Herz = Liebe, Sonne = Wärme, Leben, Licht, Regenbogen = Frieden, Versöhnung, Treue). Malt Dinge, die man nicht sehen und fassen kann, die aber glücklich machen.

Den Himmel in uns und um uns entdecken

Vorzubereiten:
Nach dem Bilderbuch TAO (von Else Schwenk-Anger, ESA-Verlag, Alpirsbach) Tao ohne Federn auf eine große Pappe malen, 11 schwarze Federn ausschneiden, ein großes Goldstück, Glückskäfer, 1 helle Eulenfeder, eine Blume, ein Regenbogen – alles mit Klettverschlüssen versehen. Glückskäfer für alle Gottesdienstteilnehmer.

Eröffnung
Lied GL/EA 013: Wenn der Himmel in unsere Nacht fällt (T: W. Offele/M: Hans Florenz) – *oder* Ls 102 Kanon-Tanz: Laßt uns miteinander (mündlich überliefert) – *oder* Lied: Ich habe tausend Wünsche (aus: Edelkötter MC/IMP 1015)

Einführung und Begrüßung
Priester: Wir alle sehnen uns nach Glück, nach dem Himmel, nach einem vollen, geglückten Leben. Gott hat uns viele gute Fähigkeiten, unsere Sinne gegeben, um den Himmel in uns und um uns zu entdecken. Unser Sinnen und Trachten richtet sich oft auf Dinge, die uns fesseln und unfrei machen. Leicht verlieren wir das Glück, den Himmel, den Frieden und die Freude. Oft müssen wir „Federn lassen", weil wir uns von Dingen gefangennehmen und beherrschen lassen. Wir sind pausenlos mit unwichtigen Dingen beschäftigt und verpassen so, was uns wirklich glücklich machen könnte.
In dem nun folgenden Märchen können wir uns alle wiederfinden. Hoffentlich finden wir mit dem kleinen Raben Tao auch unsere guten Fähigkeiten, das Glück wieder. Vielleicht können wir von ihm lernen, mit allen Sinnen zu leben, um so den Himmel, das Glück, in uns und um uns wahrzunehmen.

Märchen
(Tao mit Federn, mit Blume im Schnabel, an eine Wand heften.)
Erzähler: Tao, der kleine Rabe, ist glücklich, froh und zufrieden. Eines Tages findet er auf seinem Weg ein großes, glitzerndes Goldstück. Er freut sich und betrachtet es lange von allen Seiten. Das Goldstück fasziniert ihn, es nimmt ihn ganz gefangen (Goldstück vor Taos Füße heften – Blume aus dem Schnabel nehmen).
Vom Glanz des Goldstücks wird Tao immer mehr geblendet, bis er nicht mehr sieht und spürt, was um ihn herum geschieht. Ein seltsamer Zauber hält ihn bei diesem Goldstück. Er zieht und zerrt es mit sich. Immer wieder schaut er sich ängstlich nach allen Seiten um.
Tao: Hoffentlich sieht mich niemand. Ich habe Angst, daß mir jemand

mein Goldstück, mein ganzes Glück, wegnimmt. Ich muß einen Ort finden, wo es ganz sicher ist.
Erzähler: Tage und Nächte vergehen. Tao findet keinen sicheren Ort für sein Goldstück. (Federn nacheinander wegnehmen)
Ruhelos schleppt er die schwere Last mit sich herum, bis er müde ist und nicht mehr gehen kann. Jetzt erst merkt er, daß er alle seine großen Federn verloren hat. Er kann nicht mehr fliegen, er ist kein richtiger Vogel mehr. Tao erschrickt. Sein Leben ist in Gefahr. Voll Angst steht er traurig und hilflos da. Er weint.

Besinnung

(Falls das Märchen in der Vorbereitung mit Gruppen/Klassen erarbeitet wurde, können Gruppen oder einzelne jetzt ihre Goldstücke benennen und sagen, wie sie damit umgegangen sind.)
Nach jedem Sprecher **Liedruf** GL/EA 023: Herr, erbarme dich (P. Janssens)

oder

Jugendlicher: Gott, es ist herrlich, fühlen zu können mit Herz und Händen, mit unserer ganzen Haut. Vergib, wenn wir nicht sensibel und einfühlsam waren, wenn andere sich in unserer Nähe nicht wohlfühlen konnten.

Liedruf:

1. Kind: Gott, wir können hören, aber wir überhören so viel. Vergib, wenn wir nicht aufmerksam auf dein Wort gehört haben, wenn wir nicht in Liebe aufeinander hören.

Liedruf:

Erwachsener: In unserer Welt der Fabriken und Schornsteine, der Autos und Abgase haben wir es verlernt, zu riechen. Oft können wir einander nicht riechen. Gib uns eine gute Nase für das, was in der Luft liegt, für das, was für uns gut und heilsam ist.

Liedruf:

2. Kind: Gott, wir übersehen oft die Wunder deiner Schöpfung. Wir sind blind füreinander, blind für das Gute und Schöne bei uns und bei anderen.

Liedruf:

Jugendlicher: Gott, wir danken dir für alles, was uns schmeckt. Vergib, wenn wir uns hastig vollstopfen, gedankenlos etwas verschlingen. Vergib, wenn wir ungenießbar sind.

Liedruf:

Gebet

Gott, du kennst unsere Goldstücke, die uns fesseln und gefangennehmen. Sie heißen bei uns Geld, Fernsehen, Fußball oder noch anders. Du weißt, wie viele Federn wir dafür lassen müssen. Gute Beziehungen zu Eltern, Lehrern, Freunden gehen verloren, und gute Fähigkeiten, die du uns gegeben hast, verkümmern. Komm uns zu Hilfe und rette uns durch Jesus und durch gute Menschen, die nach seinem Beispiel leben. Führe uns durch Jesus zum wahren Glück und Leben heute und an allen Tagen. Amen.

Fortsetzung – Märchen

Erzähler: Plötzlich hört Tao eine Stimme neben sich. Ein Glückskäferchen fragt: (Glückskäfer anheften)
Glückskäfer: Kann ich dir helfen?
Tao: Ich kann nicht mehr fliegen! Ich habe alle meine Federn verloren.
Glückskäfer: Komm, wir wollen sehen, wie du deine Federn wiederbekommen kannst.
Erzähler: Das Glückskäferchen führt Tao zu einem hohlen Baum.
Glückskäfer: Hier lebt ein alter Kauz. Wir wollen ihn um Rat fragen.
Erzähler: Tao klopft mit seinem Schnabel immer wieder an den Stamm, zuerst ganz zaghaft, dann laut und immer lauter. Endlich schaut der Kauz heraus.
Kauz: Warum stört ihr mich?
Erzähler: Er hört, was Tao erzählt. Dann schüttelt er ärgerlich den Kopf und sagt:
Kauz: Ich suche Sterne am Himmel und keine schwarzen Federn, die der Wind verweht hat.
Erzähler: Wieder machen sich Tao und das Käferchen auf den Weg. Sie kommen zu einer weisen Eule. Aufmerksam hört diese vom Kummer des kleinen Raben. Die weise Eule überlegt lange, dann sagt sie:
Eule: Elf Federn hast du verloren. Mit jeder Feder hast du etwas verloren, das man nicht sehen kann. Wenn du herausfindest, was es ist, wirst du neue Federn bekommen.
Tao: Wie soll ich das machen? Ich bin traurig und hilflos!
Eule: Wenn du eine Feder von mir hättest, könnte es dir vielleicht möglich sein. Aber für meine Feder mußt du mir dein Goldstück geben. Du kannst es wiederhaben, wenn du meine Feder zurückbringst.
Tao: Mein Goldstück soll ich hergeben? Nein, niemals!
Erzähler: Weil der kleine Rabe sich aber nichts sehnlicher wünscht, als ein richtiger Vogel zu sein, der fliegen kann, tauscht er nach einigem Zögern sein Goldstück gegen eine Feder von der weisen Eule ein. (Eulenfeder einstecken, Goldstück wegnehmen)
Tao kann nicht einschlafen, weil er meint, er müsse immer noch sein Goldstück bewachen, wie in den Nächten zuvor.
Tao: Hätte ich es doch behalten sollen?

66

Glückskäfer: Schau, am Himmel leuchten die Sterne. Sie funkeln wie lauter kleine Goldstücke.

Tao: Herrlich sind sie! Niemand muß sie bewachen!

Erzähler: Endlich schläft Tao ein. Er schläft tief und ruhig wie schon lange nicht mehr. Als er erwacht, ist ihm eine neue Feder gewachsen. Warum wohl? Tao denkt lange nach. (Feder anheften)

Tao: Ich habe meine **Ruhe** wiedergefunden.

Erzähler: Nach der kühlen Nacht läßt sich der kleine Rabe behaglich den Tau auf seinem Rücken von der Morgensonne trocknen. Er spürt, wie sich die klare Luft um ihn erwärmt. Angenehme Wärme dringt durch alle seine Glieder. (Feder)

Glückskäfer: Du hast schon wieder eine Feder bekommen!

Tao: Ich weiß auch warum. Ich kann wieder **fühlen.**

Lied/Tanz (Getanztes Gebet, Nr. 18): Vom Aufgang der Sonne *oder* Nr. 26: Gottes Liebe ist wie die Sonne

Erzähler: Zwischen Blumen und Bäumen fliegt das Glückskäferchen voraus. Tao bleibt immer wieder zurück.

Tao: Ich lausche. Ich höre Töne und Stimmen, die ich lange nicht mehr gehört habe: das Zirpen der Grillen, das Summen der Bienen, das Plätschern des Wassers. Ich möchte den Wind zwischen den Gräsern und in den Glockenblumen **hören.** (Feder)

Glückskäfer: Riechst du den Duft der Blüten?

Erzähler: Tao schüttelt traurig den Kopf. Als sie übermütig zwischen den Blumen der großen Wiese spielen, muß Tao tief Luft holen. Da riecht er angenehme Düfte: zarte und kräftige, feine und herbe.

Tao: Woher kommen sie nur alle?

Glückskäfer: Hier von den Blumen, dort vom frischen Heu, vom Moos auf den Steinen und von den Blüten der Bäume.

Erzähler: Wie aufregend ist es für den kleinen Raben, dies alles zu **riechen.** (Feder) – Inzwischen ist Tao hungrig geworden. Früher, als er noch sein Goldstück bewachen mußte, verschlang er hastig alles, was er aß. Heute nun sieht er, wie groß und leuchtendrot Kirschen am Zweig hängen. Bedächtig pflückt er eine um die andere und genießt es, wie gut sie **schmekken.** (Feder)

Tao: Wie schön sind die Schmetterlinge, die Mohnblumen und die Tautropfen auf den Gräsern. Wo hatte ich nur meine Augen? Was ist schon der Glanz eines Goldstücks gegen die prächtigen Farben ringsherum. Ich kann jetzt alles wieder **sehen.** (Feder)

Erzähler: Bei den Fliegenpilzen machen Tao und das Glückskäferchen Rast.

Glückskäfer: Warum bist du so traurig, kleiner Fliegenpilz?

Fliegenpilz: Siehst du nicht, daß ich die weißen Punkte auf meiner Kappe nicht mehr habe? Dieser Rabe hat hier ein Goldstück vorbeigeschleppt. Achtlos hat er mich so gestoßen, daß meine weißen Tupfen abgefallen sind.

Jetzt lachen mich alle aus: Ein Pilz ohne Punkte, das soll ein Fliegenpilz sein?

Tao: Wie kann ich das wiedergutmachen?

Glückskäfer: Ich habe eine Idee! Ich schenke dir meine schwarzen Punkte, kleiner Pilz, dann bist du ein besonderer Fliegenpilz.

Erzähler: Der Pilz ist glücklich. Aber noch glücklicher ist Tao. Er erlebt, wie schön es ist, **Freunde zu haben** (Feder) und anderen ein **Freund zu sein.** (Feder) Der kleine Rabe macht vor Freude einen Luftsprung und berührt dabei die blühenden Blumen. Goldener Blütenstaub fällt auf das Käferchen und schenkt ihm goldene Punkte.

Das Glückskäferchen fliegt zum Bach, um sich zu spiegeln. Dabei fällt es kopfüber ins Wasser. Tao erschrickt. Sein Freund treibt dem nächsten Strudel zu. Er flattert herbei und kann gerade noch seinen Freund retten. (Feder)

Glückskäfer: Ich bin dir dankbar. Weil du **helfen** kannst, ist dir eine neue Feder gewachsen. Helfen ist eine wunderbare Fähigkeit, die du wieder neu entdeckt hast.

Erzähler: Tao und das Glückskäferchen erholen sich unter einem Apfelbaum. Sie beobachten, wie drei junge Eulen friedlich auf einem Zweig schlafen. Als sich ein Fuchs an die Eulen heranschleichen will, schwirrt das Käferchen um seinen Kopf und Tao zieht **mutig** an seinem Fell. (Feder) Die Eulen wachen auf und der Fuchs muß sich eine andere Beute suchen. Still bewundern sie den Regenbogen. (Regenbogen anheften) Endlich sagt Tao:

Tao: Ich fühle etwas stark und tief in mir. Es ist mehr als Glück. Ich habe den Wunsch, andere glücklich zu machen.

Glückskäfer: Du hast deine Fähigkeit entdeckt: **zu lieben.** (Feder) Wer lieben kann, der besitzt den Himmel, der bereitet anderen den Himmel. Liebe ist mehr wert als Gold.

Erzähler: Tao bringt der weisen Eule dankbar die kleine Feder zurück. (Eulenfeder wegnehmen) Er bekommt sein Goldstück wieder. (Goldstück anheften) Doch jetzt läßt er sich nicht mehr davon blenden. Er hat den Himmel in sich und um sich herum entdeckt.

Lied: Paß auf, kleines Auge, was du siehst. (Misereor-Fastenkalender 1990)

Evangelienprozession möglichst mit Weihrauch (Geruchsinn!)

Evangelium

Ihr sollt Leben in Fülle haben Joh 10,10; Lk 19,1–10 *Zachäus;* Mk 7,31–37 *Heilung des Taubstummen;* Mk 2,1–12 *Heilung des Gelähmten;* Lk 7,36–50 *Jesus wird gesalbt;* Lk 23,25–43 *Schächer am Kreuz;* Mk 10,17–22/ Mt 13,44ff./Joh 11,3.7.17.20–27.33b–45 *Auferweckung des Lazarus.* Noch viele andere Stellen sind möglich.

Überleitung zur Gabenbereitung

– *oder:*

Kurze Ansprache

Jesus will uns Leben schenken in Fülle (Joh 10, 10). Er will unsere Sinne öffnen, unsere Augen, unser Herz, unser Ohr, ... damit wir die Schönheit, Güte und Herrlichkeit Gottes erkennen, erfahren, verkosten. Jesus lädt uns jetzt ein, mit ihm Mahl zu halten. Er schenkt sich uns als kostbarste Gabe, um uns heil und gut zu machen.

Musikstück

Fürbitten

Priester: Laßt uns beten zu Gott, unserem Schöpfer und Erlöser! Er hat uns unsere Sinne gegeben, damit wir das Leben wahrnehmen, es in seiner ganzen Fülle erfahren und verkosten.
1. Kind: Wir bitten um gute Augen, die uns unsere Welt erschließen, um einen ehrlichen Blick und Durchblick für das, was uns im Alltag begegnet. Hilf uns, mit den Augen des Herzens zu sehen.
Alle: Herr, schenke uns Leben in Fülle!
2. Kind: Wir bitten um ein gutes Gehör, das uns auch die Zwischentöne erkennen läßt, um ein offenes Ohr für die Sorgen und Nöte der Menschen, um die Gabe, mit dem Herzen zu hören und dein Wort zu verstehen. – **A.:**
Vater: Wir bitten um einen guten Geruch- und Spürsinn, um einen guten Riecher für all das, was sich in unserer Welt tut. Laß uns offen sein, damit wir die Fülle deiner Gaben wahrnehmen können. – **A.:**
Mutter: Wir bitten um die Fähigkeit zu schmecken und zu kosten, in Ruhe deine guten Gaben genießen zu können, um den rechten Geschmack, damit wir unterscheiden, was dem Leben dient und was uns schadet. Laß uns den Hunger derer nicht vergessen, die sich mit Abfällen ernähren müssen. – **A.:**
Jugendlicher: Wir bitten um Fingerspitzengefühl, um Ehrfurcht und Zärtlichkeit, wenn wir uns berühren. Laß unser Gefühl nicht abstumpfen in einer Welt, in der es so viel Gewalt und Brutalität gibt. Hilf uns, sensibel und feinfühlig zu sein. – **A.:**
Priester: Denn du, Gott, hast uns unsere Sinne gegeben, damit wir unsere Welt und einander wahrnehmen. Laß uns Leben in seiner Fülle erfahren und es anderen durch unseren Glauben ermöglichen. Darum bitten wir durch Jesus Christus, der mit dir lebt und liebt in Ewigkeit. Amen.

Gabenbereitung

Lied GL/EA 041: Wenn das Brot, das wir teilen (T: C. P. März / M: Kurt Grahl)

Gabengebet

Gott, nimm uns mit Brot und Wein an. Verwandle uns mit diesen Gaben in Menschen, die mit neuen Sinnen leben und einander so lieben, wie Jesus uns geliebt hat. Stärke uns dazu mit diesen Gaben durch Jesus, unsern Freund. Amen.

Zweites Hochgebet für Meßfeiern mit Kindern

Präfation

In Wahrheit ist es würdig und recht, dir guter Gott, immer und überall zu danken durch Jesus, deinen Sohn. Er ist gekommen, um uns den Himmel zu bringen, deine Nähe, Frieden und Freude ohne Ende. Er will uns befreien von allem, was fesselt und gefangennimmt. Er begleitet uns auf allen Wegen unseres Lebens und führt uns zu einem vollen, glücklichen Leben in seinem Reich. Seinetwegen danken wir dir mit allen Engeln und Heiligen und singen zu deinem Lob:

Heilig-Lied GL 510: Heilig

Vater unser – Friedensgruß

Kommunion

Dank Liedruf Ls 82: Danket, danket, singt ein neues Lied (Lieder der Mariapoli, Neue-Stadt-Verlag)

Schlußgebet

Herr, du bist unser Helfer. Du befreist uns von allem, was uns gefangenhält. Du schenkst uns einen neuen Sinn, damit wir mit allen Sinnen leben und unsere Begabungen wieder entdecken. Wir danken dir!

Liedruf:

Herr, du begleitest uns auf allen Wegen unseres Lebens. Du stärkst uns mit dem Brot des Lebens, damit wir den Himmel in uns und um uns neu entdecken. Du bist gekommen, um uns Leben zu schenken in Fülle. Dafür danken wir dir.

Liedruf

Aktion

Wir alle brauchen Glückskäfer, die uns helfen, mit allen Sinnen froh und glücklich zu leben. Wir selbst können Glückskäfer für andere sein. Glückskäfer, welche die Kinder jetzt verteilen, wollen daran erinnern.
Glückskäfer verteilen

Segensbitte

Herr, segne unsere Hände und alles, was wir mit ihnen vollbringen,
damit sie zart und behutsam sind,
daß sie halten können, ohne zur Fessel zu werden,
daß sie freudig geben ohne Berechnung,
daß ihnen innewohne die Kraft, zu helfen, zu trösten und zu segnen.

Herr, segne unsere Augen, daß sie Not und Bedürftigkeit wahrnehmen,
daß sie das Kleine und Unscheinbare nicht übersehen,
daß sie hindurchschauen durch das Vordergründige,
daß andere sich wohlfühlen können unter unserem Blick.

Herr, segne unsere Ohren, daß sie auf dein Wort hören,
daß sie hellhörig seien für die Stimmen der Not,
daß sie verschlossen seien für den Lärm und das Geschwätz,
daß sie das Unbequeme nicht überhören.

Herr, segne unsern Mund, daß er dich bezeuge,
daß nichts von ihm ausgehe, was verletzt und zerstört,
daß er aufrichtende und heilende Worte spreche,
daß er Anvertrautes bewahre.

Herr, segne unser Herz, daß es Wohnung sei deinem Geist,
daß es Wärme schenken und bergen kann,
daß es reich sei an Liebe, Verstehen und Vergebung,
daß es Leid und Freude teilen kann.
Laß uns dir gehören und deinen Willen tun, Gott.
Laß uns ein gutes Herz haben für alle, die uns heute begegnen.

Der Herr beschenke euch mit der Behutsamkeit seiner Hände,
mit dem Lächeln seines Mundes, mit der Wärme seines Herzens,
mit der Güte seiner Augen, mit der Freude seines Geistes,
mit dem Geheimnis seiner Gegenwart. So segne euch ...
(nach: Sabine Naegeli, „Du hast mein Dunkel geteilt", Verlag Herder 1988)

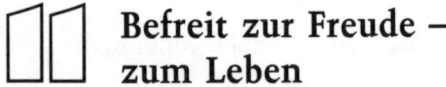 **Befreit zur Freude – zum Leben**

Märchen: „Der Drache des Schreckens"

Vorzubereiten:
1. Kinder/Jugendliche schreiben oder malen von ihrer Angst und wenn möglich, von der erlebten Befreiung aus der Angst. Aussagen gut sichtbar in der Kirche anbringen.
2. Drei schöne Kästchen: a. mit kleiner blauer Kerze oder Teelicht, b. mit grünen Blättern, c. mit drei großen Schlüsseln.

Eröffnung
Lied Ls 116: Die Sache Jesu braucht Begeisterte (Albrecht/Janssens, aus: Wir haben einen Traum) – *oder* GL 270: Kommt herbei, singt dem Herrn

Begrüßung und Einführung
Anknüpfen an Bilder und Berichte der Kinder/Jugendlichen. – Immer schon fühlten sich Menschen auf unserer Welt bedrückt, gefangen, bedroht von bösen Mächten. Menschen aller Zeiten schreien nach Erlösung wie der Apostel Paulus: „Ich unglücklicher Mensch! Wer wird mich erlösen aus diesem Dasein, das dem Tod verfallen ist?" (vgl. Röm 7,24)

Besinnung und Kyrie-Ruf
Jugendlicher: Gott, wer wird uns erlösen aus Mißtrauen und Angst, aus dem Machtkampf und dem Irrsinn des Wettrüstens?

Liedruf UL 43: Herr erbarme dich, ... unserer Zeit. (P. Janssens)

Erwachsener: Gott, wer wird uns befreien aus Neid und Ungerechtigkeit, aus der wirtschaftlichen Ausbeutung armer Völker und aus der Gleichgültigkeit, mit der wir auf Kosten anderer leben?

Liedruf:

Jugendlicher: Gott, wer wird uns befreien aus dem Aberglauben an ein unbegrenztes Wachstum, aus dem erbarmungslosen Ausbeuten der Natur. Wer wird uns retten aus der Zerstörung unseres Lebensraumes durch Schmutz und Gift?

Liedruf:

Zuspruch der Vergebung

Loblied Lied-Tanz GL/EA 014: Laudate omnes gentes (Taizé)

Gebet

Guter Gott, froh und frei möchten wir leben. Du aber kennst unsere Angst, weißt, wie oft wir uns unterdrückt, bedroht und den Mächtigen ausgeliefert fühlen. Wir sehnen uns nach deiner Hilfe, Gott. Führe uns aus aller Dunkelheit ins Licht, aus jeder Enge in die Weite, aus allem, was fesselt, in die Freiheit durch Jesus Christus, unsern Erlöser und Befreier. Amen.

Hinführung zum Märchen

„In der Macht der Märchen liegt der Schlüssel, die Wirklichkeit zu ändern." Das folgende Märchen zeigt einen Weg, böse Mächte zu überwinden, Menschen zu befreien aus Vorurteilen, Angst, Dunkelheit und Gewalt, läßt Schlüssel finden, die zur Freude und zum Leben befreien.

Der Drache des Schreckens

(Märchen eventuell im Schattenspiel oder pantomimisch darstellen)

Erzähler: Einst hatten Menschen in dieser Stadt gelacht. Die Tore waren immer weit geöffnet. Eines Nachts kamen die Ritter der Angst und zogen plündernd durch die Stadt und trieben die Menschen zusammen. Sie raubten den Stadtschlüssel und riefen:

Ritter: Jedes Jahr kommen wir wieder, und ihr werdet uns zehn junge, kräftige Männer mitgeben, ausgerüstet mit Waffen und Pferden. Falls ihr diese Forderung nicht erfüllt, ketten wir den Drachen des Schreckens los und hetzen ihn auf eure Stadt. Sein giftiger Atem tötet, und sein Feuer zerstört dann die Stadt!

Erzähler: Die Ritter der Angst verschlossen die Tore und zogen weiter. Die Menschen flüchteten in ihre Häuser. Nur in der Dämmerung schlichen sie traurig durch die Straßen. Mit ihrer Hoffnung waren auch die Liebe und das Vertrauen in sich selbst und andere gestorben. Jedes Jahr kamen die Ritter in die Stadt und nahmen zehn bewaffnete Männer mit. Niemand wagte zu fragen, wohin sie gebracht wurden.

In einem versteckten Winkel trafen sich drei junge Männer:

Männer: Die Ritter der Angst kommen. Wir werden als Nächste dran sein. Wir müssen fliehen!

Erzähler: Durch einen Mauerspalt gelangten sie aus der Stadt. Sie konnten hören und sehen, wie die Ritter der Angst tobend in die Stadt einzogen. Zehn junge Männer mit hängenden Köpfen ritten hinter ihnen her, als sie die Stadt wieder verließen. Vorsichtig folgten sie dem Heer. Sie sahen, wie die Ritter auch in andere Städte eindrangen und mit gerüsteten Männern davonzogen. – Als die Ritter der Angst einen großen Bogen um ein Waldstück machten, beschlossen die drei Männer, im Wald zu übernachten. Durch die dunklen Bäume sahen sie ein kleines Licht. Mit Lanzen in den Fäusten gingen sie darauf zu. Durch das Fenster sahen sie ein Mädchen, das lesend an einem Tisch saß. Sie klopften an. Das Mädchen empfing sie freundlich, ließ aber nicht zu, daß sie mit Waffen ins Haus kamen. Zögernd legten die drei Männer Rüstungen und Waffen ab und traten ein.

Mädchen: Ihr seht traurig und niedergeschlagen aus. Wer hat euch das Lachen genommen?

Erzähler: Die Männer erzählten von den Rittern der Angst und ihrem Vorhaben, den Drachen des Schreckens zu besiegen.

Mädchen: Ruht euch aus! Morgen kann ich euch vielleicht helfen.

Erzähler: Die Männer schliefen tief und traumlos. Gestärkt und voller Mut erwachten sie und bestürmten das Mädchen:

Männer: Sag, wie willst du uns helfen?

Mädchen: Dieses Kästchen gebe ich euch mit. Wenn ihr mutlos seid, dann öffnet es. Vorher nicht. Ich kann es euch nur geben, wenn ihr eure Lanzen hierlaßt. Außerdem müßt ihr zu meiner älteren Schwester reiten, die drei Tage von hier am See der warmen Quellen wohnt.

Erzähler: Die Männer gaben zögernd ihre Lanzen her. Das Mädchen gab ihnen ein verziertes Kästchen, beschrieb den Weg, umarmte jeden und winkte ihnen lange nach. Die Männer entfernten sich immer mehr von den Rittern der Angst. Am Abend des dritten Tages erreichten sie müde einen See, dessen Wasser wunderbar warm war. Eine junge Frau, die vor dem Haus saß, rief:

Frau: Willkommen, Fremde! Laßt die Tiere trinken und erfrischt euch im See. Dann kommt ohne Waffen und Rüstungen in mein Haus!

Erzähler: Die Männer fühlten sich nach dem Bad erfrischt und voller Tatendrang.

Frau: Ihr wurdet von meiner Schwester geschickt. Was wollt ihr von mir?

Männer: Woher weißt du das?

Frau: Ich habe ihr Kästchen am Sattel eines eurer Pferde gesehen.

Erzähler: Die Männer berichteten wieder von ihrer Stadt, den Rittern der Angst und ihrem Plan, den Drachen des Schreckens zu töten.

Frau: Früher habe ich mit dem Drachen gespielt. Wir waren gute Freunde. Aber seit er von den Rittern der Angst gefangen worden ist, habe ich ihn nicht mehr gesehen. – Ruht euch aus! Morgen werden wir weitersehen!

Erzähler: Die Männer schliefen lange. Nach einem erfrischenden Bad im See sagte die junge Frau:

Frau: Ich kann euch weiterhelfen, wenn ihr zwei Bedingungen erfüllt: Ihr müßt meine ältere Schwester besuchen, die drei Tage von hier am Rande einer großen Schlucht wohnt. Außerdem müßt ihr mir eure Rüstungen hierlassen. Dafür gebe ich euch ein Kästchen mit. Wenn ihr nicht mehr ein noch aus wißt, dann eßt von den Blättern, die darin liegen, und ihr werdet hören, wie euer Herz zu euch spricht.

Erzähler: Die Männer zögerten. Doch dann gaben sie ihre Rüstungen ab. Die junge Frau warf sie in den See, reichte ihnen das Kästchen und beschrieb ihnen den Weg. – Nach drei Tagen kamen sie an den Rand der gewaltigen Schlucht, wo das Haus der ältesten Schwester stand. Der Weg wurde immer enger und gefährlicher. Steil stürzte der Abgrund neben dem schmalen Pfad in die Tiefe. Vorsichtig klopften sie an die Holztür und hörten eine Frauenstimme:

Alte Frau: Wenn ihr Frieden im Herzen tragt, dann kommt herein!

Erzähler: Die Männer legten ihre Schwerter und Schilde ab und traten ein. Mitten im Raum saß eine alte Frau. Lächelnd sagte sie:

Alte Frau: Seid willkommen, Fremde! Was führt euch zu mir?

Erzähler: Die drei Männer berichteten der Frau wie deren Schwestern zuvor.

Alte Frau: Ich kann euch helfen. Ruht euch aus! Morgen werden wir weitersehen.

Erzähler: Obwohl unter ihnen die Schlucht in dunkle Tiefen stürzte, schliefen die Männer gut. Sie erwachten am Morgen voller Mut.

Alte Frau: Wenn ihr weiterzieht, folgt der Schlucht. Achtet auf jeden Schritt, sonst stürzt ihr in die Tiefe. Bald werdet ihr den Berg sehen, wo der Drache von den Rittern der Angst festgehalten wird. Nehmt dieses Kästchen mit. Es wird euch helfen.

Erzähler: Die Männer bedankten sich. Vor der Hütte fanden sie nur noch ihre Schilde.

Männer: Wo sind unsere Schwerter? Ohne sie sind wir völlig hilflos!

Alte Frau: Ich habe sie genommen, denn die Schwerter helfen euch nicht. Wenn ihr in Not seid, dann öffnet dieses Kästchen.

Männer: Wer seid Ihr? Und wer sind Eure Schwestern?

Alte Frau: Habt ihr sie nicht danach gefragt? Die Ritter der Angst müssen mächtig sein, wenn ihr nicht mehr wagt, fremde Menschen nach dem Namen zu fragen. So wißt: meine jüngste Schwester ist die Fee der Hoffnung. Sie ist noch fast ein Kind. Aber ihre Kraft wächst von Tag zu Tag. Ihre ältere Schwester ist die Fee der Liebe. Manchmal ist sie sehr enttäuscht, aber sie gibt nicht auf. „Die Liebe überwindet alles." Und ich bin die Fee des Vertrauens, des Glaubens. Manche meinen, meine Kraft sei schon erloschen, weil ich so alt bin. Meine Kraft wird aber niemals schwinden. Sie ist so beständig wie die Welt. Geht und laßt euch durch nichts beirren. Euch wird nichts geschehen!

Erzähler: Die Männer gingen den Weg durch die Schlucht. Manchmal wollten sie nicht weitergehen aus Angst, in die Tiefe zu stürzen. In ihren Herzen trugen sie die Erinnerung an die drei Schwestern; das gab ihnen Kraft und Mut. Als sie nach drei Tagen den Fuß des Berges erreicht hatten, war der Gipfel in dunkle, bedrohliche Wolken gehüllt. Verzweifelt suchten sie einen Weg zwischen Felsen und Geröll.

1. Mann: Laßt uns das Kästchen öffnen, das uns die Fee der Hoffnung mitgegeben hat.

Erzähler: Ein blaues Licht schwebte daraus. Es schien zu warten, dann entfernte es sich langsam.

2. Mann: Das Licht zeigt uns einen Weg. Schnell, wir wollen ihm folgen!

Erzähler: Weil ihre Schilde hinderlich waren, mußten sie diese auch zurücklassen. Ohne Waffen und ohne Schutz folgten die Männer dem blauen Licht den Berg hinauf. Von dunklen Wolken wurden sie eingehüllt. Es roch nach Moder, Tod und Verwesung. Das Licht stand still, als sie den Gipfel erreicht hatten. Es erleuchtete einen weiten Platz. Dort lag der Drache des Schreckens. Sein gewaltiger, schuppenbesetzter Kopf lag auf den Vorderpranken, die mit fürchterlichen Krallen bewehrt waren. Die mächtigen Schwingen hatte er zusammengefaltet, die Augen geschlossen. Auf dem Platz waren Spuren wilder Kämpfe zu sehen. An den Steinen klebte Blut. Waffen, Rüstungen und Knochen lagen verstreut umher. Je mehr Angst die Männer hatten, umso heller strahlte das blaue Licht. Der Drache blinzelte und hob den Kopf. Die Männer wichen zurück.

3. Mann: Er öffnet die Augen!

Erzähler: Der Drache blickte sie traurig und voller Sehnsucht an. Er schüttelte sich, als wolle er den Schlaf vertreiben und eine böse Erinnerung. Als er sich erhob, sahen die Männer, daß er auf einer großen Zahl von Schlüsseln gelegen hatte.

1. Mann: Die Stadtschlüssel, hier sind sie versteckt! – Wir müssen sie zurückbringen!

Erzähler: Der Drache wurde festgehalten durch dicke Eisenketten, versehen mit schweren Schlössern. Fauchend öffnete er sein Maul, entfaltete seine mächtigen Schwingen und bewegte sich auf die Männer zu. Diese wichen zurück. Schnell öffneten sie das zweite Kästchen. Hastig aßen sie die Blätter, die ihnen die Fee der Liebe mitgegeben hatte. Plötzlich hörten sie eine sanfte Stimme:

Drache: Fremde, hört mich an! Ich will euch nichts tun. Bitte, hört und versteht mich!

Erzähler: Die seltsame Stimme klang nicht in ihren Ohren, sie war im Herzen zu hören. Ein Schauer überlief die Männer.

2. Mann: Der Drache des Schreckens spricht uns an!

Drache: Ich bin kein Drache des Schreckens. Ich bin ein Drache der Lüfte, ein Drache der Freude und des Spiels. Die Ritter der Angst haben mich hier festgekettet. Sie fürchten sich vor mir, denn wenn ich frei bin, verlieren sie ihre Macht. Da sie selbst nicht stark genug sind, mich zu töten, bringen sie jedes Jahr viele junge Männer, die mit mir kämpfen müssen. Ihr seid die ersten, die nicht von den Rittern der Angst gebracht werden. Ihr seid die ersten, die ohne Waffen kommen. Und ihr seid die ersten, die mich verstehen können. Bitte, bindet mich los und laßt mich wieder fliegen. Ein Drache der Freude verkümmert, wenn er angekettet ist.

Erzähler: Unsicher standen die Männer dem Drachen gegenüber. Konnten sie ihm glauben? Sie öffneten das dritte Kästchen. Darin sahen sie ihre Schwerter. Aus jedem Schwert hatte die Fee des Vertrauens einen großen Schlüssel geformt. Da verstanden die Männer: Sie nahmen die Schlüssel, die früher einmal Schwerter waren, und traten zu dem Drachen. Vor Freude und Aufregung zerrte er an den dicken Ketten, als jeder der Männer eines der großen Schlösser öffnete. Dann entfaltete er seine gewaltigen Schwingen. Mit den gelenkigen Vorderpranken nahm er alle Schlüssel an sich:

Drache: Ich werde sie zurückbringen. Habt Dank für eure Liebe und euer Vertrauen. Niemals wieder werden die Ritter der Angst dieses Land heimsuchen.

Erzähler: Mit einem mächtigen Flügelschlag schwang er sich empor, wischte damit die dichten Wolken zur Seite und ließ die Sonne eines neuen Tages einbrechen.

(Nach: „Der Drache des Schreckens" aus: Die Mondstein Märchen, Stendel-Verlag, Waiblingen 1988)

Musik

Priester: Vor zweieinhalbtausend Jahren hat das Volk Israel ein Lied gesungen, das von einer Gefangenschaft in der fremden Stadt Babylon und von der Freude seiner Befreiung spricht. Diese Verse sind – übertragen auf uns heute – ein Hoffnungslied von der Freiheit, die Gott schenkt:

Jugendlicher: Wenn der Herr die Gefangenen befreit, erlöst er alle, die in Ängsten sind, siehe, dann werden wir leben. Dann werden wir lachen auf den Straßen, tanzen auf den Plätzen und singen in den Häusern. Dann werden wir voll Freude rufen: Der Herr hat uns befreit, er lebt und läßt uns leben.

Liedruf GL 528,2: Der Herr hat uns befreit, er schenkt uns neues Leben. (*oder* GL 685)

Alter Mensch: Herr, führe in die Heimat alle, die in der Fremde leben, führe ins Leben, die nur Wüste kennen, bringe ans Licht, die in Dunkelheit sich quälen. Dann werden sie singen wie wir: Der Herr hat uns befreit, er lebt und läßt uns leben.

Liedruf:

Mutter: Herr, schenke Trost denen, die weinen, hilf denen, die mutlos und verzweifelt sind, laß deine Nähe erfahren alle, die einsam sind, dann werden sie staunen, weil sie erleben: Der Herr hat uns befreit, er lebt und läßt uns leben.

Liedruf:

Jugendlicher: Herr, begleite alle, die auf dem Weg sind, die suchen und fragen, die sich einsetzen für das Glück und das Leben anderer. Sei ihnen helfend nahe und erfülle sie mit deiner Kraft, wenn sie ihr Letztes geben. Ganz erlöst werden sie singen: Der Herr hat uns befreit, er lebt und läßt uns leben.

Liedruf:

Evangelium

Mt 7,7–11; – *oder* Lk 11,9–13; – *oder* Mt 7,13–20; – *oder* Lk 13,22–30 – *oder* Lk 12,54–59

Ansprache

Die Ritter der Angst sind mit ihren Drohbotschaften auch heute noch unterwegs. Sie engen ein, versperren lebenswichtige Zugänge, nehmen Menschen die Hoffnung und ersticken in Stadt und Land Freude und Leben. Die Ritter der Angst fordern auch heute noch das Leben junger Menschen, um es irgendwo sinnlos und todbringend zu vergeuden. Was geschieht auf unserer Welt, in unserem Leben nicht alles aus Angst? Aus Angst vor dem vermeintlichen Feind werden Waffen über Waffen produziert. Aus Angst, nicht mitreden zu können, lassen viele sich versklaven von Fernsehen, Illustrierten oder anderen Meinungsmachern. Aus Angst, nicht angesehen zu sein, lassen wir uns durch Mode unter Druck setzen, durch das, was andere sagen, tragen oder haben. Die Ritter der Angst ketten auch heute noch Kräfte der Freude und Lebenslust an und lassen sie verkümmern. Angst, Vorurteile, Mißtrauen und Neid lähmen und blockieren Menschen, legen sie fest und zerstören so Leben.

Wer von uns wagt es, mit den drei jungen Männern nach Wegen aus Angst und tödlicher Bedrohung für sich und andere zu suchen? Wer wagt es, aufzubrechen aus dem, was gefangenhält und unfrei macht, um sich und andere zum Leben zu befreien? – „Wer sucht, der findet, wer anklopft, dem wird aufgetan", sagt Jesus uns heute, das haben die drei Männer im Märchen erfahren. Sie suchen im dunklen Wald, klopfen an und finden bei der Fee der Hoffnung freundliche Aufnahme und ein Licht, das die Dunkelheit erhellt und einen Weg zeigt, wo sie nicht mehr weiterwissen, wo sie vor einem unüberwindlichen dunklen Berg stehen. Das Mädchen Hoffnung zeigt einen Weg zur jungen Frau der Liebe, die an warmen, erfrischenden Quellen wohnt. Bei ihr finden sie Kraft und Hilfe, mit dem Herzen zu hören, wo ihnen vor Angst und Schrecken Hören und Sehen vergeht. Sie suchen und finden den Weg zur alten Frau des Vertrauens, die an einer abgrundtiefen Schlucht wohnt. Sie gibt ihnen Schlüssel mit, um sich selbst und andere aus der Gewalt fremder Mächte zu befreien. Hoffnung, Liebe und Vertrauen zeigen, daß der Weg zur Freiheit, zum Leben nur ohne Waffen und Gewalt zu finden ist, daß wir nur dann anderen das Leben erschließen können, wenn wir zuvor im Vertrauen unsere Schwerter zu Schlüssel umschmieden lassen. Wer nach Wegen zur Freiheit, zur Freude, zum Leben für sich und andere sucht, der findet durch Hoffnung, Liebe und Vertrauen aus der Dunkelheit ins Licht, aus der Angst in die Freiheit, aus dem Tod ins Leben. Hoffnung, Liebe und Vertrauen sind Gaben, die Gott uns für den Lebensweg geschenkt hat, sie sind Schlüssel, die zur Freude und zum Leben befreien.

Gott gibt immer mehr, als wir erbitten, bis wir ihn finden und die Tür, die er uns geöffnet hat: Jesus Christus. Durch ihn hat er uns das Licht der Hoffnung geschenkt, das den Weg durch Schwierigkeiten zeigt. Durch ihn schenkt er uns Liebe, das Heilkraut, das unsere Herzen hellhörig macht, das uns Kraft gibt, alle Schwierigkeiten zu überwinden. Durch ihn schenkt er uns Glauben und Vertrauen, Schlüssel, die für immer zur Freude und zum

Leben befreien, wenn wir uns auf ihn und nicht auf unsere Kräfte, Waffen und Rüstungen verlassen.

Stille

Gabenbereitung
Mädchen (bringt Kästchen mit Licht zum Altar): Ich bringe ein Licht der Hoffnung. Es soll allen leuchten, die nicht mehr weiterwissen.
Junge Frau (bringt ein Kästchen mit grünen Blättern): Ich bringe das Lebenskraut der Liebe. Es soll allen Liebe schenken, damit sie hören, was das Herz spricht.
Alte Frau (bringt Kästchen mit drei großen Schlüsseln): Ich bringe Schwerter, die zu Schlüsseln umgeschmiedet sind. Ich möchte dazu beitragen, daß durch Glauben und Vertrauen viele zum Leben und zur Freude befreit werden.

Musik

Gabengebet:
Lebendiger Gott, weil wir das Leben suchen, kommen wir mit Brot und Wein zu dir. Nimm uns mit diesen Gaben an und verwandle uns in hoffende, liebende und glaubende Menschen, die dich in der Welt von heute bezeugen und die mit Jesus Menschen zum Leben und zur Freude befreien. Darum bitten wir durch Jesus Christus, der uns erlöst und befreit hat. Amen.

Zweites Hochgebet für Meßfeiern mit Kindern

Präfation:
Befreiender Gott, wir danken dir, daß du allen Menschen nahe bist durch Jesus Christus, unsern Erlöser, der jetzt mitten unter uns ist.

Alle: Wir danken dir!

Durch ihn hast du uns das Licht der Hoffnung geschenkt, das uns einen Weg finden läßt durch die Berge und Schwierigkeiten unseres Lebens.
A.:
Durch Jesus schenkst du uns die Kraft der Liebe, die uns hilft, alle Hindernisse zu überwinden. Durch ihn können wir mit dem Herzen hören, was das Ohr vernimmt. **A.:**
Durch Jesus schenkst du uns Glauben und Vertrauen. Er führt uns sicher auf schmalen Wegen, vorbei an tiefen Schluchten. Durch ihn schenkst du uns Schlüssel, die befreien zur Freude und zum Leben. **A.:**
Mit allen Erlösten im Himmel und auf Erden singen wir zu deinem Lob das Lied der Befreiung:

Ls 198: Halleluja, preiset den Herrn ..., Halleluja, danket dem Herrn (mündlich überliefert / Verfasser unbekannt)

Vater unser

Friedensgruß
Lied Ls 124: Gib uns Frieden jeden Tag (Lüders/Rommel, G. Bosse Verlag, Regensburg) – *oder* Ls 78: Wer befreit ist, kann befreien (P. Janssens, aus: Ehre sei Gott auf der Erde)

Kommunion

Dank Lied-Tanz: Adoramus te Domine (Taizé 89/Nr. 31)

Schlußgebet
Gott, wohin wir auch gehen, immer wieder treffen wir auf hoffende, liebende und glaubende Menschen, die uns an den Himmel erinnern. Wir danken dir, daß wir auf unserem Weg solchen Menschen begegnen dürfen. Wir danken dir, daß du sie uns gegeben hast und immer wieder gibst durch Jesus Christus, der mit dir lebt und liebt heute und in Ewigkeit. Amen.

 **Gemeinschaft schenkt Leben**

Eröffnung
Lied GL 519: Komm her, freu dich mit uns – *oder:* Kanon-Tanz Ls 102: Laßt uns miteinander (mündlich überliefert/Verfasser unbekannt)

Begrüßung und Einführung

Besinnung und Kyrie-Rufe
1. **Kind:** Gott, wir leben von der Liebe anderer Menschen. Oft vergessen wir, wie reich du uns beschenkt hast durch unsere Eltern, Geschwister und Freunde. Vergib, wenn wir nur an uns gedacht und anderen kein gutes Wort geschenkt haben.

Liedruf GL 436: Herr, erbarme dich.

2. **Kind:** Gott, wir leben miteinander. Getrennt von den anderen kann kein Kind groß und kein Kranker gesund werden. Vergib, wenn wir uns durch Zank und Streit voneinander getrennt haben.

Liedruf:

Erwachsener: Gott, wir leben alle durch dich. Deiner Güte und Liebe verdanken wir unser Leben. Alles in der Schöpfung erzählt von dir. Vergib, wenn wir verschlossen waren für alle Zeichen deiner Nähe und Liebe, wenn wir auf dein Wort nicht gehört und im Gebet die Verbindung zu dir nicht gesucht haben.

Liedruf:

Zuspruch der Vergebung
Lied Ls 53: Die Erde ist schön, (Sœur Sourire/Neue-Stadt-Verlag, München) – *oder:* Halleluja, preiset den Herrn (vgl. Waltraud Schneider, Getanztes Gebet Nr. 17, Verlag Herder)

Gebet
Gott, du bist uns nahe und willst, daß wir aus der Verbindung mit dir froh und glücklich leben. Hilf, daß wir uns in Liebe füreinander öffnen, in Freundschaft aufeinander zugehen und in Treue zueinander stehen. Laß uns dazu Kraft schöpfen aus dir, dreifaltiger Gott, der du in Gemeinschaft mit Jesus, deinem Sohn, und dem Heiligen Geist lebst und wirkst. Amen.

Lektor: Im Buch: „Der traurige Prinz Ali" wird erzählt:
Vor langer Zeit lebte Prinz Ali. Er hatte alles, was Kinder sich wünschen und wovon sie träumen. Sein Vater, der reiche König, hatte keine Zeit für ihn, deshalb hatte er zwei Diener bestellt, die alles tun mußten, was der kleine Prinz Ali befahl. Wenn es heiß war, fächelten sie ihm frische Luft zu. Wenn er Durst hatte, konnte er so viel Limonade trinken, wie er wollte. Jeder Wunsch wurde dem kleinen Prinzen erfüllt. Oft wußte Ali nicht, was er sich wünschen sollte. Er war immer traurig und wußte nicht warum. Seine Mutter konnte er nicht fragen. Sie war fast immer auf Reisen, um zu sehen, wie es den Leuten im Königreich ging.
Ali war so traurig, daß er die schönen Blumen im Park nicht sah. Er hörte die Vögel nicht singen, er freute sich nicht an dem munteren Spiel der Tiere.
Zirkusleute wurden eingeladen. Sie sollten durch ihre Kunststücke den kleinen Prinzen zum Lachen bringen. Niemand vermochte Ali von seiner Traurigkeit zu heilen. Der Vater lud Sänger und Tänzer ein, aber Ali freute sich nicht an ihren Künsten. Sie holten berühmte Ärzte, die Ali von seiner Traurigkeit heilen sollten. Ali aber blieb traurig. Er bekam ein schönes Pferd, er machte weite Reisen, er fuhr mit großen Schiffen über das weite Meer, aber alles half nicht. Ali war immer noch traurig und wußte nicht warum. Schließlich brachten die Eltern ihn zu einem berühmten Arzt, der auf dem Land wohnte. Der Arzt ließ sich die Geschichte vom kleinen Prinzen und seiner Traurigkeit erzählen. Er studierte lange in einem dicken Buch, bis er endlich die richtige Medizin für den traurigen Ali fand. Der Arzt gab ihm Pillen für morgens, Pulver für mittags und Tropfen für die Nacht. „Wenn du diese Medizin brav einnimmst, wirst du bald wieder ge-

sund", sagte der Arzt. Ali bekam ein wunderschönes Zimmer im Haus des Arztes. Täglich schaute der nach, ob Ali auch die Medizin in der richtigen Reihenfolge nahm. Dann mußte er sich wieder um seine vielen Kranken kümmern.

Ali blieb traurig, bis er eines Tages einen kleinen Jungen in seinem Alter traf. Der Junge hütete draußen auf der Wiese Kühe. Er hatte ein fröhliches Gesicht, obwohl er keine Schuhe und nur durchlöcherte Hosen hatte. Er sagte zu Ali: „Gut, daß du kommst, du kannst einmal dieses störrische Kalb festhalten, damit ich die anderen Tiere holen kann." Das war der Anfang einer Freundschaft. Sie hüteten nun zusammen die Tiere, spielten miteinander und erzählten sich viel. Bald fanden sie noch andere Freunde. Der Prinz dachte gar nicht mehr an seine Traurigkeit. Sie war verschwunden, und er wußte nicht wie. Weil Ali immer bei seinen Freunden war, vergaß er, die Medizin einzunehmen. Der Arzt sagte: „Ich bin froh, daß du mit den Jungen spielst und von ihnen viel lernst. Mach es weiter so. Gute Freunde helfen besser als alle Medizin. Erzähle deinen Eltern die Geschichte und spiele ihnen auf der Hirtenflöte vor." Ali war geheilt. Er hörte nun die Vögel singen und sah die prächtigen Blumen. Er lief den Schmetterlingen nach und tanzte vor Freude. (nach: „Der traurige Prinz" von Malis Drimmel, Amalthea Verlag, München 1980)

Musik

Überleitung zum Evangelium
Prinz Ali war reich. Alle seine Wünsche wurden erfüllt. Dennoch möchten wir mit ihm nicht tauschen, weil er traurig, einsam und krank war. Medizin konnte ihn nicht heilen. Nur durch gute Freunde, durch gute Beziehungen zu anderen Menschen wurde er gesund. Einsamkeit macht krank und traurig, Gemeinschaft schenkt Leben und Freude, davon erzählt die Geschichte vom traurigen Prinzen Ali, davon erzählt das heutige Evangelium.

Lied UL 25: Eine freudige Nachricht breitet sich aus (M. G. Schneider)

Evangelium
Ich bin der Weinstock, ihr seid die Reben Joh 15, 1–8 (Lektionar für Gottesdienste mit Kindern Bd. I, Nr. 73)

Lied UL 25: Eine freudige Nachricht breitet sich aus

Ansprache
Wo Menschen sich in Freundschaft und Liebe miteinander verbunden wissen, da ist das Leben schön, da kann man froh und glücklich leben, da kann man lachen und spielen, singen und tanzen. Wo Menschen miteinander und füreinander leben, wo sie alles miteinander teilen, da wird das Leben zum Fest. Unser Leben soll ein Fest sein, denn Jesus ist gekommen, um uns Leben in Fülle zu bringen. Ein gutes, gefülltes, heiles Leben kann nur der

erleben, der sich mit Gott und vielen Menschen so verbunden weiß, wie der Rebstock mit seinen vielen Zweigen. Getrennt von Gott und den anderen Menschen, kann unser Leben nicht gelingen. Alleinsein macht traurig und krank, das haben wir in der Geschichte vom Prinzen Ali gehört. Jesus will Verbindung mit uns. Verbindung schenkt Leben und Freude. Durch die Taufe sind wir mit ihm und mit allen, die zu ihm gehören, verbunden. Er hat uns die Frohe Botschaft gebracht, daß Gott uns liebt und immer für uns da ist. Er ist es, der uns hier in der Gemeinde zusammenführt, um mit uns Mahl zu halten. Er hat uns eingeladen zu einem Fest ohne Ende. Für Jesus war es eine wichtige Sache, die Menschen mit Gott und untereinander in Verbindung zu bringen. Er will, daß wir eine große Gemeinschaft von Freunden und Freundinnen sind, daß wir miteinander sprechen, spielen, feiern und fröhlich sind.

Jesus, der Weinstock, will uns, die Reben, in Liebe und Freundschaft mit Gott und untereinander verbinden. Er will mit uns verbunden bleiben, darum verschenkt er sich unter den Zeichen von Brot und Wein in jeder Eucharistiefeier an uns. Brot und Wein sind Zeichen des Lebens und der Freude, Zeichen des Todes und der Auferstehung, Zeichen des Festes und der Einheit. Jesus ist für uns zum Brot des Lebens geworden und zum Wein der Freude. Er will sich durch diese Zeichen immer wieder mit uns verbinden, um seine Liebe und sein Leben an uns zu verschenken. Er will in uns weiterleben wie der Weinstock in den Reben. Nur aus der Verbindung mit ihm können wir Leben haben in Fülle. Er läßt seine Kraft, sein Leben in uns einströmen, damit wir aus der Verbindung mit ihm fruchtbar werden für andere. „Bleibt in meiner Liebe", „bleibt mir verbunden", darum bittet uns Jesus heute. Er möchte, daß wir aus der Verbindung mit ihm zum köstlichen Wein für andere werden, damit wir andere froh machen und mithelfen, daß das Leben für alle Menschen zum Fest wird.

Stille/Musik
Lied Ls 215: Unser Leben sei ein Fest (T: Josef Metternich-Team, / M: P. Janssens, P. Janssens-Musikverlag, Telgte)

Fürbitten
Priester: Wir sind glücklich, daß wir zu Jesus Christus gehören und aus seiner Liebe miteinander und füreinander leben können. Weil wir uns verbunden wissen wie der Weinstock mit den Reben, bitten wir:
3. Kind: Wir beten für unsere Freunde und Freundinnen, für unsere Eltern und Geschwister und für alle, die wir liebhaben. Hilf, daß wir immer in Liebe miteinander verbunden bleiben.
Priester/Alle: Herr, erhöre uns!
4. Kind: Wir beten für alle Menschen, die keine Freunde haben, die traurig und einsam sind. Laß sie durch gute Menschen deine Nähe und Freundschaft erfahren. **P./A.:**
5. Kind: Wir beten für alle Menschen, die wir nicht mögen. Gib uns ein

freundliches Wort für sie. Laß sie Menschen finden, die ihnen viel Liebe schenken. P./A.:

6. Kind: Wir beten für alle Fremden und Neuzugezogenen in unserer Gemeinde. Gib, daß sich unsere Gemeinde um sie kümmert und ihnen Gemeinschaft schenkt. P./A.:

Priester: Herr, du willst, daß wir alle mit dir und untereinander verbunden sind wie der Weinstock mit den Rebzweigen. Laß uns nie vergessen, daß wir nur so glückliche Menschen werden können. Amen.

Gabenbereitung
Lied GL 490: Was uns die Erde Gutes spendet

Gabengebet
Guter Gott, Brot und Wein stehen auf dem Altar. Deutlicher als alles andere sagen sie uns, daß wir von dir leben, und daß wir einander Leben schenken sollen. Laß uns immer durch Jesus Christus mit dir und untereinander verbunden bleiben. Amen.

Erstes Hochgebet für Meßfeiern mit Kindern

Präfation
Es ist gut und richtig, dir, guter Gott, immer und überall zu danken. Wir danken dir für alle Zeichen der Verbundenheit und Liebe. Wir danken dir, daß wir in der Gemeinschaft mit dir leben dürfen durch Jesus Christus, deinen Sohn. Durch ihn kann unser Leben gut und fruchtbar werden. Mit allen, die sich im Himmel und auf Erden mit dir verbunden wissen, singen wir zu deinem Lob:

Heilig-Lied GL 510: Heilig

Vater unser

Friedensgruß
Lied GL/EA 036: Brot, das die Hoffnung nährt (Willms/Janssens)

Kommunion

Dank Lied GL/EA 010: Alle Knospen springen auf (Willms/Edelkötter) – *oder* GL/EA 013: Wenn der Himmel in unsere Nacht fällt (W. Offele / H. Florenz) – *oder* Kanon GL/EA 029: Jesus Brot, Jesus Wein (Barth/Horst/Janssens)

Schlußgebet

Herr, unser Gott, du willst, daß wir so eng mit dir verbunden sind wie die Rebzweige mit dem Weinstock. Dafür danken wir dir. Wir bitten dich, laß die Verbundenheit mit dir und untereinander, die wir jetzt erfahren haben, uns Leben und Freude schenken. Laß uns immer mehr erkennen, wie schön es ist und wie glücklich es macht, in Gemeinschaft mit dir zu leben durch Jesus Christus, deinen Sohn und den Heiligen Geist. Amen.

 **In die Tiefe steigen**

Märchen: „Die drei Federn" oder: „Der Weg in die Tiefe"

Eröffnung

Meditative Musik – *oder* GL/EA 31: Wo zwei oder drei in meinem Namen versammelt sind (T: Mt 18,20 / M: Jesus-Bruderschaft Gnadenthal) – *oder* KD 23: Gehet nicht auf in den Sorgen dieser Welt (T: nach dem französischen Originaltext aus Taizé / M: England)

Begrüßung und Einführung

In den Ferien sind viele Kinder und Erwachsene unserer Gemeinde unterwegs, um Erholung, Freude und Glück zu suchen. In alle Himmelsrichtungen fahren oder fliegen Menschen, um sich zu erholen. Hoffentlich finden sie das, was sie suchen, und kommen gut erholt und reich beschenkt heim.

Wir alle können uns auf den Weg machen, auf den Weg des Lebens, weg von der Oberflächlichkeit des Lebens in eine tiefe und reiche Innenwelt. Wir wollen in diesem Gottesdienst versuchen, in die Tiefe des Lebens zu steigen, um zu entdecken, welche Schätze und Kostbarkeiten es dort gibt.

1. Kind: In den Ferien habe ich viel Zeit, da kann ich leben ohne Ungeduld und Hetze. Wenn ich Zeit habe, kann ich spielen, mit Freunden zusammen sein und tun, was mir Freude macht.

Vater: Wenn der Lärm verebbt, der mich sonst umgibt, komme ich zur Ruhe. Wenn ich zur Ruhe komme, finde ich Frieden, werde ich zufrieden.

Mutter: In den Ferien komme ich zu mir selbst. Oft bin ich zerstreut, fühle ich mich zerrissen. Wenn ich zu mir selbst komme, still werde, kann ich in die Tiefe steigen und das Leben neu und anders erleben.

Lied GL 485: Der in seinem Wort uns hält – *oder:* GL/EA 039: Zeige uns den Weg (T: und M: Richard Strauß-König)

Gebet

Gott, wir danken dir für die Ferien, für die Zeit der Ruhe und Stille. Wir wollen diese Zeit nutzen, um uns zu besinnen, damit wir nicht an der Oberfläche bleiben, sondern in die Tiefe unseres Lebens steigen, um reich beschenkt in unser alltägliches Leben zurückzukehren. Hilf uns dazu durch Jesus Christus, unsern Freund und Bruder, der bei uns ist und mit uns geht heute und an allen Tagen. Amen.

Hinführung zum Märchen

Lektor: Märchen sind unsere Geschichten. In ihnen können wir uns wiederfinden mit unseren eigenen Erfahrungen. Das folgende Märchen erzählt von einem Weg in die Tiefe und von den Reichtümern, die dort zu finden sind.

Märchen

Es war einmal ein König, der hatte drei Söhne, davon waren zwei klug und gescheit, aber der dritte sprach nicht viel, er war einfältig und hieß nur der Dummling. Als der König alt und schwach war, dachte er an sein Ende. Er wußte nicht, welcher von seinen Söhnen nach ihm das Reich erben sollte. Da sprach er zu ihnen: „Zieht aus, und wer mir den feinsten Teppich bringt, der soll nach meinem Tod König sein." Und damit es keinen Streit unter ihnen gab, führte er sie vor sein Schloß, blies drei Federn in die Luft und sprach: „Wie die Federn fliegen, so sollt ihr ziehen." Die eine Feder flog nach Osten, die andere nach Westen, die dritte aber flog geradeaus. Sie flog nicht weit, sondern bald zur Erde. Nun ging der eine Bruder rechts, der andere links, und sie lachten den Dummling aus, der bei der dritten Feder bleiben mußte, da wo sie niedergefallen war.

Der Dummling setzte sich nieder und war traurig. Da bemerkte er auf einmal, daß neben der Feder eine Falltür lag. Er hob sie in die Höhe, fand eine Treppe und stieg hinab. Da kam er vor eine andere Tür, klopfte an und hörte, wie es inwendig rief: „Jungfer, grün und klein, ... Laß geschwind sehen, wer draußen wär!" Die Tür tat sich auf, und er sah eine große, dicke Kröte und rings um sie eine Menge kleiner Kröten. Die dicke Kröte fragte, was sein Begehren wäre. Er antwortete: „Ich hätte gerne den schönsten und feinsten Teppich." Da rief sie eine junge Kröte und sprach: „Jungfer, grün und klein, ... Bring mir die große Schachtel her!"

Die junge Kröte holte die Schachtel, und die dicke Kröte machte sie auf und gab dem Dummling einen Teppich heraus, so schön und so fein, wie oben auf der Erde keiner konnte gewebt werden. Da dankte er ihr und stieg wieder hinauf.

Die beiden anderen hatten aber ihren jüngsten Bruder für so einfältig gehalten, daß sie glaubten, er würde gar nichts finden und aufbringen. „Was sollen wir uns mit Suchen große Mühe geben", sprachen sie, nahmen dem ersten besten Schäfersweib, das ihnen begegnete, die groben Tücher vom Leib und trugen sie dem König heim. Zu derselben Zeit kam auch der Dummling zurück und brachte seinen schönen Teppich. Als der König den sah, erstaunte er und sprach: „Wenn es dem Recht nach gehen soll, so gehört dem Jüngsten das Königreich." Aber die zwei anderen ließen dem Vater keine Ruhe und sprachen: „Unmöglich kann der Dummling, dem es in allen Dingen an Verstand fehlt, König werden." Sie baten ihn, er möchte eine neue Bedingung machen. Da sagte der Vater: „Der soll das Reich erben, der mir den schönsten Ring bringt." Er führte die Brüder hinaus und blies drei Federn in die Luft, denen sie nachgehen sollten. Die zwei ältesten zogen wieder nach Osten und Westen, und für den Dummling flog die Feder geradeaus und fiel neben der Erdtür nieder. Da stieg er wieder hinab zu der dicken Kröte und sagte ihr, daß er den schönsten Ring brauchte. Sie ließ sich gleich ihre große Schachtel holen und gab ihm daraus einen Ring, der glänzte von Edelsteinen und war so schön, daß ihn kein Goldschmied auf der Erde hätte machen können. Die zwei ältesten lachten über den Dummling, der einen goldenen Ring suchen wollte, gaben sich gar keine Mühe, sondern schlugen einem alten Wagenring die Nägel aus und brachten ihn dem König. Als aber der Dummling seinen goldenen Ring vorzeigte, sprach der Vater: „Ihm gehört das Reich." Die zwei ältesten ließen nicht ab, den König zu quälen, bis er noch eine dritte Bedingung machte und den Ausspruch tat, der sollte das Reich haben, der die schönste Frau heimbrächte. Die drei Federn blies er nochmals in die Luft, und sie flogen wie die vorigen Male.

Da ging der Dummling ohne weiteres hinab zu der dicken Kröte und sprach: „Ich soll die schönste Frau heimbringen." – „Ei", antwortete die Kröte, „die schönste Frau! Die ist nicht gleich zur Hand, aber du sollst sie haben!" Sie gab ihm eine ausgehöhlte gelbe Rübe mit sechs Mäuschen bespannt. Da sprach der Dummling ganz traurig: „Was soll ich damit anfangen?" Die Kröte antwortete: „Setz nur eine von meinen kleinen Kröten hinein." Da griff er aufs Geratewohl eine aus dem Kreis und setzte sie in die gelbe Kutsche. Kaum saß sie darin, so ward sie zu einem wunderschönen Fräulein, die Rübe wurde zur Kutsche und die sechs Mäuschen zu Pferden. Da küßte er sie, jagte mit den Pferden davon und brachte sie zum König. Seine Brüder kamen nach. Die hatten sich keine Mühe gegeben, eine schöne Frau zu suchen, sondern die ersten besten Bauernweiber mitgenommen. Als der König sie erblickte, sprach er: „Dem jüngsten gehört das Reich nach meinem Tod!" Aber die zwei ältesten betäubten die Ohren des Königs aufs neue mit ihrem Geschrei: „Wir können's nicht zugeben, daß der Dummling König wird!" Sie verlangten, der sollte den Vorzug haben, dessen Frau durch einen Ring springen könnte, der da mitten in dem Saal hing. Sie dachten: „Die Bauernweiber können das wohl, die sind stark genug, aber das zarte Fräulein springt sich tot." Der alte König gab das auch noch zu. Da sprangen die zwei Bauernweiber durch den Ring, waren aber so plump, daß sie fielen und ihre groben Arme und Beine entzweibrachen. Da sprang das schöne Fräulein, das der Dummling mitgebracht hatte, und sprang so leicht hindurch wie ein Reh. Nun mußte aller Widerspruch aufhören. Also erhielt der Dummling die Krone und hat lange in Weisheit geherrscht.

(Brüder Grimm, 63)

Stille – Musik- *oder:* **Lied-Tanz:** Jubilate Deo, omnis terra (Taizé-Liederheft 89/8)

Evangelium
„Kommt mit an einen einsamen Ort" Mk 6, 30–34 – *oder: Jesus bei Maria und Marta* Lk 10, 38–42

Ansprache
Auch unsere Federn werden vom König in die Luft gewirbelt. Sie treiben weit ab in alle Himmelsrichtungen. Menschen laufen ihrem Glück nach über Straßen voller Lärm und Trubel und in Orte, angefüllt mit rastloser Aktivität. Mit den älteren Söhnen streben sie in die Ferne und bleiben stekken im Banalen, Oberflächlichen, Gewöhnlichen.
Manche von uns bleiben zurück, vielleicht verlacht und für dumm gehalten von den anderen. Ihre Federn wollen nicht weit fliegen. Sie senken sich gleich wieder zur Erde. Auch hier an unseren Kirchentüren liegen einige Federn. Es ist gut, wenn wir uns hier in Ruhe niederlassen, still werden, uns besinnen und den Eingang in die Tiefe finden. Nur auf dem Boden stiller Stunden ist die Falltür zu entdecken, die ins Innere, in die Tiefe, zu den inneren Reichtümern führt. Deshalb lädt Jesus seine Freunde und uns alle ein: „Kommt mit an einen einsamen Ort und ruht euch aus!" Deshalb lobt Jesus Maria, die sich still zu seinen Füßen niederläßt und ihm zuhört. Jesus selbst ist in die Wüste gegangen oder nachts auf einen einsamen Berg, um still zu werden und zu beten.
Wer unruhig bleibt und sich selbst davonläuft, der wird wie die älteren Brüder an der Oberfläche bleiben und nicht wahrnehmen, daß neben seiner Feder eine Falltür liegt. Er wird das Glück verpassen. Wer an der Oberfläche bleibt, keine höheren Ansprüche an sich selbst stellt, sich „obenan" und anderen überlegen fühlt, der wird wie die älteren Brüder nie den „feinsten Teppich" – gewebt aus den feinsinnigen Fäden des Lebens – den „kostbarsten Ring" – als Symbol königlicher Würde – und die „schönste Frau" – die Erfüllung seines Lebens – finden, der wird nie seinen inneren Reichtum entdecken und König werden.
Wer aber still wird, sich besinnt und den Eingang in die Tiefe findet, der kann Stufe um Stufe hinuntersteigen und aus der Tiefe reich beschenkt heimkehren. In der Tiefe kann er erleben, wie das, was klein und häß-

lich ist wie eine Kröte, sich verwandeln und groß und schön werden kann. Wer mit dem Dummling in der Tiefe Kröten, Rüben und Mäuse ohne Abscheu in die Hand nimmt, seine Wirklichkeit annimmt, erfährt die befreiende Kraft seines Handelns. In die Tiefe steigen und annehmen, was dort ist, bereichert immer und ist ein Weg zum Königsein, zum vollen Glück.

Jesus selbst ist in die Tiefe gestiegen. „Er war Gott gleich, hielt aber nicht daran fest, Gott gleich zu sein, sondern entäußerte sich und wurde wie ein Sklave und den Menschen gleich"(Phil 2,6–7). Jesus hat sich erniedrigt, ist in die Tiefe der menschlichen Schuld, des Todes und der Unterwelt hinabgestiegen und reich beschenkt zum Vater heimgekehrt. Gott hat ihm sein königliches Reich für immer übergeben. In jeder heiligen Messe feiern wir unsere Erlösung, seinen Tod – sein Hinabsteigen – und seine Auferstehung. Wir lassen uns von ihm verwandeln und beschenken, damit wir mit ihm den Weg gehen können, der zum vollen Glück, zum königlichen Leben führt.

Fürbitten

Priester: Stiller Gott, du willst, daß wir in die Tiefe steigen, um uns selbst zu finden und das Glück, das du für uns bereithältst. Höre unsere Bitten:

1. Kind: Für alle, die Angst vor der Stille haben und dauernd Ablenkung suchen, daß sie den Wert der Stille neu entdecken.

Liedruf M: GL 358,2: Herr, erhöre uns!

Erwachsener: Für alle, die in schwierigen Situationen leben, daß sie still werden und sich besinnen, um die Falltür zu entdecken, die in die Tiefe, ins Innere führt.

Liedruf:

Jugendlicher: Für alle, die in Not sind, die zweifeln und verzweifeln, laß sie durch dich im Innern die Hilfe finden, die sie brauchen.

Liedruf:

2. Kind: Für alle, die in dieser Welt nichts gelten, die nicht für voll genommen werden. Laß sie finden, was sie zu ihrem Glück brauchen. Hilf, daß sie sich von dir angenommen und geliebt wissen.

Liedruf:

Jugendlicher: Für alle, die meinen, andere verachten zu müssen, daß sie den inneren Reichtum der Menschen anerkennen, von denen sie nichts erwarten.

Liedruf:

3. Kind: Für alle, die laut und voller Unrast sind, daß sie Zeit und Ruhe finden, sich zu besinnen und den Weg in die Tiefe gehen, um bereichert heimzukehren.

Liedruf:

Mutter: Für alle, die in den Ferien zu sich selbst kommen möchten. Laß sie ruhig werden, sich besinnen, in die Tiefe steigen und den von dir geschenkten Reichtum in ihrem Innern entdecken.

Liedruf:

Priester: Geheimnisvoller Gott, du bist tief und dunkel. Führe uns von aller Oberflächlichkeit in deine Tiefen und laß uns teilhaben an deinem Reichtum. Darum bitten wir durch Jesus Christus, deinen Sohn. Amen.

Gabenbereitung
Stille – oder Meditative Musik

Gabengebet
Gott, mit Brot und Wein legen wir uns in deine bergende Hand. Verwandle uns und unser oft so lautes und oberflächliches Leben durch Jesus Christus, der für uns zum Weg durch alle Tiefen und Höhen des Lebens geworden ist. Amen.

Zweites Hochgebet für Meßfeiern mit Kindern

Präfation

Ja, Gott, es ist gut und richtig, dir immer und überall zu danken, weil du die zu Königen machst, die in unserer Welt nichts gelten. Wir danken dir für Jesus Christus, deinen Sohn, der in die Tiefen des menschlichen Lebens, des Todes und der Unterwelt hinabgestiegen ist, um die zu erlösen, die in Dunkelheit und Todesschatten leben. Wir danken dir, daß du durch ihn die Kleinen groß machst und den Stillen Wege zum inneren Reichtum geschenkt hast. Mit allen Erlösten im Himmel und auf Erden singen wir zu deinem Lob:

Heilig-Lied GL 491: Heilig

Vater unser   Friedensgruß

Lied KD 37 Kanon: Schweige und höre (T: Michael Hermes/M: England)

Kommunion

Dank Lied-Tanz: Adoramus te Domine (Taizé)

Schlußgebet
Gott, wir danken dir für die Stille, für das Verweilen bei dir. Wir danken dir
für alle, die uns Wege in die Tiefe zeigen und uns helfen, eine tiefere Wirklichkeit wahrzunehmen. Wir danken dir, daß Jesus uns gestärkt hat auf
dem Weg zum wahren Leben. Hilf, daß wir uns nicht im Oberflächlichen
verlieren, sondern andere beglücken durch das, was wir aus der Tiefe mitgebracht haben, aus der Begegnung mit dir und Jesus, deinem Sohn. Amen.

 # Durchsichtig werden

---

Einzug
Kinder ziehen mit dem Priester ein. Sie tragen Transparente (nach Möglichkeit eine große
Sonne und leuchtende Steinbilder).

Lied-Tanz: Vom Aufgang der Sonne (Getanztes Gebet Nr. 18)

Begrüßung und Einführung
Die bunten Scheiben unserer Kirchenfenster und die leuchtenden Transparente der Kinder lassen das Licht der Sonne durchscheinen. Gottes Liebe ist
wie die Sonne. Sein Licht, seine Liebe können wir in unserem Leben durchscheinen lassen, transparent machen. Jesus, der Licht vom Licht Gottes ist,
wie wir es im Glaubensbekenntnis beten, war das leuchtendste Transparent
Gottes in dieser Welt. Wenn wir seinetwegen zusammenkommen, dann ist
er mitten unter uns. Wenn wir sein Licht, seine Liebe in uns aufnehmen
und durchscheinen lassen, dann können Menschen durch uns entdecken,
wer Gott, wer Jesus für sie ist.

Lied GL/EA 018: Gottes Liebe ist wie die Sonne (T: und M: Frankfurt/Main
1970)

Der kleine Krebs und die Sonne
Erzähler: Ein kleiner Krebs läuft über den sandigen Meeresboden, wo es
dunkel ist. Weil er kurzsichtig ist, stößt er sich an Muscheln, Wasserpflan-
zen und Steinen. So torkelt er durch den Sand des Meeresbodens. Plötzlich
bleibt er überrascht stehen. Er reibt sich seine kurzsichtigen Augen, denn er
sieht etwas Wunderschönes auf dem dunklen Meeresboden leuchten. Ein
gelber Stein, ein Bernstein leuchtet ihm entgegen. Staunend sagt er:
Krebs: Du bist aber schön! Du leuchtest ja in der Dunkelheit. Wie machst
du das?

Erzähler: Der Bernstein freute sich, daß der Krebs sein Leuchten wahrgenommen hatte und sagte:

Bernstein: Das kommt von der Sonne! Die Sonne ist weit weg, ihre Strahlen aber erreichen mich hier auf dem dunklen Meeresboden. Ich lasse mich vom Licht der Sonne durchdringen, und so kann ich in dieser Dunkelheit leuchten.

Krebs: Kann ich auch so leuchtend werden?

Bernstein: Ja, kleiner Krebs, wenn du durchsichtig wirst für das Licht der Sonne, dann wirst du leuchtend. Wenn du die Sonnenstrahlen in dich aufnimmst, kannst du spüren, wie warm du wirst; und andere können sehen, wie du leuchtest.

Krebs: Hast du dein Geheimnis noch keinem verraten?

Bernstein: Niemand glaubt mir! Fast alle sagen: Hier auf dem dunklen Meeresboden scheint keine Sonne! Wir sehen die Sonne nicht, und was wir nicht sehen, das glauben wir nicht.

Krebs: Wenn ich dich nicht sehen würde, dann könnte ich auch nicht an die Sonne glauben!

Bernstein: Es könnte unter uns so schön sein, wenn viele von uns die Sonnenstrahlen in sich aufnehmen würden. Alle könnten doch transparent, durchscheinend werden für das Licht der Sonne.

Erzähler: Der kleine Krebs war so froh, daß er richtige Freudensprünge machte, denn er hatte verstanden, was der Bernstein ihm sagen wollte. Als ein Seepferdchen ihn so herumtollen sah, sagte es hochnäsig:

Seepferdchen: Warum freust du dich so, kleiner Krebs? Bin ich so schön, daß du dich an mir so freust?

Krebs: Ich habe etwas Schönes erlebt! Ich habe den Bernstein getroffen, und er hat mir gesagt, wie wir durchsichtig werden können für die Sonne. Wenn wir ein Transparent werden, dann können andere durch uns die Sonne leuchten sehen. Das Leben wird hell und schön hier auf dem dunklen Meeresboden!

Seepferdchen: Du spinnst! Du glaubst an etwas, was es gar nicht gibt. Die Sonne sieht man nicht, und es ist unnütz, daran zu denken, daß sie uns verändern kann. Ich bin mir selbst genug. Wichtiger als ich ist niemand hier unten.

Erzähler: Hochnäsig schwamm das Seepferdchen weiter. Der kleine Krebs erzählte sein Erlebnis mit dem Bernstein einem dicken Tintenfisch. Der sagte:

Tintenfisch: Lieber, kleiner Krebs! Du erzählst mir Märchen. Die Sonne gibt es gar nicht. Sie kann durch uns nicht hindurchscheinen. Ich weiß, daß es hier nur eins gibt: Fressen oder Gefressen-Werden. Das Leben ist ein ständiger Kampf. Damit ich mich verteidigen kann, hat der Schöpfer mir Drüsen gegeben, durch die ich eine dunkle Flüssigkeit verspritzen kann. Wenn ich das mache, dann haben alle Angst vor mir, und ich kann mich in Sicherheit bringen. Kämpfe um dein Leben, kleiner Krebs, und gib den Traum von der Sonne auf! Du wirst nie durchsichtig werden!

Erzähler: Der kleine Krebs hatte noch viele Begegnungen mit großen Lebewesen auf dem dunklen Meeresboden. Von der Sonne, die ihre Strahlen in die Dunkelheit fallen läßt, wollte niemand etwas hören. Doch dann traf er auf kleine Fische und Lebewesen. Die hörten ihm gern zu. Sie träumten mit ihm von der Sonne, die weit über dem Meer ist. Sie wollten ihre Strahlen in sich aufnehmen. Eines Tages werde es ganz hell, weil alle die Sonne durchscheinen lassen, weil einer für den anderen zu einer kleinen Sonne, zu einer Lichtquelle wird.

Der kleine Krebs merkte gar nicht, daß er immer transparenter wurde. Von Tag zu Tag wurde er leuchtender. Alle, die ihm begegneten, staunten über das Licht, das von ihm ausging. Als er starb, wuchs da, wo er begraben wurde, ein kleiner brauner Bernstein, der den Traum vom kleinen Krebs erzählte: Es ist richtig und wichtig, transparent zu werden für das Licht, für die Sonne! (nach einer Erzählung aus: „Dienender Glaube" 1987, Butzon & Bercker, Kevelaer)

Instrumentalmusik *oder* Lied: Licht der Liebe (aus: „Licht auf meinem Weg", Menschenkinder-Musikverlag, Münster)

Besinnung

Lektor: Wenn wir die Geschichte in uns nachklingen lassen, spüren wir, daß der dunkle Meeresboden unsere Welt sein könnte. Warum gibt es auf unserer dunklen Erde so wenige Menschen, die leuchtend und transparent sind für Gott? Warum kann Gottes Licht und Liebe durch uns nicht aufleuchten in der Dunkelheit unserer Tage?

1. Kind: Jesus, du bist Licht vom Licht Gottes. Durch dich konnten die Menschen erkennen, wer Gott ist. Du warst ganz durchsichtig für Gott. Vergib, wenn wir dein Licht nicht angenommen haben, wenn wir nicht durchsichtig sind für dich.

Liedruf GL/EA 022: Kyrie, Kyrie eleison (Mündlich überliefert)

2. Kind: Wir sind oft stolz und eingebildet wie das Seepferdchen. Wir genügen uns selbst, nehmen uns zu wichtig. Vergib, wenn wir nur glauben wollen, was wir sehen, wenn wir uns für dein Licht, für deine Liebe nicht öffnen.

Liedruf:

3. Kind: Jesus, wir finden es gefährlich, klein und schwach zu sein. Wir wehren uns wie der Tintenfisch und gebrauchen unsere Ellenbogen. Wir versuchen, uns mit Macht und Gewalt durchzusetzen. Vergib, wenn wir deine Güte und Liebe so wenig durchscheinen lassen.

Liedruf:

Zuspruch der Vergebung

Priester: Leuchtender Gott, erbarme dich unserer Dunkelheit. Hilf, daß wir dein Licht durchscheinen lassen und das Leben der Menschen heller und froher machen durch Jesus Christus, der uns sein Licht schenkt heute und an allen Tagen. Amen.

Loblied-Tanz GL/EA 042: Der Himmel geht über allen auf (T: W. Willms / M: P. Janssens, P. Janssens-Musikverlag, Telgte) – *oder:* Die Herrlichkeit des Herrn (Waltraud Schneider, Getanztes Gebet Nr. 23)

Gebet

Guter Gott, wir danken dir für alle leuchtenden Menschen, die durchscheinend sind für dein Licht und für deine Liebe. Wir danken dir, daß deine Sonne auch dann unser Leben durchdringt, wenn es dunkel und traurig ist. Mit Jesus möchten wir im Licht deiner Liebe leben und Transparente für dich sein. Laß uns leuchtende Menschen sein, die dich durchscheinen lassen. Darum bitten wir durch Jesus Christus, der Licht von deinem Licht ist. Amen.

Hinführung zur Lesung

In der heutigen Lesung ist die Rede von einer wunderschönen Welt, vom Licht Gottes, das überall leuchtet. Einmal wird alle Dunkelheit zu Ende sein, und wir werden mit Gott leuchten in seinem Reich. Das ist nicht nur ein Traum, sondern eine Wirklichkeit, die uns versprochen ist.

Lesung

Der Herr wird ihnen leuchten Offenb. 22, 1–5

Evangelium

Lk 11, 33–36: *Zwei Worte vom Licht* – Mt 5, 14 ff. *oder:* Mk 9, 2–8: *Verklärung* – *oder:* Mt 6, 22–23: *Das Auge, Licht des Leibes* – *oder:* Mk 4, 26–29: *Das Gleichnis vom Wachsen der Saat* – Joh 14, 1–12: *Wer mich sieht, sieht den Vater*

Ansprache

Transparente Gottes sind Menschen, in denen Jesu Liebe aufleuchten kann, die Gott in dieser Welt durchscheinen lassen. Eltern, Geschwister, Freunde, heilige Menschen fallen mir ein, die für mich leuchtende Transparente für Gottes Nähe und Liebe waren oder sind. Franz von Assisi war ein leuchtendes Transparent für den guten, menschenfreundlichen Gott. Jesus konnte in seinem Leben so aufleuchten, daß die Menschen den heiligen Franziskus einen zweiten Christus nannten. Transparente Gottes sind auch Mutter Teresa, Roger Schutz und viele andere Menschen, die bewußt nach dem Beispiel Jesu leben. Zum Glück gibt es in dieser dunklen Zeit Menschen, die Gottes Güte und Liebe, sein Licht durchscheinen lassen. Gott sei

Dank, gibt es Menschen, die in dieser dunklen Welt leuchtende Transparente Gottes sind.
In der Taufe wurden uns Gottes Licht und Gottes Liebe geschenkt. In jedem Gottesdienst empfangen wir sie neu. Immer, wenn wir uns vom Licht der Sonne Gottes treffen lassen, die Strahlen seiner Liebe in uns aufnehmen, werden wir durchscheinender für ihn. Wenn wir geschwisterlich, gerecht und barmherzig miteinander umgehen und leben, leuchtet Gottes Licht in dieser dunklen Welt auf. Wie sich der dunkle Meeresboden durch Bernstein und Krebs verwandelte, so kann auch durch uns die dunkle Welt hell und leuchtend werden. Wir müssen nicht einmal viel dafür tun. Wir müssen unser Licht nur leuchten lassen, Gottes Reich in uns wachsen lassen – wie ein Samenkorn im Acker. Wenn Gott durch uns hindurchscheinen kann, dann wird sich unsere dunkle Welt verwandeln.
Leuchtende, strahlende Menschen, die Gott durchscheinen lassen, sind ein Segen für diese Welt, sie schenken Glück, Hoffnung und neues Leben, sie schaffen Frieden und Gerechtigkeit, sie bewahren Gottes gute Schöpfung vor dem Untergang. Gottes Liebe ist wie die Sonne, sie ist immer und überall da! Ob wir alle seine leuchtenden Transparente in dieser dunklen Welt sind?
Es wäre gut!

Instrumentalmusik *oder* Lied: Wenn du uns leuchtest, leben wir im Licht (aus: „Licht auf meinem Weg", Menschenkinder-Musikverlag, Münster)

Glaubensbekenntnis

4. Kind: Jesus, wir glauben, daß du ganz durchscheinend gewesen bist für den guten Gott. Wer dich gesehen hat, hat Gott gesehen (vgl. Joh 14, 9).

Liedruf GL 448: Amen, wir glauben!

5. Kind: Jesus, wir glauben, daß durch dich Gottes Reich zu uns Menschen gekommen ist, daß es wachsen und sich trotz aller Hindernisse durchsetzen und ausbreiten wird.

Liedruf:

6. Kind: Jesus, wir glauben, daß auch wir durchsichtig werden können für dich, die Sonne unseres Lebens.

Liedruf:

7. Kind: Jesus, wir glauben, daß du das Licht der Welt bist und wir durch dich zum Licht für unsere dunkle Welt geworden sind.

Liedruf:

8. Kind: Jesus, wir glauben, daß Gottes Reich sich durch Menschen ausbreitet, die versuchen, so zu leben, wie du es uns gezeigt hast.

Liedruf:

9. Kind: Jesus, wir glauben, daß Gottes Reich in uns ist und sich ausbreiten kann, daß wir aus der Verbindung mit dir anderen Schutz und Hilfe schenken können.

Liedruf:

Gabenbereitung Instrumentalmusik

Gabengebet

Guter Gott, Brot und Wein, Früchte der Mutter Erde und der menschlichen Arbeit, stehen auf dem Altar. Wir bitten dich, verwandle uns mit diesen Gaben, daß wir Transparente werden für die Sonne, die du bist, damit Licht und Freude unter den Menschen groß werden. Darum bitten wir durch Jesus Christus, der mit dir lebt und liebt in Ewigkeit. Amen.

Zweites Hochgebet für Meßfeiern mit Kindern

Präfation

Es ist gut und richtig, dir, Gott, immer und überall zu danken, denn du bist wie die Sonne, die uns Leben und Freude gibt. Wir danken dir, daß deine Strahlen unsere Welt erreichen und sie warm, hell und heil machen. Wir danken dir für Jesus, dein schönstes Bild. Er ist ein leuchtendes Transparent für dich, für deine Liebe und Gerechtigkeit. Er ist die Sonne unseres Lebens, die unbesiegbare Sonne, die strahlend aufgegangen ist nach der dunklen Nacht des Todes. Durch ihn können auch wir leuchtende Menschen werden und sein, die dein Licht durchscheinen lassen auf dieser oft so dunklen Erde. Mit allen, die in deinem Licht leben, singen wir zu deinem Lob:

Heilig-Lied GL 510: Heilig, heilig

Vater unser

Friedensgruß

Lied: Herr, geh mit, Herr, geh mit auf den dunklen Wegen (aus: „Licht auf meinem Weg") – *oder* Kanon/Tanz: Mache dich auf und werde Licht

Kommunion

Dank Lied GL/EA 013: Wenn der Himmel in unsere Nacht fällt (T: W. Offele / M: Hans Florenz 1979) – *oder* GL 555: Morgenstern der finstern Nacht

Schlußgebet

Gott, du bist unser Himmel, du unsere Sonne. Wir danken dir für dein Wort, für das Brot des Lebens, für deine Nähe und Liebe. Hilf uns, dich durchscheinen zu lassen, wo immer wir leben. Danke, daß du uns zutraust,

Transparente für dich zu sein in dieser dunklen Welt. Laß dein Licht leuchten durch Jesus Christus und durch alle, die sich zu ihm bekennen. Amen.

Kanon: Mir ist ein Licht aufgegangen (aus: „Licht auf meinem Weg")

 # Das Leben selbst
in die Hand nehmen

Märchen: „Das Mädchen ohne Hände"

Eröffnung
Lied-Tanz GL 282: Lobet und preiset, ihr Völker, den Herrn

Begrüßung und Einführung
Priester: Schaut euch eure Hände ruhig an. Sie sind Wunderwerke. Überlegt, was die Hände euch bedeuten, wofür ihr sie braucht.
1. Kind: Mit unseren Händen können wir fühlen, tasten, streicheln, Zärtlichkeit und Liebe schenken.
2. Kind: Mit unseren Händen können wir helfen und halten, beschützen und tragen.
1. Kind: Mit unseren Händen können wir geben und nehmen, musizieren, arbeiten und beten.
2. Kind: Mit unseren Händen können wir greifen, uns vergreifen, begreifen und handgreiflich werden.
1. Kind: Mit unseren Händen können wir essen, schreiben, teilen und verteilen.
2. Kind: Mit unseren Händen können wir Hoffnung, Frieden, Freude und Leben schenken.

Besinnung: Pantomime

3. Kind: nimmt das Lektionar und will es auf den Ambo legen. Meßdiener springt dazu, nimmt Buch weg und sagt:
Meßdiener: Laß das, du kannst das nicht!
3. Kind: schaut seine Hände an und sagt zu sich selbst: Ich kann das nicht! Ich bin nichts Besonderes.
Geht ans Mikrophon, versucht es anzufassen.
Küster: ruft: Finger weg! Geh nur nicht dran!
3. Kind: (durchs Mikrophon) zu sich selbst: Finger weg, ich bin unbegabt!

Liedruf GL/EA 022: Kyrie, Kyrie eleison (P. Janssens-P. Janssens-Musikverlag, Telgte)

4. Kind: geht ans Mikrophon – Mutter hindert es Ich will etwas sagen!
Mutter: Kinder haben nichts zu sagen!
4. Kind: zu sich selbst: Ich trau mich nicht! Ich kann mich nicht ausdrücken!
Hebt Blumenvase vom Altar.
Vater: nimmt Vase weg: Bleib mit deinen Händen davon. Du machst alles kaputt!
4. Kind: Ich bin an allem schuld. Ich habe Angst!

Liedruf:

5. Kind: Holt Schale mit Hostien, will sie zum Altar bringen.
Meßdiener: Geh, ich mach das schon!
5. Kind: Mir traut keiner etwas zu!
Versucht Gitarre zu spielen.
Jugendlicher: Laß die Finger davon. Das schaffst du nie!
5. Kind: Ich bringe nichts fertig. Ich gebe auf.

Liedruf:

Zuspruch der Vergebung

Lied Ls 35: Er hält mein Leben in der Hand (mündlich überliefert)

Gebet

Guter Gott, du kennst unsere Angst, die Angst vor uns selbst, die Angst vor anderen Menschen, die Angst, anderen etwas zuzutrauen, die Angst vor der Zukunft. Befreie uns durch deine Liebe und Nähe. Wir danken dir heute für unsere Hände und für alles, was du unseren Händen anvertraut hast. Laß uns dankbar annehmen, was andere für uns tun. Darum bitten wir durch Jesus Christus, unseren Erlöser. Amen.

Hinführung zum Märchen

Manchen von uns mag es in Kindertagen so ergangen sein, wie wir es im Spiel gesehen haben. Heute fühlen sie sich unfähig, ihr Leben selbst in die Hand zu nehmen. Sie haben Angst, etwas falsch zu machen. Sie fürchten sich, sich vor anderen zu blamieren. Weil sie sich minderwertig fühlen, ihre Wünsche unterdrückt und sich angepaßt haben, können sie sich im Leben nichts herausnehmen, nicht zugreifen und handgreiflich werden. Sie trauen sich nicht, etwas in die Hand zu nehmen und können deshalb auch nichts geben, ihre Talente und Fähigkeiten nicht einsetzen. Ihre verborgenen Schätze sind verschüttet. Sie sind wie verkümmert, ihre Hände sind wie verdorrt. Darunter leiden sie sehr. Das Märchen „Das Mädchen ohne Hände" erzählt davon. Vielleicht finden wir uns darin wieder.

Märchen

Ein armer Müller besaß nichts als seine Mühle mit einem großen Apfelbaum dahinter. Als er einmal im Wald Holz holte, trat ein alter Mann zu ihm und sagte: „Ich will dich reich machen, wenn du mir gibst, was hinter deiner Mühle steht." Der Müller dachte an seinen Apfelbaum und versprach es dem fremden Mann. Höhnisch lachte er: „Nach drei Jahren will ich holen, was mir gehört."

Die Müllersfrau wunderte sich über den plötzlichen Reichtum. Der Müller erzählte von der Begegnung und meinte: „Den Apfelbaum können wir wohl dafür hergeben." – Erschrocken sagte die Frau: „Das ist der Teufel gewesen. Unsere Tochter stand hinter der Mühle und kehrte den Hof."

Die Müllerstochter war schön und fromm. Als der Böse sie holen wollte, wusch sie sich rein und machte mit Kreide einen Kranz um sich. Weil der Teufel ihr nicht nahe kommen konnte, sprach er zornig zum Müller: „Nimm ihr das Wasser weg, damit sie sich nicht waschen kann, denn sonst habe ich keine Gewalt über sie. Der Müller tat es. Das Mädchen weinte auf ihre Hände, so daß sie ganz naß waren. Weil der Teufel ihr wieder nicht nahen konnte, schrie er den Müller an: „Haue ihr die Hände ab, sonst kann ich ihr nichts anhaben. Wenn du es nicht tust, hole ich dich selber."

Voller Angst sagte der Müller zum Mädchen: „Mein Kind, wenn ich dir nicht beide Hände abhaue, so führt mich der Teufel fort. Hilf mir in meiner Not und verzeihe mir, was ich Böses an dir tue." Die Tochter sagte: „Lieber Vater, macht mit mir, was ihr wollt, ich bin euer Kind." Sie legte beide Hände hin und ließ sie sich abhauen. Sie weinte so viel auf die Füße, daß sie ganz rein waren. Da mußte der Teufel auch beim dritten Mal weichen und hatte alles Recht verloren.

Der Müller versprach, zeitlebens gut für sie zu sorgen. „Hier kann ich nicht bleiben; ich will fortgehen", sagte die Tochter. Beim Sonnenaufgang machte sie sich auf den Weg. Nachts kam sie zu einem königlichen Garten. Im Mondlicht sah sie köstliche Früchte auf den Bäumen. Ein Wasser aber war rings herum. Weil sie Hunger hatte und nicht an die Früchte konnte, bat sie Gott um Hilfe. Ein Engel machte eine Schleuse in dem Wasser zu. Der Graben wurde trocken, und sie konnte hindurchgehen. Mit dem Mund aß sie eine Birne vom Baum. Der Gärtner sah es, wagte aber nicht, sie anzusprechen.

Am nächsten Morgen entdeckte der König, daß eine Birne fehlte. „Wer ist über das Wasser gekommen?" fragte er den Gärtner. Dieser antwortete: „Es muß ein Engel gewesen sein, deshalb habe ich mich gefürchtet und nicht gefragt und nicht gerufen." „Ich wache diese Nacht mit dir", sagte der König. Er brachte einen Priester mit, der den Geist anreden sollte. Um Mitternacht kam das Mädchen, vom Engel begleitet, zum Baum. „Bist du ein Geist oder bist du ein Mensch?" fragte der Priester. „Ich bin ein armer Mensch, von allen verlassen, nur von Gott nicht", antwortete das Mädchen.

Der König nahm das Mädchen mit in sein Schloß, ließ ihm silberne Hände machen und heiratete es. Nach einem Jahr gebar sie einen schönen Sohn.

Die Mutter schrieb ihrem Sohn, der im Feld war, einen Brief mit der frohen Nachricht. Der Teufel vertauschte den Brief. Nun las der König, daß seine Frau einen Wechselbalg zur Welt gebracht hätte. Der König erschrak, schrieb aber zurück, man solle seine Frau gut pflegen. Der Teufel vertauschte abermals den Brief. Die alte Mutter erschrak, als sie las, sie sollte die Königin und das Kind töten. Weil sie es nicht glauben wollte, was der Sohn schrieb, schickte sie ihm nochmals einen Brief. Die gleiche Antwort kam zurück. Als Wahrzeichen solle sie Zunge und Augen der Königin aufheben. Da schickte die alte Königin das Mädchen fort: „Geh mit deinem Kind in die Welt und komm nie wieder zurück!"

Mit dem Kind auf dem Rücken ging die arme Frau weinend fort. Im großen wilden Wald betete sie zu Gott. Ein Engel kam und führte sie zu einem kleinen Haus mit der Aufschrift: „Hier wohnt ein jeder frei". Sieben Jahre blieb sie in diesem Haus. Durch Gottes Gnade wuchsen ihr nach und nach die Hände wieder.

Als der König nach einem Jahr Frau und Kind sehen wollte, zeigte die Mutter ihm die geschriebenen Briefe und bekannte, daß sie Frau und Sohn in die Welt geschickt hatte. Sieben Jahre zog der König umher und suchte Frau und Kind in Steinklippen und Felsenhöhlen. Endlich fand er im Wald das Häuschen mit der Aufschrift: „Hier wohnt jeder frei". Er kehrte ein, legte sich schlafen und deckte ein Tuch über sein Gesicht. Frau und Kind gingen hin, wo er lag. Das Tuch fiel vom Gesicht. Das Kind hob es auf und deckte damit das Gesicht wieder zu. Der König erwachte und fand Frau und Kind wieder. Froh sagte er: „Ein schwerer Stein ist von meinem Herzen gefallen." Zusammen gingen sie nach Hause, feierten noch einmal Hochzeit, und sie lebten vergnügt bis an ihr seliges Ende.
(Brüder Grimm, Nr. 31)

Meditative Musik

Evangelium
Heilung des Mannes mit einer verdorrten Hand Mk 3, 1–6

Ansprache
Bibel und Märchen erzählen davon, daß Menschen, die unfähig sind, ihr Leben selbst in die Hand zu nehmen, geheilt werden. Menschen mit verdorrten oder abgehackten Händen sind nicht in der Lage, selbständig zu handeln, eigenhändig zuzugreifen, sich zu nehmen, was sie brauchen. Da, wo Menschen keine oder verdorrte Hände haben, wo sie unfähig sind, selbst zu handeln, sich zu nehmen, was sie brauchen, da können helfende Menschen nur Prothesen, kostbare Silberhände anbieten, in denen aber kein eigenes Leben, kein Gefühl und kein eigener Wille wohnen. Wer mit Prothesen leben muß, bleibt abhängig von anderen Menschen. Menschen, die auf Kosten anderer reich geworden sind wie der Müller, oder auch solche, die dem anderen alles geben wollen, was sie sich wünschen, wie der Kö-

nig, verhindern, daß sich Hände entwickeln müssen oder wieder lebendig werden. Mit verdorrten oder silbernen Händen bleiben Menschen auch im Schloß abhängig und auf die Güte anderer angewiesen. In solchen Beziehungen kann auf die Dauer niemand leben. Deshalb macht das Mädchen ohne Hände sich auf den Weg weg vom Elternhaus, weg vom Schloß. Der Mann mit der verdorrten Hand geht in den Tempel. Von Gott fühlen sich beide nicht verlassen. „Ich bin von allen verlassen, nur von Gott nicht!" sagt das Mädchen. Es ist gut, wenn solche Menschen einen treffen, der sagt: „Wenn du von aller Welt verlassen bist, so will ich dich doch nicht verlassen." Solche Menschen wiederholen, was Gott uns schon im Alten Testament zugesagt hat: „Und würden dich auch Vater und Mutter verlassen, ich verlasse dich nie!" (Jes 49, 15) Gott hält seine Zusage, das erfährt das Mädchen ohne Hände, als es mit dem Kind in die Welt geschickt wird. Mißverstanden, einsam und verlassen, kniet das Mädchen im Wald nieder und betet zu Gott. Da, wo es auf nichts und niemand mehr zählen kann, wird Gott ihm zum absoluten Schutz und Halt. Das Mädchen verläßt sich auf Gott, erwartet alles von ihm. Alles von Gott erwarten, auf ihn die ganze Hoffnung setzen, das ist Gnade. Das Märchen sagt an dieser Stelle ausdrücklich: Ohne Bezug zu Gott, ohne bei ihm Halt und Hilfe zu suchen, wird kein Mensch heil. Gott, der allen Notleidenden nahe ist, führt durch einen Engel das Mädchen zu einem kleinen Haus mit der Aufschrift: „Hier wohnt jeder frei". Gott kann durch seine Engel in unser Leben eintreten und uns dahin führen, wo wir ein Lebensrecht haben. Es ist in Gott und nur durch ihn möglich, daß diese Welt zu einem Haus wird, in dem jeder Mensch frei wohnen kann. Gott liebt uns. Er will unser Leben, und das gibt uns die absolute Berechtigung, frei in dieser Welt zu leben. Durch Gott und seine Gnade ist es möglich, unser Leben neu zu beginnen. Er heilt uns, gibt uns zurück, was uns an Fähigkeiten genommen oder zerstört wurde. Durch Gottes Gnade wachsen dem Mädchen wieder neue Fähigkeiten zu, das Leben selbst in die Hand zu nehmen. Durch Jesu Hilfe bekommt der Mann in der Synagoge wieder gesunde Hände. Beide können nun selbständig handeln, greifen und zugreifen, wo es nötig ist. Gott heilt, heilt durch Jesus, was Menschen zerstören oder lahmlegen. Durch Gottes Gnade, durch Jesu Handeln wird Menschen – wird auch uns – neues Leben geschenkt, wird es möglich, frei, unabhängig und selbständig in dieser Welt zu leben.

Stille

Fürbitten

Priester: Gott ist der tragende Grund unseres Lebens. Auf ihn setzen wir unsere ganze Hoffnung. Wir bitten:

Erwachsener: Für alle, die andere Menschen als eine Art „Apfelbaum" betrachten, als ein Wesen, das ihnen Nutzen bringt, das sich willenlos abernten und leerplündern lassen muß. Öffne ihnen Augen und Herz für die einmalige Würde jedes Menschen.

Alle: Wir bitten dich, erhöre uns!

1. Kind: Für alle, die durch die Härte anderer Menschen leiden müssen, daß sie Hilfe finden und geheilt werden. **A.:**

Erwachsener: Für alle, die auf Kosten anderer reich geworden sind. Laß sie erkennen, wie unmenschlich sie sich anderen gegenüber verhalten haben. Mache sie bereit, zu teilen mit allen, die in Not sind. **A.:**

2. Kind: Für alle, die sich einsam und verlassen fühlen, daß sie bei dir Hilfe und Halt finden. **A.:**

Erwachsener: Für alle, die anderen Leid und Schmerz zufügen, die sich oder andere verstümmeln oder lahmlegen, daß ihnen Vergebung und Heil geschenkt wird. **A.:**

3. Kind: Für alle, die sich selbst und anderen nichts zutrauen, daß sie Menschen finden, die ihnen Glauben und Vertrauen schenken und die feste Gewißheit: „Ich verlasse dich nie!"

Erwachsener: Für alle, die ihr Leben nicht selbst in die Hand nehmen können, daß sie Menschen finden, die ihnen Leben ermöglichen. Laß sie Halt, Heil und Hilfe bei dir finden. **A.:**

Jugendlicher: Für uns alle, daß wir uns von Gott geliebt wissen und durch ihn in dieser Welt frei und unabhängig wohnen können. **A.:**

Priester: Gott, schenke uns dein Heil durch Jesus Christus, durch den du uns zum Leben in Freiheit berufen hast. Amen.

Gabenbereitung
Stille – oder meditative Musik

Gabengebet
Guter Gott, wenn wir uns für Gerechtigkeit und Frieden einsetzen sollen, dann sind unsere Hände oft lahm. Nimm jetzt Brot und Wein aus unseren Händen an und verwandle uns mit diesen Gaben in Menschen, die mit ihren Händen helfen und heilen, trösten und teilen, so wie Jesus, dein Sohn, es getan hat. Amen.

Zweites Hochgebet für Meßfeiern mit Kindern

Präfation

Wir danken dir, guter Gott, daß du uns liebst und immer für uns da bist, daß wir unsere ganze Hoffnung auf dich setzen dürfen. Wir danken dir für Jesus, der besonders denen geholfen hat, die krank und benachteiligt waren. Durch ihn hast du uns allen Hilfe und Heil geschenkt. Wir danken dir, daß wir durch ihn in dieser Welt frei wohnen können. Mit allen Erlösten im Himmel und auf Erden singen wir zu deinem Lob:

Heilig-Lied GL 427: Heilig

Vater unser

Friedensgruß
Lied KD 30: Friede und Licht auf dem verlorenen Gesicht (Text und Melodie aus Chartres)

Kommunion

Dank Lied GL 165, 1.–3. Str.: Sag ja zu mir, wenn alles nein sagt – *oder* KD 58: Ich will dir danken, weil du meinen Namen kennst (T: R. Daffner/ M: aus England)

Schlußgebet
Befreiender Gott, bei dir sind wir zu Hause. Wir danken dir, daß du Jesus, das Heil der Welt, in unsere ausgestreckten Hände gelegt hast. Laß durch ihn unser Leben heil und neu werden. Darum bitten wir durch ihn, der mit dir lebt und liebt in Ewigkeit. Amen.

 # Sorget nicht

---

Eröffnung
Lied GL 292: Herr, dir ist nichts verborgen – *oder* GL/EA 044: Gehet nicht auf in den Sorgen dieser Welt (T: nach einem französischen Lied / M: aus England)

Begrüßung und Einführung
„Sorget nicht", verlaßt euch auf Gott, der euch mit seiner Liebe umsorgt, sagt uns das heutige Evangelium. Viele Menschen ärgern sich über das Wort Jesu: „Sorget nicht!" Sie sagen: „Wer kann heute schon unbesorgt leben?" „Sorget nicht!" – Über dieses Wort des Evangeliums wollen wir heute nachdenken.
Mutter: Das Wort Jesu: „Sorget nicht!" ärgert mich. Ich bin mit Sorgen versorgt. Ich mache mir Sorgen um meinen Mann. Ich habe Sorgen, ob er seine Arbeitsstelle behalten kann. Ich mache mir Sorgen um die Gesundheit meiner Kinder und um ihre Ausbildung. Ich wäre froh, wenn ich nicht für meine alten Eltern sorgen müßte, die unversorgt sind.
1. Kind: Auch wir Kinder haben viele Sorgen. Wir haben Sorgen um unsere Noten, um unsere Zeugnisse; Sorgen, daß wir nicht beachtet werden und in der Schule nicht mitkommen.

Jugendlicher: Ich mache mir Sorgen um meine Zukunft. Wer besorgt mir einen Studienplatz, eine gute Arbeitsstelle?

Priester: Jesus warnt vor allen ängstlichen und unnützen Sorgen. Er ist gekommen, um unsere Sorgen und Lasten mit uns zu tragen. „Werft all eure Sorgen auf den Herrn!", vertraut sie ihm an, überlaßt sie ihm. Gott sorgt für uns. Er hat unser Leben in seiner Hand. Das ist Frohe Botschaft.

Besinnung

2. Kind: Gott, es fällt uns schwer zu glauben, daß du für uns sorgst, uns mit deiner Liebe umsorgst. Vergib, wenn wir alles von uns und unserer Leistung erwarten.

Liedruf Ls 156, 1. Str.: In Sorgen schau ich auf zu dir (aus: Liedmesse für die Fastenzeit, Hoppe + Werry)

3. Kind: Gott, du willst, daß wir uns dir und deiner Sorge anvertrauen. Vergib, wenn wir mißtrauisch und ängstlich besorgt sind.

Liedruf:

Erwachsener: Gott, du weißt, wie leicht wir unser eigenes Tun und Wirken überschätzen und wie wenig wir bedenken, was wir alles schon von dir empfangen haben.

Liedruf:

Zuspruch der Vergebung

Loblied GL 274: 1.3.6. Str.: Dich will ich rühmen, Herr und Gott

Gebet

Guter Gott, du sorgst für uns wie ein Vater und eine gute Mutter. Du gabst uns das Leben. Du erhältst es. Gib uns das feste Vertrauen, daß wir in deiner Hand sicher und geborgen sind. Laß uns mit Jesus in deinem Licht und in deiner Liebe leben heute und an allen Tagen. Amen.

Evangelium

Gott sorgt für euch! Mt 6,25–34

Ansprache

Sören Kierkegaard erzählt: Es war einmal eine Wildtaube, die ihr Nest im Wald gebaut hatte. In der Nähe wohnten zahme Tauben auf einem Bauernhof. Die Wildtaube unterhielt sich öfter mit den zahmen Tauben. Eines Tages gurrte die Wildtaube: „Ich bin glücklich und zufrieden. Ich habe täglich, was ich zum Leben brauche. Um den morgigen Tag mache ich mir keine Sorgen. Was morgen ist, das überlasse ich Gott." Die zahmen Tauben sagten: „Nein, so leichtsinnig sind wir nicht! Unsere Zukunft muß sicher sein, sonst können wir nicht ruhig leben. Wir sammeln Vorräte, um für den Winter versorgt zu sein. Wer weiß, ob der Bauer genug Vorräte in seine

Scheune bringt? Wir möchten sicher sein, damit uns nichts passieren kann."

Als die Wildtaube nach Hause kam, dachte sie lange über das Gespräch nach. Es schien angenehm zu sein, viele Vorräte zu haben. „Ich bin unversorgt", sagte sich die Wildtaube. „Ich muß Vorräte sammeln, damit ich nicht eines Tages auf meine zahmen Verwandten angewiesen bin." Eilig begann sie Vorräte zu sammeln. Sie sammelte so viel, daß sie kaum Zeit zum Essen fand. Sie sammelte und sammelte, aber zu Reichtum kam sie nicht. Ihre Vorräte, die sie an einem scheinbar sicheren Ort versteckt hatte, waren immer verschwunden. Sie fand wie früher jeden Tag ihre Nahrung, aber sie konnte sich nicht mehr darüber freuen, sie nicht mehr genießen. Ihre Ruhe war dahin. Die Sorge um die Zukunft quälte sie. Nahrungssorgen ließen ihr keine Zeit und keine Ruhe. Die Freude war dahin. Ihr Federkleid verlor die Farbenpracht. Sie konnte nicht mehr leicht und unbeschwert fliegen, ihre Tage gingen dahin im Suchen nach Reichtum und Sicherheit. Sie verglich sich dauernd mit den reichen Schwestern vom Bauernhof und wurde neidisch. Sie fand genügend Nahrung, doch es war so, als würde sie nicht mehr satt. Sie hungerte sogar für spätere Zeiten. Die Sorge um den morgigen Tag hielt sie gefangen, machte sie unfrei. Manchmal überlegte sie: „Lohnt es sich, diesen Preis für ein sicheres Auskommen zu zahlen?" Schließlich wollte sie ihre zahmen Verwandten überlisten. Sie flog zum Bauernhof und setzte sich zu den Verwandten. Als sie bemerkte, wo die Vorratskammer war, flog sie auch dorthin, um sich mit den anderen satt zu essen. Als der Bauer die fremde Taube entdeckte, schloß er den Taubenschlag und sperrte die Wildtaube ein. Am nächsten Tag wurde sie geschlachtet. Nun war sie frei von allen Nahrungssorgen.

(nach: Sören Kierkegaard „Die Wildtaube" aus „Damit unser Leben gelingen kann" von Paul Jakobi, Mathias Grünewald-Verlag, S. 37 ff)

Vielleicht ärgern wir uns über diese Erzählung, weil wir doch alle nach Sicherheit schreien, weil wir uns alle absichern und versichern, weil wir alle Vorräte sammeln. Was haben wir nicht alles angehäuft? Dinge, die wir oft gar nicht brauchen. Das Glück, das wir uns von ihnen erhofft haben, steht noch aus. Berge von Spielzeug haben sich in vielen Kinderzimmern angehäuft; dennoch quälen Kinder ihre Eltern, weil sie auch das Spielzeug haben möchten, das der Freund bekommen hat. Die Wildtaube war zunächst zufrieden, glücklich, frei und unabhängig. Erst als sie sich mit den anderen verglich und als sie ihre Zukunft gesichert wissen wollte, geriet sie in Panik und fing eifrig an zu sammeln. Wäre die Wildtaube geblieben, was sie war, ein freier Vogel des Himmels, dann hätte sie täglich sich ihres Lebens freuen können und sie hätte gehabt, was sie zum Leben brauchte.

Vielen Menschen ergeht es wie der besorgten Wildtaube. Sie vergleichen sich dauernd mit anderen, schauen neidisch auf das, was sie haben und können. In der Angst, weniger zu haben, weniger zu können, weniger gesehen und erlebt zu haben, jagen sie unruhig und gehetzt durch das Leben.

Wer sein Leben mit Angst und Sorge füllt, wird leicht unfrei und versklavt. In der Sorge um Sicherheit, um eine gesicherte Zukunft finden sie keine Ruhe, keine Freude, keine Zeit, wirklich zu leben. Dabei verdanken wir unser Leben, alles, was wir sind und haben, anderen Menschen, die uns lieben, zu uns stehen und wollen, daß es uns gibt. Wir überschätzen leicht das, was wir tun und haben, und übersehen, was uns alles schon geschenkt wurde. Statt uns weiterhin beschenken zu lassen, sorgen wir uns ängstlich um die Zukunft und lassen uns von unseren Sorgen versklaven und gefangennehmen. Das Evangelium sagt uns heute: „Sorget nicht!" Wir sollen uns nicht ängstlich sorgen, weil wir geschenkt bekommen, worauf es wirklich ankommt in unserem Leben. Das Evangelium sagt uns, daß das, worum wir uns sorgen und abmühen, nicht das Wichtigste, das Eigentliche in unserem Leben ist. Das Leben wird uns täglich geschenkt. Wir können es mit all unseren Sorgen um keinen Tag verlängern. „Sorget nicht!" sagt Jesus, denn alles, was ihr seid und habt, ist Geschenk des liebenden Gottes, der wie ein Vater, wie eine Mutter für euch sorgt, weil er euer Glück und Leben will. Gott wird für euch viel mehr sorgen als für die Vögel des Himmels und für die Blumen des Feldes. Darum laßt alle übertriebene Sorge und Vorsorge. Wer sich Gott und seiner gütigen Sorge überläßt, der ist sicher und frei. Weil Gott möchte, daß wir froh und glücklich leben, daß wir teilen, was wir haben, und in Liebe füreinander sorgen, deshalb sagt Jesus uns heute: „Sorget nicht!" Glaubt an Gott! Verlaßt euch auf ihn. Er wird sorgen! Er sorgt, wenn ihr in seiner Liebe lebt und tut, was richtig und wichtig ist. Darum überlaßt eure Zukunft Gott.

Stille

Dietrich Bonhoeffer hat auch in schweren Stunden auf Gott vertraut. In seiner Todeszelle schreibt er: „Von guten Mächten wunderbar geborgen, erwarten wir getrost, was kommen mag. Gott ist mit uns am Abend und am Morgen und ganz gewiß an jedem neuen Tag."

Lied-Tanz Von guten Mächten wunderbar geborgen (T: D. Bonhoeffer / M: Siegfried Fietz)

Gabenbereitung
Stille

Gabengebet
Liebender Gott, du sorgst für uns. Wie in zwei großen Händen hältst du uns. Wir sind darin geborgen wie ein Vogel im Nest. Nimm mit Brot und Wein uns selbst mit allen Sorgen an und laß uns voll Vertrauen in deiner Güte leben durch Jesus, unsern Freund und Bruder. Amen.

Drittes Hochgebet für Meßfeiern mit Kindern

Präfation
Es ist gut und richtig, dir Vater, immer und überall zu danken, weil wir geborgen sind in deiner schützenden Hand. Du kennst unsere Namen, unsere Sorgen und Nöte. Du hast uns schon oft gerettet aus Not und Gefahr. Wir danken dir für Jesus, deinen Sohn. Er hat uns gezeigt, wie wir frei und glücklich leben können. Er hat sich dir ganz anvertraut und wußte sich in deiner Nähe sicher und geborgen. Deshalb wagte er es, ganz für die Menschen dazusein. Mit allen, die sich von ihm beschenkt wissen im Himmel und auf Erden, singen wir zu deinem Lob:
Heilig-Lied GL 491: Heilig, heilig

Vater unser

Friedensgruß
Lied Ls 96: Alles vermag ich in dem, der mich stark macht (aus: Franziskuslob) – *oder* Ls 69: Immer auf Gott zu vertrauen (aus: Liedmesse für die Fastenzeit, Hoppe + Werry)

Kommunion

Dank Liedvers Ls 82: Danket, danket, singt ein neues Lied (Mariapoli, Neue-Stadt-Verlag)

Schlußgebet
4. Kind: Guter Gott, du liebst mich. Du kennst mich. Wenn ich mich setze, wenn ich aufstehe, dann siehst du es. Wenn ich ruhe, wenn ich schlafe, dann wachst du über mich. **Liedvers**
5. Kind: Gott, du kennst meine Sorgen, du weißt, was mir Kummer macht. Du bist mir ganz nahe. Von hinten und von vorn umschließt du mich. Deine Hand hast du auf mich gelegt. Wunderbar ist es, Gott, das zu wissen. **Liedvers**
6. Kind: Gott, du weißt alles. Du weißt, was ich denke, du weißt aber auch, daß ich dich liebhabe. Fülle mich mit deiner Liebe und sättige mich mit deinem Leben, dann bin ich sicher und frei. **Liedvers**

Eine andere Möglichkeit:

Evangelium Mt 6,25–34
Dia Meditation (Dia Meditation Nr. 2, Impuls-Studio, München)

Priester: Jesus sagt: Niemand von euch kann zwei Herren dienen. Ihr könnt nicht Gott und dem Geld dienen.
Lektor: Niemand kann zwei Herren dienen. Ihr müßt euch entscheiden, zu wem ihr haltet, worauf ihr euch mit eurer ganzen Lebenskraft ausrichtet.

Macht nicht das Geld zum Herrn eures Lebens. Laßt euch nicht vom Geld noch von anderen Dingen versklaven.

Priester: Macht euch nicht so viele Sorgen um euer Leben. Fragt nicht dauernd: Was soll ich essen? Was soll ich anziehen? Euer Leben ist mehr wert als die Nahrung, und ihr seid viel mehr wert als eure Kleidung.

Lektor:

1. Dia: Schaut euch doch den Vogel an. Er sät nicht. Er erntet nicht. Er sammelt keine Vorräte. Er macht sich keine Sorgen. Der Vater im Himmel sorgt für ihn. Er ernährt ihn. Seid ihr nicht viel mehr wert als ein Vogel? Wenn Gott schon so gut für einen Vogel sorgt, dann sorgt er ganz sicher für euch, seine Kinder.

2. Dia: Schaut euch den Vogel an. Er tut, was für ihn richtig ist. Er macht alles zu seiner Zeit: ohne Hast, ohne Streß, ohne sich zu überfordern. Er unterläßt aber auch nicht, was für ihn jetzt gut ist. Schaut euch den Vogel an. Er lebt und hat alles, was er zum Leben braucht.

3. Dia: Wie man sich bettet, so liegt man. Wer sich auf Sorgen bettet, der kommt nicht zur Ruhe. Wer sich zuviel sorgt, der übersieht, was ihm geschenkt wird. Niemand kann sich selbst das Leben, das Glück, die Freude geben.

Priester: Jesus sagt: Mit all euren Sorgen könnt ihr das Leben nicht um einen einzigen Tag verlängern.

5. Dia: Schaut euch die Blumen an. Seht, wie sie wachsen. Sie arbeiten nicht, sie spinnen nicht, sie weben nicht. Sie blühen in ihrer ganzen Pracht.

6. Dia: Schaut euch die Blume an. Sie ist schön. Sie nimmt an, was ihr geschenkt wird. Solche Schönheit kann man nicht machen. Schönheit ist immer ein Geschenk.

Schaut euch die schöne Blume an. Selbst der reiche König Salomo war in all seiner Pracht nicht so schön gekleidet wie eine von ihnen.

8. Dia: Die Blumen sterben, sie welken dahin. Die verschwenderische Pracht verdorrt. Wenn nun Gott die Blumen für eine kurze Zeit, nur für einen Sommer so prächtig kleidet, um wieviel mehr sorgt er sich dann um euch. Glaubt doch an ihn. Macht euch also keine Sorgen und fragt nicht: Was sollen wir essen? Was sollen wir trinken? Was sollen wir anziehen? Um all das sorgen sich die Menschen, die nicht an Gott glauben. Bei euch soll es nicht so sein. Sorget euch nicht! Euer Vater im Himmel weiß doch, was ihr braucht. Sorgt euch vielmehr um Gott und sein Reich. Sorgt, daß Gott in euch lebendig ist, daß er durch euch für die Menschen dasein kann. Sorgt euch nicht um den morgigen Tag. Jeder Tag hat seine Plage, und das ist genug.

17 Wer glaubt, wird sehend!

Eröffnung
Kanon: Wo zwei oder drei in meinem Namen (T: Mt 18,20 / M: Jesus-Bruderschaft Gnadenthal)

Begrüßung und Einführung
Priester: Oft sind wir mit Blindheit geschlagen. Jesus, der mitten unter uns ist, will uns die Augen öffnen und unser Leben hell machen. In seinem Licht sollen wir alles richtig sehen und besser verstehen können.

Besinnung
1. Kind: Blind ist, wer kranke Augen hat, wer nicht sehen kann, wer in ständiger Dunkelheit lebt.
2. Kind: Blind ist, wer mit geschlossenen Augen durch die Welt geht, wer gleichgültig ist und vieles übersieht.
3. Kind: Blind ist, wer rücksichtslos ist, wer immer nur an sich denkt und die anderen aus dem Blick verliert.
4. Kind: Blind ist, wer immer nur „schwarz" sieht, wer mißtrauisch ist und Angst hat.

Priester:/Alle: Jesus, du Licht der Welt, erbarme dich unser!

1. Kind: Blind ist, wer andere nicht sehen will, wer anderen kein Ansehen schenkt, wer andere nicht kennen und anerkennen will.
2. Kind: Blind ist, wer nicht sieht, wo er gebraucht wird, wer nicht einsieht, daß er helfen und teilen muß.
3. Kind: Blind ist, wer immer nur „rot" sieht und sich in seiner Wut verrennt.
4. Kind: Blind ist, wer alles besser wissen will, wer nicht einsehen will, was für ihn gut und richtig ist, wer alles nur aus seinem engen Blickwinkel beurteilt.

Priester:/Alle: Jesus, du Licht der Welt, erbarme dich unser!

1. Kind: Blind ist, wer keinen Mut und keine Hoffnung hat, wer keinen Sinn im Leben sieht.
2. Kind: Blind ist, wer nicht liebt, wer nicht mit seinem Herzen sieht.
3. Kind: Blind ist, wer nicht glaubt, wer sich von Gott und seinem Licht nicht erleuchten läßt.
4. Kind: Blind ist, – ja, blind ist – jeder, ist jede von uns!
Wir alle brauchen einen, der uns die Augen öffnet für Gott und füreinander.

Priester:/Alle: Jesus, du Licht der Welt, erbarme dich unser!

Priester: Jesus, nimm alle Blindheit von uns. Öffne unsere Augen, damit wir in deinem Licht alles richtig sehen und verstehen. Öffne uns die Augen des Herzens, damit wir sehen, wie sehr du uns liebst und wie nahe du uns bist. Amen.

Lied Ls 180: Kommt, sagt es allen Leuten, helft, daß es auch die Blinden sehen (aus: „Neue geistliche Lieder" G. Bosse-Verlag, Regensburg)

Gebet

Herr, oft ist es in uns und um uns dunkel. Wir sind mit Blindheit geschlagen. Mache unser Leben hell, schenke uns dein Licht und erleuchte uns, damit wir alles richtig sehen und erkennen. Herr, dein Licht vertreibt alle Finsternis und verwandelt alles Dunkle. Laß uns daran glauben, daß dein Licht stärker ist als alle Finsternis, stärker als der Tod. Laß uns in deinem Licht leben heute und an allen Tagen. Amen.

Evangelienspiel (nach Mk 10, 46–52, Lk 18, 35–43)

Priester: Jesus geht mit seinen Jüngern und vielen Menschen nach Jericho. Alle, die ihm folgen, können sehen, den Weg sehen. Jesus aber weiß, daß ganz viele von ihnen blind sind, blind für ihn, blind für Gottes Liebe, die er den Menschen schenken will, blind für den Weg, den er den Menschen zeigen will. Jesus möchte, daß allen die Augen aufgehen, daß allen ein Licht aufgeht und sie in seinem Licht erkennen, wie gut Gott ist.
Als Jesus mit allen, die ihm folgen, durch das Stadttor von Jericho geht, sieht er am Weg einen blinden Bettler sitzen. Er heißt Bartimäus und ist der Sohn des Timäus.
Bartimäus: Ich bin Bartimäus. Ich bin blind. Ich sitze im Dunkel. Ich habe keine Augen für die Welt, für die Menschen, für die schönen Dinge in meiner Umgebung. Ich sitze im Dunkel, im Unglück, im Dreck, in der Sackgasse. Ich kann mich nicht zurechtfinden in dieser Welt. Ich sehe keinen Weg und kein Ziel, für das es sich zu leben lohnt. Ich bin blind. Es sieht düster aus in meinem Leben. Ich habe keine Aussichten.
Wer schenkt mir Licht und Leben?
Jugendlicher: Ich war auch blind. Angst und Einsamkeit haben mich blind gemacht. In meinem Leben sah es auch ganz düster aus. Ich war blind für die Not und die Sorgen der anderen Menschen. Ich habe nur noch mich selbst gesehen. Das war eine schreckliche Dunkelheit in meinem Leben.
Da bin ich einem Menschen begegnet, der mit den Augen der Liebe durch die Welt geht. Er hat ein Auge auf mich geworfen. Er hat mich lange angeschaut. Da sind mir die Augen aufgegangen. Wie Schuppen fiel es von meinen Augen. Seitdem ist mein Leben verändert. Ich sehe alles anders. Ich sehe alles in einem neuen Licht.
Bartimäus: Wie heißt dieser Mensch, der Blinde sehend machen kann?
1. Kind: Jesus von Nazareth heißt er.
Jesus ist das Licht, das in diese dunkle Welt gekommen ist. Er will allen

Licht bringen, deren Leben ganz dunkel und aussichtslos ist. Jesus, das Licht der Welt, ist jetzt ganz in deiner Nähe.

Bartimäus: Jesus, das Licht der Welt, in meiner Nähe? Schade, daß ich für ihn so blind bin! Ob er meine Dunkelheit und mein Elend sieht? Wie oft haben Menschen mich ausgelacht und verspottet. Viele haben sich lustig gemacht über mich. Das tat weh. Manchmal haben sie mich verletzt und tief gekränkt. Aber sie haben das nicht gemerkt. Sie haben nicht gesehen, was sie mir angetan haben. Sie waren blind dafür.

1. Kind: Jesus ist ein Mensch mit guten Augen und mit einem liebenden Blick.

Bartimäus: Ob er auch ein Auge auf mich wirft? Ich muß ihn rufen, ich muß schreien, damit er meine Not sieht und nicht vorübergeht. Er muß mir helfen. Allein komme ich nicht aus dieser Dunkelheit, aus diesem Elend.
Jesus, Sohn Davids, erbarme dich meiner!

2. Kind: Halte deinen Mund! Schrei nicht so laut!

3. Kind: Sei ruhig! Du störst uns! Wir wollen hören, was Jesus sagt.

1. Kind: Kaum schreit er, da sind die Leute auf dem Plan und verbieten ihm den Mund.

Lektor: Deshalb werden so viel Blindheit, so viel Leid, so viel Not und Elend nicht geheilt, weil die Angst vor den Leuten die Leidenden zum Schweigen bringt.

Bartimäus: Sie wollen mir den Mund verbieten, weil meine Not, mein Schreien sie stört! Nein! Ich verstecke mein Leid nicht! Sollen sie reden, tuscheln und sich ihren Mund zerfetzen. Ich schweige nicht! Mein Elend ist zu groß. Ich will nicht in der Dunkelheit, in der Nacht, im Tod bleiben. Es geht doch um meine Zukunft, um mein Glück, um mein Leben. Ich pfeife auf die Leute und schreie:
Jesus, Sohn Davids, erbarme dich meiner!
Jesus, Sohn Davids, erbarme dich meiner!
Meine Sehnsucht nach Licht und Heil ist größer als die Angst vor den Leuten.

1. Kind: Bartimäus, Jesus hat dein Schreien gehört. Er bleibt stehen! Glaube daran, daß er dir helfen kann. Bartimäus, Jesus hat ein Auge auf dich geworfen. Er schaut dich an!

Jesus: Ruft ihn her!

4. Kind: Bartimäus, nur Mut!

5. Kind: Steh auf! Er ruft dich!

6. Kind: Jesus ruft Bartimäus. Aber er geht dem Blinden keinen Schritt entgegen. Bartimäus muß kommen. Der Blinde muß selber den ersten Schritt tun, obwohl es noch dunkel ist in seinem Leben.

Lektor: Obwohl noch alles dunkel und aussichtslos ist, wagt Bartimäus den ersten Schritt. Er sieht nicht, wie es weitergeht, aber er wagt den ersten Schritt – „auf sein Wort hin".

111

Bartimäus springt auf, wirft seinen Mantel weg und geht auf Jesus zu. Das sind die ersten Schritte zur Heilung, zum Heil.

Jesus: Was soll ich für dich tun, Bartimäus?

4. Kind: Das weiß er doch genau. Er sieht doch, daß dieser Mann blind ist.

5. Kind: Jesus fragt, weil er dem Blinden helfen will, seine Not auszusprechen. Wenn ich über meine Not sprechen kann, dann bin ich oft schon befreit, erleichtert, geheilt.

Jesus: Was soll ich dir tun?

Bartimäus: Rabbuni, mein Meister, ich möchte sehen können!

Jesus: Geh! Dein Glaube hat dich geheilt!

4. Kind: Was ich in den Blindheiten meines Lebens brauche, ist also der Glaube.

5. Kind: Ich muß also an mich selbst glauben, an das Gute, das in mir ist, dann sehe ich nicht mehr schwarz, dann bin ich nicht mehr blind vor Neid und Eifersucht.

3. Kind: Ich muß an meine Mitmenschen glauben, daß sie gut sind, daß sie von Gott geliebt sind, dann werde ich von meinen Blindheiten geheilt, von der Wut, die mich rot sehen läßt, die mich blindwütig auf andere einschlagen läßt.

2. Kind: Wenn ich glaube, dann werde ich befreit von der Gleichgültigkeit, die mich blind macht für die Ängste, Sorgen und Nöte der anderen.

7. Kind: Ich muß an Gott glauben, an seine heilende Nähe, dann werde ich befreit von meiner Blindheit.

8. Kind: Ich muß daran glauben, daß Gott mein Leben will, daß er mich liebt und ein Auge auf mich geworfen hat, dann werde ich befreit von meinem Mißtrauen, das mich blind macht, dann kann ich wieder mutig und froh in die Zukunft blicken.

9. Kind: Ich muß an Jesus Christus glauben, daß er das Licht der Welt ist, daß ich „auf sein Wort hin" immer den ersten Schritt tun kann, auch wenn es noch dunkel ist in meinem Leben; dann werde ich geheilt von meinen Blindheiten.

Bartimäus: Ich bin geheilt. Ich kann sehen. Jesus hat meine Finsternis hell gemacht. Jesus hat Licht in mein Leben gebracht. Durch ihn sind mir die Augen aufgegangen. Nun sehe ich alles in seinem Licht. Wie Schuppen ist es mir von den Augen gefallen. Jetzt weiß ich: Jesus ist das Licht für diese dunkle Welt. Er will unser Leben hell und froh machen.

Jesus, ich möchte lernen, alles richtig zu sehen. Ich möchte die Welt und die Menschen mit deinen Augen sehen, mit den Augen der Liebe. Ich möchte in deinem Licht leben, Jesus, und mit dir gehen auf deinem Weg. Jesus, ich möchte dein Licht anderen Menschen schenken.

Lektor: Bartimäus ist geheilt, weil er an Jesus geglaubt hat. Jesus hat ihm die Augen geöffnet, und Bartimäus erkennt, wer Jesus für ihn ist. Er bleibt bei ihm und folgt ihm auf seinem Weg.

Bartimäus: Glaubt an Jesus! Er ist das Licht der Welt. Er kann euch heilen von all euren Blindheiten. Er will euch die Augen öffnen, damit ihr ihn erkennt und ihm folgt auf seinem Weg.

Instrumentalmusik

Fürbitten

Priester: Herr, wer an dich glaubt, wird sehend. Wer glaubt, sieht sein Leben im Licht Gottes ganz neu. Wir bitten dich:

Liedruf UL 26: Es werde Licht, das die Nacht durchbricht (W. Willms / P. Janssens)

5. Kind: Im Leben vieler Menschen sieht es düster aus. Sie wissen nicht, wie es weitergehen soll. Sie finden keinen Weg, weil ihnen alles aussichtslos erscheint. Schenke ihnen Lichtblicke, damit sie den Sinn ihres Lebens erkennen.

Liedruf:

6. Kind: Vielen Menschen ist der Blick verstellt, weil sie enttäuscht und traurig sind. Schenke ihnen dein Licht, damit sie glauben können, daß du uns alle in das Reich des Lichtes und der Freude führen willst.

Liedruf:

7. Kind: Unglaube, Schuld und Sünde verdunkeln das Leben vieler Menschen. Laß in deinem Licht unsere Schattenseiten verschwinden. Mache uns zu einem Lichtstrahl für andere.

Liedruf:

8. Kind: Leid, Krankheit und Tod bringen Dunkelheit in das Leben vieler Menschen. Öffne allen Leidenden die Augen für deine Nähe, damit sie dir folgen auf deinem Weg.

Liedruf:

Priester: Laß uns daran glauben, daß du einmal alle Blindheit von uns nehmen wirst, daß uns in deinem Licht die Augen aufgehen werden und wir dich schauen dürfen für immer. Amen.

Gabenbereitung
Kanon UL 74: Segne, Vater, diese Gaben

Gabengebet
Guter Gott, durch Jesus, deinen Sohn, hast du uns Licht und Leben geschenkt. Laß uns mit Brot und Wein verwandelt werden in glaubende Menschen, die mit neuen Augen sehen. Laß uns mit Jesus Licht und Freude in das Leben anderer Menschen bringen, darum bitten wir heute und an allen Tagen durch Christus, unseren Herrn. Amen.

Erstes Hochgebet für Meßfeiern mit Kindern

Präfation
Wir danken dir, lebendiger Gott, für Jesus, deinen Sohn, durch den du uns Licht und Leben geschenkt hast.
Durch ihn sehen wir alles neu. Durch ihn bereitest du unseren Augen ein großes Fest; darauf freuen wir uns.
Mit allen Engeln und Heiligen singen wir zu deinem Lob:

Heilig-Lied GL 510: Heilig

Vater unser (singen)

Friedensgruß

Danklied GL/EA 002: Jetzt ist die Zeit, jetzt ist die Stunde (A. Albrecht/Edelkötter)

Schlußgebet
Gott, dein Reich beginnt, wo Menschen heil werden, wo sie glaubende und damit sehende Menschen werden. Wir danken dir, daß wir in dieser Feier deine heilende Nähe erfahren durften. Du willst alle unsere Dunkelheiten in Licht verwandeln. Mache uns bereit, dir zu folgen und dein Licht weiterzugeben an alle, die uns heute begegnen. Darum bitten wir durch Jesus Christus, der das Licht für unsere dunkle Welt ist. Amen.

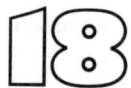

Gott hat ein Herz für uns

Vorzubereiten:
Herzchen als Aufkleber oder zum Umhängen für alle.

Eröffnung
Kanon Tanz GL 282: Lobet und preiset, ihr Völker, den Herrn

Begrüßung und Einführung
Wir alle leben, weil es Menschen gibt, die ein Herz für uns haben, die uns Herzlichkeit und Zuneigung geschenkt haben und noch schenken. In der Liebe dieser Menschen können wir Gott erfahren. Jesus war ein herzlicher Mensch. Durch ihn konnten und können Menschen Gottes Liebe und Zuneigung erfahren. Wo Liebe und Herzlichkeit erfahren werden, da wird das Leben zum Fest.

Besinnung

Mutter: Unsere Erde ist krank, weil wir sie verschmutzen und ausbeuten, weil wir Energien verschwenden und Rohstoffe vergeuden. Saurer Regen, Waldsterben, Katastrophen zeigen, wie krank unsere gute Mutter Erde ist.

Liedruf GL/EA 023: Herr, erbarme dich (P. Janssens) oder GL 473

1. Kind: Menschen sind krank vor Angst und Hunger, krank, weil sie einsam, beziehungslos und hart geworden sind. Krieg, Gewalt und Terror verhindern, daß Menschen sich herzlich begegnen.

Liedruf:

2. Kind: Viele Menschen haben ein hartes, ein steinhartes Herz, weil sie immer nur an sich selbst denken. Sie sehen nur noch sich selbst und nehmen nicht mehr wahr, daß Menschen ihnen offen und herzlich entgegenkommen.

Liedruf:

3. Kind: Manchmal ist auch unser Herz krank, weil wir uns so oft verschließen. Wir unterlassen einen freundlichen Gruß, ein herzliches Wort, eine helfende Tat. Manchmal wagen wir nicht mehr, uns so herzlich zu geben, wie wir sind.

Liedruf:

Zuspruch der Vergebung
Der gute Gott erbarme sich unser. Er nehme das steinerne Herz von uns weg und schenke uns ein neues Herz. Amen.

Lied GL/EA 010: Alle Knospen springen auf (T: W. Willms / M: L. Edelkötter) *oder* GL 268: Singt dem Herrn ein neues Lied – *oder* Ls 215: Unser Leben sei ein Fest (Metternich-Team/P. Janssens)

Gebet
Gott, nur Zuneigung und Herzlichkeit können unsere kranke Welt noch retten. Wir danken dir, daß du uns durch Jesus Christus gezeigt hast, daß du ein Herz für uns hast. Hilf, daß wir uns nach deinem Beispiel in Liebe einander zuneigen und uns herzlich begegnen. Gib uns ein neues Herz und einen neuen Geist durch Jesus Christus, unseren Freund und Bruder. Amen.

Lesung
Aus dem Buch Ezechiel 36, 25–28: Ich nehme das Herz von Stein aus eurer Brust und gebe euch ein Herz von Fleisch.

Ansprache

„Liebe ist nicht nur ein Wort." Liebe muß man erfahren, erleben. Vielleicht hilft uns die Geschichte, etwas von der großen Liebe Gottes zu erahnen: Gott hatte Liebeskummer. Deshalb sagte er: Ihr habt sicher schon bemerkt, daß mir etwas zu Herzen geht. Ich habe mal wieder Liebeskummer mit den Menschen. Sie hängen ihr Herz so sehr an Häuser, Kleider und kostbare Steine, daß dadurch ihre Herzen hart werden wie Steine. Sie verlieren ihr Herz an Geld, Gold und an Wertpapiere. Ihre Herzen sind so verschlossen wie die Tresore, in denen sie Geld und Wertpapiere aufbewahren. Die Menschen schützen ihr Leben durch Waffen und merken nicht, daß sie damit ihr Leben zerstören. Sie sind in Gefahr, ihr Herz, sich selbst zu verlieren. Ich habe mich entschlossen: Ich selbst will Mensch werden, um ihnen zu helfen, menschlich und gut zu leben. Ich muß sie retten und heilen. Den Engeln stockte der Atem. Da sie Gottes große Liebe kannten, trauten sie ihm viel zu. Seiner großen Liebe konnte einfach keiner widerstehen. Und schon war der Erzengel Gabriel auf dem Weg zur Erde, um einen Menschen zu suchen, bei dem Gott ankommen könne. Er kam mit einer guten Nachricht zurück: „Ich habe ein Mädchen gefunden, das hat sein Herz auf dem rechten Fleck. Maria ist offen, herzlich und bereit, dich in ihr Leben einzulassen. Sie ist bereit, ihr Kind auszutragen, selbst wenn ihr Verlobter sie im Stich lassen sollte." – Und so geschah es, daß unter dem Herzen einer Frau der Sohn Gottes heranwuchs. Josef, der Verlobte dieser Frau Maria, nahm das Kind an als sein eigenes, weil er wußte, daß dieses Kind das Geschenk der Liebe Gottes war.

Gott selbst lebte von nun an mit einem menschlichen Herzen. Und das bekamen die Menschen zu spüren, vor allem die, die ihr eigenes Herz noch nicht verhärtet hatten, die noch ansprechbar waren für die Liebe. Und Unmögliches wurde möglich: Blinde konnten sehen, Lahme konnten gehen, Ausgestoßene wurden in die menschliche Gemeinschaft aufgenommen, und für Sünder begann ein neues Leben.

Kirchliche und weltliche Amtsträger aber, die auf Gesetze pochten, konnten mit der Freiheit der Liebe Gottes nichts anfangen. Jesus bedrohte ihr ganzes herzloses System. Da beschlossen sie, ihn zu töten. Der ganze Himmel mußte tatenlos zusehen, wie Jesus gefoltert und schließlich ans Kreuz geschlagen wurde. Jeder Hammerschlag dröhnte in ihren Ohren. Nach seinem Tod öffnete ein Soldat das Herz Jesu. Er stieß einen Speer hinein. Das Herz der Welt schien stillzustehen. Gott sagte: „Jetzt ist es geschehen! Ich kann nicht mehr zurück. Mein Herz gehört den Menschen ein für allemal." Und weil Jesus es gewagt hatte, sein Herz zu verschenken ganz und gar, wird jeder, der versucht, so zu leben wie er, spüren, daß Gottes Liebe stärker ist als der Tod. Gott hat Jesus zum neuen Leben auferweckt. Jesus lebt jetzt mit einem offenen Herzen. Durch sein geöffnetes Herz zeigt er: Gott hat ein Herz für euch, ein Herz für alle Menschen.

Meditatives Orgelspiel

Evangelium

Jesu Herz wird durchbohrt Joh 19,31–37

Stille

Aktion

Wir schenken allen, die hier sind, ein Herz. Es soll ein Zeichen der Liebe sein. Es soll zeigen, daß wir daran glauben, daß Gott uns so sehr liebt, daß er für immer ein offenes Herz für uns hat und daß er uns die Kraft gibt, ein Herz füreinander zu haben. (Herzchen verteilen)

Meditation

Jugendlicher: Das Herz sagt uns: „Ich will dich lieben". Dieses Wort der Zuneigung ist hilflos und schwach. Wer es sagt, der zeigt damit sein Herz und ist leicht zu verletzen.
Kind: „Ich liebe dich", dieses Wort macht froh und bietet Frieden an, es entwaffnet und schenkt Hoffnung auf eine gute Zukunft.
Jugendlicher: Das Herz sagt uns: „Ich will dich lieben". Dieses Wort der Zuneigung sagt, ich interessiere mich für dich. Ich bin für dich da. Ich habe ein Ohr, ein Auge, ein Herz für dich.
Kind: „Ich liebe dich", das ist eine Frohe Botschaft, eine Einladung zur Gemeinschaft und Freundschaft. Wer sagt, daß er uns liebt, der weckt Lebensfreude, verringert Angst und weckt in uns die Fantasie, den anderen zu überraschen.
Jugendlicher: Das Herz sagt uns: „Ich will dich lieben". Dieses Wort läßt in der Wüste von Egoismus und Kälte Quellen aufbrechen und herrliche Oasen entstehen. Es bietet Kontakt an, lockt aus der Einsamkeit heraus und fordert auf, im Alleinsein nicht zu verbittern.
Kind: „Ich liebe dich! – Ich will dich lieben!":
Diese Worte können Wunder bewirken.

Fürbitten

Priester: Gott, du hast ein offenes Herz für uns, darum können wir dir unsere Wünsche anvertrauen:
1. Kind: Rette durch deine Liebe unsere herzkranke Welt, fülle unsere Tage mit Glanz und unsere Nächte mit Licht.

Alle: Wir bitten dich, erhöre uns!

Jugendlicher: Gib uns ein Herz füreinander, und schenke uns die Fähigkeit, daß wir den anderen annehmen, wie er ist, und ihn herzlich lieben. A.:
Erwachsener: Gib uns ein Herz füreinander, und mache uns bereit, in herzlicher Liebe aufeinander zuzugehen, Vorurteile aufzugeben und alles zu tun, damit Mauern zwischen uns verschwinden. A.:
2. Kind: Gib uns ein Herz füreinander, und mache uns bereit, in Liebe einander zu helfen, zu trösten und aufzurichten. A.:

117

Jugendlicher: Gib uns ein Herz füreinander, und laß uns begreifen, daß man nur mit dem Herzen gut sieht, weil das Wesentliche den Augen verborgen bleibt. **A.:**

Priester: Gott, wir danken dir, daß du immer ein offenes Herz für uns hast durch Jesus Christus, deinen Sohn, unsern Herrn. Amen.

Gabenbereitung

Lied GL/EA 041: Wenn das Brot, das wir teilen, als Rose blüht (C. P. März / K. Grahl) *oder* Lied 490: Was uns die Erde Gutes spendet

Gabengebet

Guter Gott, Brot und Wein sind Gaben von dir, Zeichen deiner Liebe und Zuwendung. Verwandle uns mit diesen Gaben in liebende Menschen, die ein Herz füreinander haben und Jesus, deinem Sohn, immer ähnlicher werden. Darum bitten wir dich durch Jesus, der uns deine Liebe geoffenbart hat. Amen.

Zweites Hochgebet für Meßfeiern mit Kindern

Präfation

Guter Gott, wir danken dir für Jesus Christus, deinen Sohn, durch den du uns gezeigt hast, daß du ein Herz für uns hast, ein offenes und liebendes Herz. Wir danken dir, großer Gott, für deine Zuneigung, für deine Gnade, die unser Leben reich und froh macht. Wir danken dir für alle Menschen, die ein Herz für uns haben, die uns auf unserem Lebensweg begleiten und uns etwas von deiner Liebe und Nähe spüren lassen. Mit allen Engeln und Heiligen singen wir zu deinem Lob:

Heilig-Lied Ls 200: Heilig, Heilig, Hosanna in der Höhe (Albrecht/Janssens, aus: „Wir haben einen Traum", P. Janssens-Musikverlag, Telgte)

Vater unser

Friedensgebet

Herr, du sagst uns: Ich will für euch dasein. Ich will nicht über euch sein wie ein Reicher, der seinen Schatz bewacht. Ich will nicht über euch sein. Ich will mich euch zuneigen, um euch mein Herz und meine Liebe zu zeigen. Ich will für euch dasein wie Blumen, Luft und Sonne, wie Erde und Himmel, wie Brot und Wein. Ich will für euch dasein und euch Frieden und Leben geben.

Friedensgruß

Kommunion

Dank
Lied GL/EA 011: Liebe ist nicht nur ein Wort (T: Eckart Bücken / M: Gerd Geerken) – *oder* Kanon-Tanz GL/EA 042: Der Himmel geht über allen auf (Willms/Janssens)

Schlußgebet
Gott, wir haben in dieser Feier deine Nähe und Liebe erfahren. In den Gaben von Brot und Wein hast du dich an uns verschenkt durch Jesus Christus, deinen Sohn, um alle Krankheiten unseres Herzens zu heilen. Gib uns ein neues Herz, das sich nach dem Beispiel Jesu in Liebe an dich und an die Menschen verschenkt. Darum bitten wir dich durch Jesus, der uns gezeigt hat, daß du ein Herz für uns hast. Amen.

Spielend sich einüben in die Vergänglichkeit

Vorzubereiten:
Für viele Kinder die Möglichkeit, Seifenblasen zu erzeugen.

Eröffnung
Etwa 10 Kinder ziehen mit dem Priester und den Meßdienern ein. Die Kinder lassen in der Kirche Seifenblasen aufsteigen.

Lied GL 519: Komm her, freu dich mit uns – *oder:* GL 297: Gott liebt diese Welt

Begrüßung und Einführung
Gespräch:
1. Kind: Was sollen die Seifenblasen hier in der Kirche? Wir wollen doch Gottesdienst feiern!
2. Kind: Hast du nicht gesehen, wie alle Kinder ihre helle Freude an den Seifenblasen hatten? Freude hat doch immer etwas mit Gott zu tun!
Jugendlicher: Ich habe mich gefreut, wie immer wieder schillernde Seifenblasen aufstiegen, große und kleine runde Bälle, zart, hauchdünn, mit Luft gefüllt.
3. Kind: Das Spiel mit den Seifenblasen, die so leicht durch die Luft schweben, macht mich froh. Einmal gelingt mir ein schimmernder Ball, ein andermal nicht. Ich muß mich anstrengen, um schöne Seifenblasen zu haben.

1. Kind: Und warum strengt ihr euch so an für Dinge, die nichts bringen? Nichts bleibt euch! Die Seifenblasen zerplatzen doch sofort wieder.

2. Kind: Wer nur jammert, daß Seifenblasen zerplatzen, kann sich nicht an den neuen Gebilden freuen.

3. Kind: Es macht Spaß, glänzende Bälle in die Luft zu blasen, auch wenn sie schnell und lautlos vergehen. Alles in unserem Leben, in dieser Welt ist doch vergänglich. Da ist es gut, wenn wir uns spielend einüben in die Vergänglichkeit.

1. Kind: Ihr wollt uns heute also an die Vergänglichkeit, an den Tod erinnern?

4. Kind: Nein, vergehen kann nur, was vergänglich ist. Wir möchten euch hinweisen auf das, was unvergänglich ist: auf das Glück. Das Glück ist immer eine Spur von Gott, der ewig ist. Gott selbst ist das Glück, die Quelle allen Glücks.

5. Kind: Öffnet euch für das Glück! Laßt es in euch ein, sonst vergeht es, ohne daß es euch glücklich machen konnte.

Besinnung

6. Kind: Gott, wir wünschen uns für das neue Jahr (Schuljahr) viel Glück. Wie wir uns anstrengen müssen, um schöne Seifenblasen zu haben, so müssen wir auch zu unserem Glück viel beitragen. Laß uns nicht glauben, daß wir nur dann glücklich werden, wenn wir viel leisten und haben.

Liedruf KD 95: Herr, erbarme dich unserer Zeit (P. Janssens)

Jugendlicher: Gott, das Glück schillert wie eine Seifenblase und spiegelt die Welt wieder. Es ist – wie sie – äußerst empfindlich. Laß uns nicht glauben, daß wir Glück erwerben, kaufen oder festhalten können.

Liedruf:

Erwachsener: Gott, damit wir uns an neuen Seifenblasen freuen können, müssen wir die alten lassen. Laß uns nicht Leben und Glück verhindern, weil wir Altes festhalten wollen.

Liedruf:

Zuspruch der Vergebung

Priester: Es ist gut, wenn wir uns spielend einüben in das, was vergänglich ist, denn nur im Loslassen gewinnen wir Neues, das uns geschenkt wird. Alles, was das vergangene Jahr (Schuljahr) an Glück und Freude, an Leid und Trauer gebracht hat, wollen wir Gott lassen, um uns von ihm neu beschenken zu lassen.

Loblied-Tanz: Halleluja, preiset den Herrn / danket dem Herrn (Waltraud Schneider, Getanztes Gebet Nr. 17) – *oder* Kanon KD 102: Ehre sei Gott (Gebhardi, 19. Jh.)

Gebet

Gott, das Spiel mit den Seifenblasen will uns Mut machen, die Augenblicke des Glücks in unserem Leben wahrzunehmen. Jedes Glück, das wir erleben, will uns hinweisen auf das ewige Glück, das du, Gott, selbst bist. Du Quelle des Glücks, du willst uns ewig glücklich machen. Vergänglich sind nur die Augenblicke, in denen uns das Glück geschenkt wird. Laß deine Freude in uns einströmen, dann können wir das Jahr (Schuljahr) getrost hinter uns lassen. Für alles erlebte Glück danken wir dir durch Jesus Christus, der gekommen ist, um uns Glück und Leben für immer zu bringen. Amen.

Evangelium

Von der falschen und der rechten Sorge Lk 12,22–32 (Lektionar für Gottesdienste mit Kindern Bd. II, Nr. 27)
– *oder:* Seligpreisungen Mt 5, 1–13 (Lektionar für Gottesdienste mit Kindern Bd. II, Nr. 26)

Ansprache

Alle Kinder, die die Möglichkeit haben, sollen jetzt noch einmal bunte Seifenblasen aufsteigen lassen, damit wir uns alle die schönen, zarten, schimmernden Bälle in Ruhe ansehen können.

Seht sie euch an, wie sie in allen Regenbogenfarben schillern. Manche halten sich lange, steigen hoch. Leider zerplatzen sie alle. Ob sie klein sind oder groß, alle sind vergänglich. So ist das mit den schönen Seifenblasen. Das Spiel, das euch so viel Freude macht, hat mit unserem Leben zu tun. Manchmal ist es auch so bunt und schillernd. Gerne erinnert ihr euch an die guten, glücklichen Stunden im vergangenen Jahr, wo ihr zusammen gespielt, gelacht, Wichtiges gelernt, Interessantes gesehen und erlebt habt, wo wir miteinander Gottesdienst gefeiert oder in den Gruppenstunden gesprochen, gespielt und gefeiert haben. Manchmal war alles so schön rund, wie eine Seifenblase ist, da hat alles gestimmt. Wir alle haben im vergangenen Jahr Freude und viel Schönes erlebt. Die Seifenblasen sind ein Gleichnis für unser Leben. Da gibt es Augenblicke, die uns glücklich machen, die wir festhalten möchten. Aber wir wissen, das Glück läßt sich nicht festhalten. Die schönen Augenblicke vergehen wie die schillernden Seifenblasen. Was wir aber in unser Inneres hereingeholt haben, das lebt in der Er-innerung weiter. Glückliche Menschen können sich froh an das erinnern, was in der Vergangenheit gut und schön war. Manches war im vergangenen Jahr aber auch bedrückend und schwer. Auch das ist vergangen. In unseren Träumen, die den Seifenblasen gleichen, haben wir Frohes und Trauriges nacherlebt. Die Träume sind für unser Leben sehr wichtig, auch wenn sie schnell vergehen.

Glückliche Augenblicke, Träume vergehen wie Seifenblasen. Das ist in unserem Leben so, und das ist gut so. Niemand kann immer glücklich sein und nur Interessantes erleben. Auch Leid, Enttäuschung, Angst, böse Träume gehören zu unserem Leben. Und es ist gut, daß auch sie vergehen.

Alles, was geschehen ist, was unser Leben froh oder traurig gemacht hat, wollen wir in unser Inneres hereinlassen, wollen wir in unserem Inneren tragen, weil dadurch unser Leben reich wird an Erfahrungen. Das Glück besteht darin, möglichst viele Erfahrungen, frohe und traurige, gute und belastende, tief in uns hereinzulassen, sie betend mit Gott in Verbindung zu bringen und zu durchleben. Diese Er-innerungen prägen uns, machen uns innerlich reifer und reicher. Durch alle Erfahrungen wirkt Gott in unser Leben hinein. Vielleicht haben wir in frohen und glücklichen Stunden seine Nähe und Liebe gespürt und in schweren Stunden seine Hilfe erfahren. Wenn wir solche Erlebnisse in Erinnerung behalten, können wir vertrauensvoll über die Schwelle des neuen Jahres gehen, weil wir uns von guten Mächten wunderbar geborgen wissen. Wir können dann bewußter die schönen, bunten Seifenblasen, die glücklichen Augenblicke und Träume annehmen und auch die schweren Erfahrungen, weil sie uns durch Gott reicher und reifer machen und uns zu guten, frohen Christen heranwachsen lassen.

Lied-Tanz: GL/EA 019: Von guten Mächten wunderbar geborgen (T: D. Bonhoeffer / M: Siegfried Fietz)

Fürbitten

Priester: Gott, wir müssen das vergangene Jahr (Schuljahr) loslassen, damit eine neue Zeit beginnen kann. Solange wir am Vergangenen festhalten, hat das Neue keinen Platz bei uns. Darum bitten wir:

7. Kind: Gott, laß uns neue Menschen werden und mutig in das neue Jahr gehen, weil wir alles Alte und Vergangene dir überlassen. Hilf, daß wir zu unserm Glück beitragen, was möglich ist.

Priester/Alle: Herr, erhöre uns!

Jugendlicher: Gott, wenn wir das Glück festhalten wollen, zerplatzt es wie eine Seifenblase. Hilf, daß wir nicht nur sehen, was wir verlieren, sondern offen sind für das, was du uns schenken willst. **P/A:**

Erwachsener: Gott, wie die Jahre unseres Lebens kommen und vergehen, so können auch Augenblicke des Glücks nur kommen und wieder vergehen. Laß uns das Glück dankbar annehmen als Geschenk deiner Liebe und begreifen, daß alles „Haben-müssen" und „Festhalten-wollen" Todfeinde jeden Glücks sind. **P/A:**

8. Kind: Gott, laß uns in jeder Glückserfahrung spüren, daß wir von dir geliebt sind und in deiner Liebe leben dürfen. **P/A:**

Erwachsener: Schenke uns Zeiten der Ruhe und Stille, des Nachdenkens, um das Glück, das du uns schenkst, tief in uns einzulassen und zu verinnerlichen. **P/A:**

Priester: Glücklicher Gott, laß uns heil werden in deiner Liebe und für immer glücklich sein durch Jesus Christus, unsern Erlöser. Amen.

Gabenbereitung
Lied GL/EA 039: Zeige uns den Weg (T: und M: Richard Strauß-König) –
oder GL 292: Herr, dir ist nichts verborgen

Gabengebet
Guter Gott, wir freuen uns, daß du uns liebst. Deshalb schenken wir dir
Brot und Wein als Zeichen für uns und unser Leben. Gib uns diese Gaben
verwandelt zurück und gib uns durch sie Kraft, dich in der Freude unseres
Herzens zu loben heute und an allen Tagen unseres Lebens durch Jesus
Christus, der gekommen ist, um unsere Zeit in Ewigkeit zu verwandeln.
Amen.

Drittes Hochgebet für Meßfeiern mit Kindern

Präfation
Es ist gut und richtig, es bringt uns Segen und Heil, wenn wir dir, guter
Gott, danken für das vergangene Jahr, für alles, was an guten Erinnerungen
in uns weiterlebt. Wir danken dir für deine Sorge und Hilfe, für deine Liebe
und für deinen Schutz, für deine Nähe und für alles, was du uns geschenkt
hast durch Jesus Christus, deinen Sohn. Er ist gekommen, um uns Glück
und Leben für immer zu schenken. Seinetwegen loben wir dich mit allen
Engeln und Heiligen und singen zu deiner Ehre:

Heilig-Lied GL 510: Heilig

Vater unser Tanz: Vater unser – mach alles neu

Friedensgruß
Priester: Als Zeichen dafür, daß wir Gottes Frieden annehmen und weiterschenken, reichen wir uns jetzt die Hand. Im Frieden wollen wir das alte
Jahr beschließen. Beschenkt mit Gottes Frieden, wollen wir das neue Jahr
beginnen.

Kanon GL/EA 020: Herr, gib uns deinen Frieden (T: Wolfgang Poeplau
/ M: L. Edelkötter) – *oder* KD 30: Friede und Licht (Text und Melodie aus
Chartres)

Kommunion Orgelmeditation

Danklied GL/EA 002: Jetzt ist die Zeit (T: A. Albrecht / M: L. Edelkötter)
– *oder* Kanon KD 116: Jesus Brot, Jesus Wein (T: Barth/Horst / M: P. Janssens, aus: „Uns allen blüht der Tod", P. Janssens Musikverlag, Telgte) – *oder*
GL 280: Preiset den Herrn, denn er ist gut

Schlußgebet

Ewiger Gott, du hast uns gestärkt mit dem Brot des Lebens, das uns Kraft gibt für den neuen Weg. Laß uns das kommende Jahr aus deiner Hand annehmen und offen sein für die Augenblicke des Glücks, die wir nicht selbst bestimmen können. Für alles, was du uns heute und im vergangenen Jahr geschenkt hast, danken wir dir durch Jesus Christus, unsern guten Freund und Wegbegleiter. Amen.

 # Ein neues Jahr

Vorzubereiten:
Leiter in den Altarraum stellen, möglichst mit Mikrophon.

Eröffnung
Lied GL 130, 1. 4. u. 7. Str.: Gelobet seist du, Jesus Christ

Begrüßung und Einführung
Ein neues Jahr hat begonnen. Die Grenze zwischen dem alten und dem neuen Jahr ist überschritten. Aber so einfach wird aus dem alten kein neues Jahr. Ob das kommende Jahr neu wird, das liegt an uns. Ist es uns möglich, das Alte hinter uns zu lassen, die alten Gewohnheiten? Ist es uns möglich, die Menschen mit neuen Augen zu sehen, sie mit neuen Ohren zu verstehen?

1. Kind: Den Schulkameraden, den Spielkameraden, den müssen wir mit ganz neuen Augen sehen, dann wird er für uns neu.

2. Kind: Die Eltern, die Geschwister, die Verwandten müssen wir mit ganz neuen Augen sehen, dann werden sie neu für uns.

Mutter: Den Mann, das Kind, die Nachbarn müssen wir mit anderen Augen sehen, dann werden sie neu für uns.

Priester: Ob das Jahr neu wird, das liegt an uns, ob wir den anderen Menschen mit neuen Ohren hören, mit Ohren, die nichts überhören, die nicht das Falsche heraushören. Wenn wir Gottes Wort mit neuen Ohren hören, dann wird unser Leben neu, dann wird unser Jahr neu.

Kyrie-Ruf GL 129: Licht, das uns erschien

124

Gebet

Gott, ein neues Jahr hat begonnen. Von selbst wird in diesem Jahr nichts neu. Es liegt an uns, ob es ein gutes neues Jahr wird. Gib uns wache Augen, die den anderen Menschen neu sehen. Gib uns Liebe, die verzeiht und einen neuen Anfang setzt. Gib, daß wir die Zeit, in der wir leben, neu sehen lernen. Das kommende Jahr ist neu und einmalig. In jedem Augenblick begegnest du uns neu. Hilf, daß wir alles tun, was dieses Jahr für uns und für andere zu einem guten neuen Jahr macht. Amen.

Lektor:

Nur einmal im Jahr vom Frieden träumen, das ist zu wenig.
Nur einmal im Jahr von Liebe träumen, das ist zu wenig.
Nur einmal im Jahr von Hilfe träumen, das ist zu wenig.
Nur einmal im Jahr von Freude träumen, das ist zu wenig.
Nur einmal im Jahr von Freiheit träumen, das ist zu wenig.
Nur einmal im Jahr von Jesus träumen, das ist zu wenig.
Nur einmal im Jahr von Gott träumen, das ist zu wenig.
Aber einmal im Leben einen Traum verwirklichen, das ist genug!

(nach: W. Schmölders, aus Vorlesebuch Religion 3, S. 271/272, Gemeinschaftsverlag: Kaufmann, Vandenhoeck/Benziger/TVZ 1976)

Lied GL 158: Lobpreiset all zu dieser Zeit

Evangelium

Jesus muß flüchten Mt 2, 13–15.19–23

Gespräch

(4. Kind steht oben auf der Leiter)
3. Kind: Was willst du da oben auf der Leiter?
4. Kind: Ich will hier Gottes Wort, die Frohe Botschaft verkünden!
3. Kind: Warum willst du es von da oben tun?
4. Kind: Weil hier oben noch Raum ist für Gottes Wort. Die Menschen lassen Gottes Wort in der Luft hängen, sie nehmen es nicht auf. Die Weihnachtsbotschaft schwebt über ihren Köpfen, klingt in ihren Ohren, aber in ihrem Leben spürt man nichts von der Menschwerdung Gottes. Gottes lebendiges Wort wird verdrängt, es muß flüchten.
3. Kind: Komm herunter! Wir wollen Gottes Wort annehmen und es unter uns lebendig werden lassen.
4. Kind: Ihr habt die Frohe Botschaft gehört, daß Gottes Liebe Mensch geworden ist. Ihr laßt diese Botschaft aber in der Luft hängen. Gottes Liebe ist in euch nicht lebendig geworden. Für Haß, Zank und Streit ist immer noch Platz bei euch. Gottes Liebe ist zu uns Menschen gekommen, aber sie wird verdrängt. Sie muß die Flucht ergreifen.
3. Kind: Komm herunter! Wir wollen Gottes Liebe unter uns lebendig werden lassen, wir wollen neu beginnen, Gott und einander zu lieben.
4. Kind: Ihr habt gehört, daß Gottes Güte und Menschenfreundlichkeit un-

ter uns erschienen ist, aber ihr laßt sie nicht lebendig werden in euch. Ihr habt keinen Platz für sie. Sie mußte flüchten vor der Gleichgültigkeit und Härte eurer Herzen.

3. Kind: Komm herunter! Wir wollen Gottes Güte und Menschenfreundlichkeit unter uns lebendig werden lassen, wir wollen neu beginnen, zueinander freundlich und gütig zu sein.

4. Kind: Ihr habt gehört, daß Gott uns den Frieden geschenkt hat durch Jesus Christus. Ist dieser Friede von euch aufgenommen worden? Konnte er lebendig werden bei euch? Oder ist die Friedensbotschaft über eure Köpfe hinweggerauscht? Laßt ihr die Friedensbotschaft von Weihnachten in der Luft hängen, oder hat sie Platz gefunden in eurem Leben? Muß Gottes lebendiger Friede die Flucht ergreifen?

3. Kind: Komm herunter! Gottes Friede soll jetzt unter uns lebendig werden. Wir wollen verzeihen, Frieden stiften und neu beginnen.

4. Kind: Weihnachten ist Gottes Wort Mensch (Fleisch) geworden, aber es mußte flüchten vor dem Haß und der Gewalt des Herodes. Immer wieder muß es flüchten vor den Menschen, die es nicht aufnehmen und lebendig werden lassen. Wird Gottes lebendiges Wort von euch aufgenommen, oder muß es die Flucht ergreifen?

3. Kind: Komm herunter! Gottes Wort soll unter uns lebendig werden. Es soll bei uns bleiben. Wir nehmen es an und lassen es wirksam werden in unserem Leben. Ein neues Jahr hat begonnen. Es wird nur dann neu, wenn wir es mit Gott leben.

Musik

Fürbitten

Priester: Guter Gott, du willst auch im neuen Jahr bei uns sein. Durch dich kann unser Leben neu und gut werden. Wir bitten dich:

5. Kind: Laß uns dein Wort neu hören und hilf, daß es unter uns lebendig wird.

Alle: Komm, Herr, und hilf uns!

6. Kind: Laß uns deine Liebe annehmen, damit sie unter uns lebendig wird. **A.:**

7. Kind: Laß uns deine Güte und Menschenfreundlichkeit dankbar annehmen. Laß sie unter uns lebendig werden. **A.:**

8. Kind: Laß uns deinen Frieden annehmen, damit er in uns und unter uns lebendig wird. **A.:**

Priester: Gott, nur so wird unser Jahr neu durch Jesus Christus, der gekommen ist, um uns das Heil zu bringen. Amen.

Gabenbereitung

Lied KD 18: Einer hat uns angesteckt (T: Eckhard Bücken / M: Blarr, tvd-Verlag, Düsseldorf) – *oder* Ls 73: Ein Neues beginnt (Verfasser unbekannt)

Gabengebet

Guter Gott, wir haben dir unsere Gaben Brot und Wein gebracht. Sie sind Zeichen unseres Lebens. Verwandle sie und schenke sie uns zurück als Nahrung für das neue Leben, als Kraftquelle für einen neuen Anfang in Glaube, Hoffnung und Liebe. Amen.

Hochgebet zum Thema „Versöhnung"

Präfation

In Wahrheit ist es würdig und recht, dir, lebendiger Gott, immer und überall zu danken für Jesus Christus, deinen Sohn. In ihm hast du der Welt eine neue Zeitrechnung gegeben. Durch ihn hast du uns neues, ewiges Leben geschenkt. Seinetwegen preisen wir dich mit allen Engeln und Heiligen und bekennen voll Freude:

Heilig-Ruf: Heilig

Vater unser Tanz: Vater unser – mach alles neu

Friedensgruß

Dank Lied-Tanz Ls 31: Von guten Mächten still und treu umgeben (T: D. Bonhoeffer / M: Siegfried Fietz)

Schlußgebet

Treuer Gott, wir danken dir für dein Wort und für die Gaben, in denen du dich selbst uns geschenkt hast. Wir danken dir für unser Leben und für unsere Zeit. Laß das neue Jahr wirklich neu werden. Gib uns durch Jesus Christus Kraft zu einem neuen Anfang. Amen.

21 Unsere Wünsche

Vorzubereiten:
Kinder malen oder schreiben Wünsche auf, diese an einem langen Faden befestigen, rote Papierherzen und Stifte, damit vor dem Gottesdienst auch Erwachsene ihre Wünsche aufschreiben können.

Eröffnung
Lied: Wir feiern heut ein Fest (aus: „Einfache Lieder zum Kirchenjahr" von Krenzer/Edelkötter) – *oder:* Kanon UL 28: Froh zu sein bedarf es wenig

Begrüßung und Einführung
Jeder Mensch hat viele Wünsche. Wir wünschen uns oder anderen, was uns wichtig erscheint. Werbung und Reklame versuchen, viele Wünsche in uns zu wecken. Was wünschen wir uns? – Was wünschen wir anderen?

1. Kind: Ich wünsche mir ein Pferd und einen Pferdestall. Außerdem wünsche ich mir gute Zeugnisnoten.

2. Kind: Ich wünsche mir eine elektrische Eisenbahn und einen Freund, der mit mir spielt.

3. Kind: Ich wünsche mir, daß ich abends lange aufbleiben und fernsehen darf. Dazu wünsche ich mir viele Süßigkeiten.

Besinnung
4. Kind: Gott, manchmal vergessen wir, daß du uns alle guten Gaben gibst. Wir meinen, mit Geld alle unsere Wünsche erfüllen zu können.

5. Kind: Manchmal wünschen wir uns, die Ersten und Besten zu sein. Wir wünschen dann anderen, daß sie Mißerfolg haben oder weniger können und haben als wir.

6. Kind: Manchmal setzen wir uns mit Gewalt durch, um Sieger zu sein. Wir möchten andere beherrschen und wünschen ihnen deshalb nichts Gutes.

Lied GL 506: Christus, Herr, erbarme dich

Zuspruch der Vergebung
Guter Gott, vergib, wenn wir uns und anderen nichts Gutes gewünscht haben. Befreie uns von Neid und Eifersucht, und gib uns Freude und einen festen Glauben an dich. Amen.

Lied-Tanz GL/EA 042: Der Himmel geht über allen auf (Wilhelm Willms / P. Janssens)

Gebet

Guter Gott, du liebst uns. Du willst unsere tiefsten und besten Wünsche erfüllen durch Jesus, deinen Sohn, der immer für uns da ist. Er ist gekommen, um uns Leben in Fülle zu schenken. Gib uns ein gutes Herz und öffne uns in Liebe für dich und füreinander. Darum bitten wir durch Jesus Christus, unseren Freund und Bruder. Amen.

Spiel

Korbinian mit dem Wunschhut (Es ist möglich, die gleichnamige Diaserie dazu einzusetzen – oder Kinder bereiten für das Spiel entsprechende Sachen oder Bilder vor. Nach: „Korbinian mit dem Wunschhut" von Annegert Fuchshuber, Studio R, Redemptoristen, München)

Erzähler: Eines Morgens findet Korbinian auf seinem Tisch einen gelben Hut. Er ist überrascht, als er feststellt, daß es ein Wunschhut ist. Nun kann er sich alle Wünsche erfüllen. Korbinian setzt den Hut vorsichtig auf, schließt die Augen, dreht den Hut dreimal und sagt:

Korbinian: Ich wünsche mir einen Apfelbaum, der mitten in meinem Zimmer wächst.

Erzähler: Schon lange hatte er davon geträumt. Sein Wunsch ging in Erfüllung. Durch den geblümten Teppich wuchs ein prächtiger Apfelbaum, an dem leuchtende reife Äpfel hingen.

Nachmittags kam Tante Karoline. Sie war entsetzt über den Apfelbaum, der mitten im Zimmer wuchs. Als Korbinian ihr von dem Wunschhut erzählte, schimpfte sie:

Tante Karoline: Du Dummkopf! Einen Sack voll Geld hättest du dir wünschen sollen. Geld regiert die Welt!

Korbinian: Das kann ich ja immer noch tun! Jetzt freue ich mich über den Apfelbaum und bin glücklich.

Erzähler: Am nächsten Morgen sieht er, daß sein Strumpf ein Loch hat.

Korbinian: Socken ohne Füße wären viel praktischer. Die hätten nie ein Loch am Zeh. – Wozu habe ich meinen Wunschhut? Bitte, Socken bis zum Knie, rot geringelt, ohne Füße!

Erzähler: Gleich hatte er sie an. Sie gefielen ihm außerordentlich gut. Als der Nachbar ihm sein Buch zurückbrachte, streckte Korbinian ihm stolz seine neuen Socken entgegen. Der aber fand nur graue Socken schön. Vergnügt zeigte Korbinian ihm den Wunschhut und den Apfelbaum.

Nachbar: Sie Dummkopf! Ein dickes Auto hätten Sie sich wünschen sollen, das bringt Ansehen bei den anderen!

Korbinian: Das kann ich ja immer noch tun! Jetzt freue ich mich über meine Socken und über den Apfelbaum.

Erzähler: Am nächsten Tag wachte Korbinian mit entsetzlichen Bauchschmerzen auf. Das kam von den 12 Äpfeln, die er am Abend vorher gegessen hatte. Er setzte seinen Wunschhut auf.

Korbinian: Ich wünsche mir einen Korb, mit dem ich meine Katze zum Einkaufen schicken kann.

Erzähler: Bevor er den Wunschhut abgesetzt hatte, stand der Korb mit dem Geld schon da. Korbinian legte einen Zettel dazu: 1 Päckchen Zwieback und 100 gr. Pfefferminztee.

Erzähler: Die Katze spazierte mit dem Korb über die Dächer davon. Nachmittags kam der Kaufmann, weil er nachsehen wollte, warum Korbinian nicht gekommen war. Korbinian klärte ihn auf, zeigte ihm den Apfelbaum, seine neuen Socken und den Korb.

Kaufmann: Sie Dummkopf! Eine Villa mit Swimmingpool hätten Sie sich wünschen sollen! Das hätte Ihnen Freunde eingebracht. Sie wissen doch: „Hast du was, dann bist du was!"

Korbinian: Das kann ich ja immer noch tun. Jetzt bin ich ganz glücklich.

Erzähler: Am nächsten Tag wollte er einen Spaziergang machen.

Korbinian: „Wozu habe ich einen Wunschhut? Ich wünsche mir einen Schirm, mit dem ich fliegen kann, wohin ich will."

Erzähler: Ein schwarzer Regenschirm stand vor seiner Tür. Korbinian spannte ihn auf und flog durchs Fenster davon. Als er von seinem Ausflug zurückkam, führte er vor Vergnügen einen Freudentanz auf. Er umarmte Schirm, Hut, Katze und Apfelbaum. Es dauerte nicht lange, da kam eine Frau herauf:

Frau: Was ist das für ein unerträglicher Lärm?

Erzähler: Korbinian zeigte entschuldigend auf Korb, Socken, Schirm und Apfelbaum und erklärte ihr das Geheimnis.

Frau: Sie Dummkopf! Sie hätten sich besser eine moderne Einbauküche gewünscht!

Korbinian: Das kann ich ja immer noch wünschen. Sie hören doch, daß ich jetzt ganz glücklich bin.

Erzähler: Am nächsten Tag wünschte Korbinian sich eine Flöte. Er fand eine Flöte, die ihm das Spielen beibrachte. Er war sehr glücklich. – Tante Karoline brachte noch zwei Freundinnen mit. Korbinian zeigte stolz den Apfelbaum, die Socken, den Korb, den Schirm, die Flöte und den Hut.

Freundinnen: Oh, Sie Dummkopf! Eine Kiste voll Edelsteinen, Schmuck und einen Pelzmantel hätten Sie sich wünschen sollen.

Korbinian: Das ist ja immer noch möglich. Im Augenblick bin ich so ganz glücklich.

Erzähler: Die Freundinnen nahmen schnell noch einen Apfel, dann gingen sie verärgert weg. Korbinian setzte sich behaglich in seinen Lehnstuhl unter den Apfelbaum, die Katze auf dem Schoß und dachte über das Wünschen der Menschen nach. Alle wollten ihm Wünsche einreden, die er gar nicht hatte. Warum nur? Er war doch glücklich. Glauben die Menschen eigentlich, daß nur der glücklich ist, der viel hat?

Korbinian: Ich habe alles, was ich brauche. Wenn ich noch mehr hätte, wäre es nur hinderlich. Auf dem Weg zu meinem Glück will ich mich nicht belasten.

Erzähler: Und er warf den Hut zum Fenster hinaus!

Musik

Hinführung zur Lesung

Wir hören jetzt eine alte Geschichte aus der Heiligen Schrift von einem König, der einen ganz wichtigen Wunsch hatte. Er hätte sich vieles wünschen können, aber er fand nur einen Wunsch wichtig.
Bevor David starb, gab er seinem Sohn Salomo viele gute Ratschläge. Er erinnerte ihn daran, daß er vor allem nach Gottes Geboten leben sollte. Sobald König David gestorben war, mußte Salomo, der neue König, alle Arbeiten und Sorgen, die das Regieren eines großen Volkes mit sich brachten, alleine tragen.

Lesung

1 Könige 3, 2–15

Musik

Instrumental – *oder:* Lied: Ich habe tausend Wünsche (Weidinger/Edelkötter, aus: Biblische Spiellieder zum Misereor Hungertuch aus Haiti)

Evangelium

Bittet, und ihr werdet empfangen Joh 14, 12–16; – *oder:* Mt 7, 7–11

Ansprache

Ich erinnere euch an das Bild, das ein Kind unserer Gemeinde für die Krippe in unserer Pfarrkirche gemalt hat. Das Bild zeigte ein Kind mit ganz vielen Geschenken. Päckchen und Pakete, hübsch eingepackt, waren da in Mengen zu sehen, aber das Kind saß allein in seinem Reichtum und fragte: „Wer spielt mit mir?" Wir alle haben viele Wünsche. Wenn ein Wunsch erfüllt ist, meldet sich gleich der nächste. Wir kommen gar nicht dazu, uns an dem zu freuen, was wir schon haben. Viele haben schon gemerkt, daß viel haben und besitzen nicht glücklich machen. Geld und viele Geschenke machen nicht glücklich, wenn Eltern und gute Freunde oder Freundinnen fehlen. Dennoch haben wir es schwer mit unseren Wünschen, weil viele Menschen versuchen, uns Wünsche einzureden, so wie es bei Korbinian war. Die Werbung mit ihren großen Plakaten redet uns ein, was wir haben müßten, um glücklich zu sein. Schaufenster mit verlockenden Angeboten wecken in uns viele Wünsche. Mit Sonderangeboten werden Wünsche wachgerufen. Aber sie alle bringen uns nicht das wahre Glück. Glücklich macht allein die Erfüllung des Wunsches, den der König Salomo hatte. Ein hörendes, weises und verständiges Herz, damit wir erkennen, wie wir als gute Menschen nach Gottes Willen leben können. Ein weises und verständiges Herz lehrt uns zu unterscheiden, was gut und böse, richtig und falsch ist. Ein weises und verständiges Herz sollten wir uns wünschen, damit wir uns nach Gott ausrichten und tun, was er uns für unser Leben vorschlägt. „Hast du was, dann bist du was!" sagen viele Menschen. Wenn wir viel haben, uns das weise und verständige Herz aber fehlt, dann bedeutet aller Reichtum nichts. Das, was wir haben, vergeht, wird unmodern, alt. Wenn Gott uns aber wie dem König Salomo ein weises und verständiges Herz schenkt, dann können wir erkennen, was uns wirklich glücklich macht. Zuhören können, einander verstehen und lieben, Eltern, Spielgefährten, Freunde und Freundinnen haben, das macht glücklich. Erkennen, was richtig und gut ist, an Gott glauben können, der unser Leben will und es ganz fest in seiner schützenden Hand hält, das macht glücklich. Wenn wir uns in Gottes Liebe geborgen wissen und durch ihn erkennen, wie unser Leben gut und sinnvoll werden kann, dann werden wir auch in Liebe mit vielen anderen guten Menschen glücklich und zufrieden leben.

Stille

Lied: Wenn ich mir was wünschen dürfte (T: Jutta Richter / M: L. Edelkötter, aus: „Weil du mich so magst")

Kinder bringen die vielen Wünsche nach vorne, die am langen Faden hängen.

Wünsche

7. Kind: Gott hat Sie N. N. zum Pfarrer unserer Gemeinde bestellt. Sie tragen Verantwortung für viele Menschen. Wir wünschen Ihnen zum heutigen Festtag ein hörendes Herz, damit Sie uns immer sagen, was Gott uns sagen möchte.

8. Kind: Gott, wir wünschen N. N. und allen hier ein weises und verständiges Herz, damit wir immer Gutes vom Bösen unterscheiden können.

Alle: Gott, erfülle unsere Wünsche!

9. Kind: Gott, wir wünschen N. N. und uns für jeden Tag deine Hilfe, deinen Schutz und Segen. **A.:**

10. Kind: Gott, wir wünschen N. N. und uns ein Herz, das alle Menschen liebt. Hilf, daß wir vielen Menschen begegnen, die uns ihre Liebe schenken. **A.:**

11. Kind: Gott, wir wünschen N. N. und uns viel Zeit und ein langes Leben. Gib ihm und uns viel Kraft, Menschen froh zu machen. **A.:**

12. Kind: Gott, wir wünschen N. N. und uns Frieden und viel Kraft, zum Frieden in dieser Welt beizutragen. **A.:**

Kanon
Viel Glück und viel Segen auf all deinen (unseren) Wegen, Gesundheit und Freude sei auch mit dabei!

Gabenbereitung
Stille – oder meditative Musik

Gabengebet

Guter Gott, du bist der Geber aller guten Gaben. Wir danken dir für Brot und Wein, Zeichen für uns und unser Leben. Nimm uns mit diesen Gaben an und verwandle uns in Menschen, die tun, was du uns aufträgst, durch Jesus Christus, der die Zusage deiner Liebe an uns ist. Amen.

Zweites Hochgebet für Meßfeiern mit Kinder

Präfation

Es ist wirklich gut und richtig, daß wir dir, unserem guten Gott, jeden Tag danken, denn von dir kommen die guten Wünsche, die guten Eingebungen, die guten Gedanken. Wir danken dir, daß du uns durch Jesus gezeigt hast, was das Leben gut und lebenswert macht. Durch ihn wissen wir, daß in der Liebe zu dir und zu den Menschen das wahre Glück zu finden ist. Seinetwegen loben wir dich und singen voll Freude:

Heilig-Lied GL 427: Heilig

Vater unser singen

Friedensgruß – Kommunion

Dank Liedruf GL 281: Danket dem Herrn, denn er ist gut, Halleluja

Gebet

1. Kind: Gott, du hast viele Wünsche in uns hineingelegt. Wir alle wünschen uns Liebe, Frieden, Freude und Gemeinschaft. Wir danken dir, daß du uns Jesus geschenkt hast, der unsern Hunger nach Glück und Leben stillen will. **Liedruf:**

Priester: Gott, du kennst unsere Wünsche. Du hast uns gesättigt mit dem Brot des Lebens, mit Jesus, der uns Leben in Fülle schenken will. Dafür danken wir dir. **Liedruf:**

Jugendlicher: Gott, du wirst einmal unsere guten Wünsche erfüllen. Wir danken dir für dieses Mahl, das uns mit dir und untereinander verbindet. Erfülle auch alle unsere guten Wünsche, die wir füreinander haben, durch Jesus, unsern guten Freund. **Liedruf:**

Erwachsener: Gott, wir danken dir für das Leben von N. N. und für das Leben aller, die mit uns feiern. Wir danken dir, daß wir durch gute Menschen deine Nähe und Liebe erfahren dürfen. Erfülle unsere Wünsche und schenke uns ein gesegnetes Leben durch Jesus Christus, der uns hier zusammengeführt hat. Amen. **Liedruf:**

Segen/Entlassung

22 Aus dem Rahmen fallen

Vorzubereiten:
Türrahmen mit dem Wort: „Jesus", – alles, was Spieler brauchen = Spiel.

Eröffnung
Lied: Wir feiern heut ein Fest (aus: „Einfache Lieder zum Kirchenjahr"
R. Krenzer / L. Edelkötter) – *oder* Lied: Weißt du, wo der Himmel ist (aus:
„Weil du mich so magst", Impulse-Musikverlag, Drensteinfurt)

Begrüßung
Herzlich begrüßen wir alle, die zum heutigen Gottesdienst gekommen
sind. Wir feiern ein Fest der Freude, weil Gott uns alle liebt. Weil Gott uns
liebt, können wir einander lieben und frohmachen. So beginnen wir: Im
Namen ...

Prolog:
1. Kind:
Ob Fastnacht, Fasching, Karneval:
Die Narren, hört, sie kommen!
Zwar sagt so mancher: „Nicht mein Fall!"
Schockiert sind manche Frommen!
Es gleichen sich der Narr und Christ,
sie lachen unter Schmerzen.
Obwohl so viel zum Weinen ist,
verstehen sie zu scherzen.
Der für uns starb am Kreuzesholz,
zählt auch zu den „Ver-rückten",
es waren ja stets Neid und Stolz,
die sich nach Steinen bückten.
Drum holt euch euer Narrenkleid
nur wieder aus dem Kasten!
Der Christ kennt beides: Freud und Leid,
das Feiern und das Fasten.

Lied-Tanz: Halleluja, preiset den Herrn / danket dem Herrn (Getanztes Gebet, Nr. 17)

Gebet
Gott, wir lieben das Leben und suchen die Freude. Wir singen, wir spielen,
wir feiern gern Feste. Wir verkleiden uns in diesen Tagen, um neue, um andere Menschen zu sein. Gott, wir danken dir, daß du die Quelle aller Freude

bist. Laß uns durch dich froh werden und andere mit unserer Freude ansteck-
ken. Darum bitten wir durch Jesus Christus, unsern Freund und Bruder.
Amen.

Spiel
„Aus dem Rahmen fallen", um Jesus sichtbar zu machen!
Clown steht im Türrahmen. Hinter ihm ist das Wort „Jesus" angebracht. Wenn er „aus
dem Rahmen fällt", wird sichtbar, wofür er steht = Jesus.

Cowboy: Jeden Tag muß ich früh aufstehen, zur Schule gehen, Hausaufgaben machen, mein Kinderzimmer aufräumen, mich waschen, manchmal
sogar zweimal. Ich muß ins Bett, wann die Eltern es wollen. Ich darf nicht
spielen, wann und wo ich will. Fernsehen darf ich nur, wenn meine Eltern
es erlauben. Ach, wäre doch einmal alles ganz anders! Wäre ich doch so frei
wie ein Cowboy! Das habe ich mir schon lange gewünscht. Heute ist mein
Wunsch in Erfüllung gegangen. Ich bin ein Cowboy. Ich bin frei! knallt mit
der Pistole und stellt sich zurück!

Clown: nimmt ihm die Pistole ab, spielt damit, kann aber nicht damit umgehen

Cowboy: zeigt ihm, daß er zu dumm ist, richtig damit umzugehen. Er knallt mit der Pistole und geht an seinen Platz

Seeräuber: Immer wieder muß ich um Geld fragen, Geld für Hefte und
Stifte, für Süßigkeiten und Pommes frites, für Cola, Fußballbilder, Kino
usw. Mit meinem Taschengeld komme ich nie aus! Reich möchte ich sein
und viele Schätze besitzen! Eine ganze Kiste voll Geld und Gold hätte ich
gerne. Heute ist mein Wunsch in Erfüllung gegangen. Ich bin ein Seeräuber.
Ich bin so reich, wie ihr es euch alle wünscht. Hier habe ich eine ganze Kiste
voll Geld und Gold. Mein Messer ist scharf! Viele haben Angst vor mir!

Clown: Nimmt ihm das Messer ab. Macht ein verächtliches Gesicht. Läßt das Messer
fallen und versucht, die Schatzkiste aufzumachen, schafft es aber nicht.

Seeräuber: Du bist viel zu ungeschickt, um damit etwas anzufangen. Seeräuber stellt sich zum Cowboy

Prinzessin mit Spiegel Immer wieder muß ich hören: „Räum dein Kinderzimmer auf! Mach deine Hausaufgaben ordentlich! Geh einkaufen! Paß auf die
kleine Schwester auf! Füttere deine Meerschweinchen!" usw. Immer muß
ich alles tun! Ich möchte ein anderer Mensch sein. Oft wünsche ich mir,
eine Prinzessin zu sein, die von allen bedient und bewundert wird.
Heute bin ich eine Prinzessin! Heute lasse ich mich bewundern und bedie-
nen! Ich freue mich über meine Schönheit.

Clown: Nimmt der Prinzessin den Spiegel weg, schaut von der Rückseite hinein, schüttelt den Kopf und gibt ihn wieder zurück.

Prinzessin: So dumm kann auch nur ein Clown sein! Sie stellt sich neben den
Seeräuber und schaut unentwegt in den Spiegel.

Professor mit Buch: Das Lernen fällt mir schwer! Oft muß ich nachfragen
und andere um Hilfe bitten. Immer habe ich schlechte Noten, auch wenn
ich mich anstrenge. Ach, wäre ich doch ein anderer Mensch! Vornehm und
gebildet möchte ich sein, ein Professor, der alles weiß, zu dem viele Leute
mit ihren Fragen kommen.

135

Heute ist mein Wunsch in Erfüllung gegangen. Ich bin ein gebildeter, ein angesehener Mann, ein Professor.

Clown: Nimmt ihm das Buch ab, hält es falsch herum, versucht zu lesen, schüttelt den Kopf und gibt es wieder zurück.

Professor: Wie kann man nur so ungebildet sein! Er stellt sich neben die Prinzessin und liest in seinem Buch.

Kinder: kommen mit Luftballons und tanzen im Kreis.

Cowboy: Knallt mit der Pistole dazwischen. Kinder erschrecken und rennen auseinander.

Clown: Nimmt dem Cowboy die Pistole ab und wirft sie in den Mülleimer. Dem Cowboy schenkt er eine Rose und führt die Kinder wieder zusammen.

Seeräuber: Sticht mit dem Messer einige Luftballons kaputt – Kinder weinen.

Clown: Nimmt dem Seeräuber das Messer weg, wirft es in den Mülleimer und schenkt ihm eine Rose. Den Kindern schenkt er neue Luftballons.

Bettler: zur Prinzessin, die unentwegt in den Spiegel schaut, Du bist so reich und schön. Gib mir Brot, damit ich leben kann. Bitte, gib mir Brot, ich habe Hunger.

Prinzessin: schaut in den Spiegel, läßt Bettler mit leeren Händen stehen.

Clown: reißt der Prinzessin den Spiegel aus der Hand und wirft ihn in den Mülleimer. Er gibt ihr dafür eine Rose. Den Bettler führt er zu einem Mädchen, das ihm Brot gibt.

Kind mit Rechenheft / geht zum Professor: Bitte, helfen Sie mir! Die Aufgaben sind für mich zu schwer!

Professor: schaut von oben herab!

Kind: Bitte helfen Sie mir!

Professor: liest weiter. Er läßt das Kind stehen.

Kind wendet sich enttäuscht ab: Niemand hilft mir!

Clown: nimmt dem Professor das Buch weg und wirft es in den Mülleimer. Er gibt ihm dafür eine Rose. Das Kind bringt er zu einem anderen Kind, das ihm hilft.

Lied: Wenn einer sagt: „Ich mag dich, du" (aus: „Feiert Gott in eurer Mitte", Hänssler Verlag, Neuhausen-Stuttgart)

Deutung

Nicht nur zu Karneval möchten viele Menschen anders sein. Viele Menschen träumen davon, mächtig, berühmt und reich zu sein. Ihr eigenes Leben – so wie sie es leben – gefällt ihnen nicht. Sie haben aber keinen Mut, „aus dem Rahmen zu fallen", wie der Clown das getan hat. Wer wie der Clown „aus dem Rahmen fällt", um anderen zu helfen, um Gewalt zu verhindern, um andere froh zu machen, der handelt wie Jesus, der macht Jesus in dieser Welt sichtbar. „Aus dem Rahmen fallen", um Jesus in dieser Welt sichtbar zu machen, das ist ein Auftrag für uns alle. Jesus zeigt uns durch sein Wort und Leben einen neuen Weg, den Weg der Liebe, der Menschen froh macht. Wer die Menschen so liebt wie Jesus, der ist ein neuer Mensch.

Lied-Tanz Ls 55: Lobt den Herrn auf Straßen und Plätzen (Verfasser unbekannt) – *oder* Kanon: Gottes Wort ist wie Licht in der Nacht (aus: „Weil du mich so magst", Impulse-Musikverlag, Drensteinfurt)

Evangelium

Die Berufung der ersten Jünger Lk 5, 1–11 (Lektionar für Gottesdienste mit Kindern Bd I, Nr. 122/146) – oder Der Größte soll euer Diener sein Mk 10, 35–45

Stille

Clown: Mir geht es oft wie dem Petrus. Ich versuche, Menschen froh zu machen, Gewalt zu verhindern, Not zu beheben und so zu handeln, wie Jesus es gesagt und gezeigt hat. Verändern kann ich die Welt trotz aller Anstrengungen nicht. Die Menschen wollen einfach nicht „aus dem Rahmen fallen!" Sie möchten nicht anders handeln als alle anderen auch. Mit Petrus möchte ich Jesus sagen: „Herr, ich habe während der ganzen Saison – die ganze Karnevalszeit hindurch – hart gearbeitet, aber verändert habe ich nicht viel. Was kann ich als dummer, ungeschickter Clown schon erreichen? Mit leeren Händen stehe ich da!

Priester: Jesus sagt auch zu dir und zu allen, die meinen, daß sie durch ihre Liebe die Welt nicht verändern können, versucht es noch einmal! Geht in die weite Welt und sät Liebe aus! Liebt die Menschen! Ihr werdet die Welt verändern! Glaubt daran, daß ihr Menschen verändern könnt, daß auch ein Cowboy, ein Seeräuber, eine Prinzessin, ein Professor entdecken können, wie schön es ist, Menschen zu lieben und ihnen Freude zu machen.

Clown: Habt ihr's gehört: Jesus sagt: Es lohnt sich, die Menschen zu lieben, sie durch Liebe zu verändern. Kommt, Kinder, kommt, alle! Helft mir, macht mit! Wenn wir alle „aus dem Rahmen fallen" und so handeln wie Jesus, wenn wir tun, was er gesagt hat, dann werden wir die Welt verändern.

Petrus ist auch „aus dem Rahmen gefallen". Er hat getan, was kein Fischer getan hätte. Weil Jesus es gesagt hat, deshalb ist er am Tag hinausgefahren und hat seine Netze ausgeworfen. Der Erfolg war überwältigend. Es lohnt sich also, auf Jesu Wort hin zu beginnen, „aus dem Rahmen zu fallen", um ihn durch unsere Liebe in dieser Welt sichtbar zu machen.

Instrumentalmusik

Fürbitten

Priester: Gott möchte, daß wir neue Menschen werden, die lieben und anderen Freude schenken. Ihn bitten wir:

2. Kind: Gott, laß uns hoffen, daß in dieser Welt alles wieder gut werden kann. Gib uns Mut und Kraft, daß wir uns mit allen Fähigkeiten für eine bessere Welt einsetzen.

Liedruf GL 267, 3: Er gebe uns ein fröhlich Herz

3. Kind: Gott, laß uns neue Menschen werden und so handeln wie der Clown. Laß durch unser Handeln Jesus in dieser Welt sichtbar werden.

Liedruf:

Mutter: Gott, hilf, daß viele Menschen wie der Clown nach dem Beispiel Jesu sich auf die Seite der Kleinen und Schwachen stellen, sich für mehr Gerechtigkeit und Frieden in dieser Welt einsetzen.

Liedruf:

4. Kind: Gott, öffne unsere Augen, damit wir wie Jesus die Not der Menschen sehen und ihnen helfen.

Liedruf:

Priester: Gott, erhöre uns durch Jesus, deinen Sohn, der uns berufen hat, seinem Wort und Beispiel zu folgen, in Liebe miteinander und füreinander zu leben, heute und an allen Tagen bis in Ewigkeit. Amen.

Gabenbereitung
Stille – oder Instrumentalmusik

Gabengebet
Guter Gott, Brot und Wein sind Gaben für uns und unser Leben. Nimm uns mit diesen Gaben an und verwandle uns in neue Menschen, die dem Wort und Beispiel Jesu folgen und in Liebe einander dienen und froh machen. Gib uns dazu Kraft durch Jesus Christus, den guten Freund aller Menschen. Amen.

Erstes Hochgebet für Meßfeiern mit Kindern

Präfation
Es ist gut und richtig, dir zu danken, froher Gott. Du bist der Urquell der Liebe und des Lebens, die Quelle der Freude und Freundlichkeit. Du bist uns nahe durch Jesus, deinen Sohn. Durch ihn haben wir deine Menschenfreundlichkeit erfahren. Er hat uns eine frohe Botschaft verkündet und uns den Weg zum neuen Leben gezeigt. Seinetwegen danken wir dir und singen mit allen Engeln und Heiligen voll Freude:

Heilig-Lied GL 469: Heilig

Vater unser

Friedensgruß
Lied KD 42 Frieden und Schalom (T: Diethard Zils / M: aus Israel)

Kommunion

Dank Lied Ls 215: Unser Leben sei ein Fest (T: Josef Metternich-Team / M: P. Jansses, P. Janssens-Musikverlag, Telgte)

Schlußgebet

Menschenfreundlicher Gott, wir haben deine Nähe erfahren. Du hast uns gestärkt mit dem Brot des Lebens und uns beschenkt durch Jesus Christus, deinen Sohn. Laß uns durch ihn neue Menschen werden, Menschen der Liebe, des Friedens und der Freude. Laß uns dem Beispiel des Clowns folgen und immer wieder „aus dem Rahmen fallen", um Jesus durch unser Tun in dieser Welt sichtbar zu machen. Darum bitten wir durch Jesus Christus, der mit dir lebt und liebt in Ewigkeit. Amen.

 Mutter Erde weint

Märchen: „Die Kinder in der Erde"

Vorzubereiten:
Bilder und Berichte zum Thema „Bewahrung der Schöpfung" sammeln und diese in der Kirche gut sichtbar anbringen – Kleine Blumentöpfe mit Erde für alle.

Eröffnung

Lied: Menschenkinder auf Gottes Erde (aus: „Solange die Erde lebt" Menschenkinder-Musikverlag, Münster) – *oder:* Lied-Tanz Ls 102: Laßt uns miteinander

Einführung

Anknüpfen an mitgebrachte Bilder und Berichte. –
Eines Tages bückte sich ein Beduine in der Wüste sehr tief, legte sein Ohr in den Sand und lauschte lange. Warum tust du das? fragten seine Begleiter. Der Beduine richtete sich langsam auf und sagte besorgt: Ich höre die Erde weinen! Die Wüste weint, weil sie ein Garten sein möchte!

Besinnung und Kyrie-Ruf

Erwachsener: Unsere Erde weint, weil Ölquellen im Persischen Golf leckgeschlagen sind und ausströmen, weil Ölteppiche unsere Meere verseuchen, weil Wasser, das Leben geben will, vergiftet ist. Seen kippen um, weil sie biologisch tot sind.
Jugendlicher: Gottes gute Schöpfung weint und schreit, weil immer mehr Bäume krank werden, weil ganze Regenwälder abgeholzt werden und die Wüsten und Steppengebiete in der Welt erschreckend zunehmen.

Erwachsener: Unsere kranke Mutter Erde klagt und weint, weil die Verseuchung der Bodenoberfläche zunimmt. Tier- und Pflanzenarten sterben aus, unsere Luft ist verschmutzt, das Ozonloch wird größer.

Lied: Klagelied der Erde und des Wassers (aus: „Solange die Erde lebt", Menschenkinder-Musikverlag, Münster)

Zuspruch der Vergebung

Loblied Du hast uns deine Welt geschenkt (aus: „Solange die Erde lebt")

Gebet

Guter Gott, du bist der Schöpfer des Himmels und der Erde. Wir danken dir für unsere gute Mutter Erde, die uns hält, trägt und nährt. Durch sie gibst du uns Kraft und Leben. Hilf, daß wir gut mit den Gaben der Erde umgehen und deine Schöpfung pflegen und bewahren. Darum bitten wir durch Jesus Christus, der mit dir lebt und liebt heute und in Ewigkeit. Amen.

Märchen

Erzähler: Gudrun Pausewang erzählt: Eines Tages stöhnte die gute alte Erde:
Erde: Menschen, wie geht ihr mit mit um? Ihr vergiftet mein Wasser, verschmutzt meine Luft, zerstört meine Wälder, tötet meine Tiere und überkrustet mich mit Beton. Ihr beutet mich aus, holt Schätze über Schätze aus meiner Tiefe: Erdöl, Eisen, Kohle und vieles andere. In euren Atommeilern habt ihr Kräfte geweckt, die so unbändig sind, daß ihr sie nie beherrschen könnt. Seid ihr von allen guten Geistern verlassen?
Erzähler: Die Erde mußte laut rufen und schreien, damit die Menschen sie hörten. Diese aber sagten:
1. Erwachsener: Das mußt du dir schon gefallen lassen, Erde. Vergiß nicht, daß wir deine Herren sind.
Erde: Ihr seid meine Herren? Ihr irrt euch! Ich bin eure Mutter. Tag für Tag schenke ich euch das Leben. Euren Kindern und Enkelkindern möchte ich es auch noch schenken.
Erzähler: Die Menschen nahmen sich keine Zeit, der klagenden Erde zuzuhören.
1. Erwachsener: Keine Panik, alte Erde! Unsere Kinder werden schon damit fertig. Kommt Zeit, kommt Rat!
Erzähler: Die Erde wurde traurig und zornig zugleich. Sie rief alle Kinder zusammen. Die Kinder kamen und fragten:
Kinder: Warum rufst du uns, Mutter Erde?
Erde: Ich bin in Not! Ihr seid in Gefahr! Die Großen auf dieser Erde lassen euch nichts übrig von den guten Gaben, die ich euch schenken wollte. Sie plündern mich aus, verwunden mich, nehmen mir das Leben. Sie tun, als gehörte ich ihnen allein. Dabei bin ich für alle da: für alle, die jetzt leben und für alle, die noch leben möchten.

140

Erzähler: Die Kinder hörten das Stöhnen der Erde und sahen, wie schlimm sie behandelt worden war. Sie erschraken.

Erde: Wenn die Großen so weitermachen, dann muß bald alles sterben, was auf mir lebendig ist. Ich möchte leben und Leben schenken und nicht menschenleer und tot sein.

Erzähler: Die Kinder gingen nachdenklich zu den Erwachsenen und sagten:

1. Kind: Merkt ihr nicht, daß ihr die Erde kaputtmacht? Unsere Erde ist krank. Wir müssen sie schonen und pflegen, damit sie sich wieder erholen kann. Ihr müßt sparsamer sein, damit wir auch leben können!

Erzähler: Die Großen fragten verwundert: Wollt ihr denn auf die schnellen Autos verzichten? Wollt ihr nicht mehr nach Herzenslust einkaufen und essen? Wollt ihr es nicht mehr so bequem haben?

2. Kind: Das alles macht uns Spaß. Aber so kann es nicht weitergehen! Unsere Erde ist krank! Wir haben Angst, daß sie bald tot ist. Wir möchten aber leben auf dieser Erde!

Erzähler: Die Großen wurden ungeduldig und sagten:

1. Erwachsener: Ihr seid noch zu klein! Ihr versteht das nicht. Wir haben mehr Erfahrung und sorgen, daß es uns gutgeht.

2. Erwachsener: Ist es nicht großartig, daß wir die Atomkraft für uns arbeiten lassen? Sie ist perfekt und sauber und ...

2. Kind: furchtbar gefährlich! Sie kann alles töten, was lebt!

2. Erwachsener: Wir haben sie sicher im Griff. Laßt uns das machen. Wir machen das schon richtig.

1. Kind: Nein, so eine Zukunft wollen wir uns nicht von euch machen lassen! Wir möchten ohne Angst leben.

Erzähler: Die Großen wurden wütend und schrien die Kinder an:

2. Erwachsener: Schluß jetzt! Mischt euch nicht in unsere Angelegenheiten ein!

Erzähler: Die Kinder gingen traurig zur Erde und erzählten, wie es ihnen ergangen war. Die gute alte Erde beriet mit den Kindern, wie sie die Großen zur Vernunft bringen wollten.

Da geschah es: Die Erde öffnete im Berghang ihren Leib so breit, daß Kinder hineinschlüpfen konnten. Die Kinder wanderten in eine große, dunkle Höhle. Bei Mutter Erde fühlten sie sich geborgen. Diese sagte:

Erde: Kinder, ruht euch aus! Hier ist es warm und still. Ich wecke euch, wenn es Zeit ist, wieder hinauszugehen.

Erzähler: Die Kinder kuschelten sich aneinander und schliefen bald ein. Sie hatten schöne Träume. Die Erwachsenen regten sich auf, weil die Kinder verschwunden waren. Verzweifelt riefen sie durch die Lautsprecher, schauten durch Fernrohre und suchten mit Spürhunden nach den Kindern. Alle Spuren führten zum Spalt im Berg, der jetzt zu war.

Ein großes Jammern und Klagen brach aus. Fabriken standen still, Supermärkte und Läden wurden geschlossen. Busse und Züge blieben stehen, Flugzeuge stiegen nicht mehr auf. Es gab keine Fernseh- und Radioprogramme mehr. Eltern weinten um ihre Kinder. – Ein alter Mann rief:

Mann: He, alte Erde, weißt du, wo unsere Kinder sind?

Erde: Natürlich weiß ich das!

Mann: Sag es uns. Aber schnell!

Erde: Ich verrate nichts. Eure Kinder kommen nur dann heim, wenn ihr ihnen wieder Lust aufs Leben macht.

1. Erwachsener: Lust aufs Leben? Unsere Kinder haben alles: mollig warme Zimmer, modische Kleidung, ein reichhaltiges Essen, Fernsehprogramme und viel Spielzeug. Was gibts denn da zu fürchten?

Erde: Eure Kinder müssen das teuer bezahlen, wenn ihr so rücksichtslos mit mir umgeht. Sie haben keinen Grund, dankbar zu sein.

Erzähler: Traurig und bestürzt gingen die Großen in ihre Häuser, in die leeren Kinderzimmer zurück.

2. Erwachsener: Wozu sollen wir noch arbeiten? Ohne Kinder hat das Leben keinen Sinn.

Erzähler: Die Erde drehte und drehte sich. Sie sah die Trauer im Land, merkte, wie kalt und leblos es wurde. Sie begann sich zu erholen. Nach einer langen, trostlosen Zeit schöpften die Menschen wieder Hoffnung:

1. Erwachsener: Es riecht nach frischer Erde! Ich höre Schwalben zwitschern. Dort hat ein Löwenzahn den Asphalt durchbrochen. Ob das Leben auf unserer Erde neu beginnt?

Erzähler: Die gute alte Erde weckte sanft ihre Kinder:

Erde: Geht zu den Eltern zurück! Sie sehnen sich nach euch.

Erzähler: Die Kinder zwängten sich durch den Bergspalt hinaus. Sie liefen heim zu den Eltern. Die Freude war groß. – Eltern und Kinder versuchten, gemeinsam wieder gutzumachen, was sie der Erde angetan hatten. Sie schlossen Fabriken, die Dinge hergestellt hatten, die sie gar nicht brauchten. Sie hörten auf, alles zu betonieren und auf den Straßen zu rasen. Sie ließen keinen giftigen Qualm mehr aufsteigen und leiteten keine giftigen Abwässer mehr in die Flüsse und Meere. Das Leben war oft unbequem. Die gute alte Erde aber dehnte sich so aus, daß ihre Betonkruste Risse bekam. Sie sagte:

Erde: Jetzt kriege ich wieder Luft. Macht weiter so!

Erzähler: Kinder und Erwachsene gingen sparsamer mit den Schätzen der Erde um. Nichts kam in die Mülltonne, was sich noch verwenden ließ. Sie schalteten sogar ihre Atommeiler ab, auf die sie so stolz gewesen waren. Hallo! riefen Sonne, Wind und Wasser, macht euch den elektrischen Strom aus unserer Kraft. Das ist ungefährlich.

2. Erwachsener: Da müssen wir erst noch nachdenken!

Erde: Das stimmt. Aber ihr werdet es schaffen!

Erzähler: Sie pflanzten Wälder an und schonten Tiere und Pflanzen. Die Erde lächelte zufrieden und wurde über und über grün. Überall summte, brummte, zwitscherte und quakte es wieder.

Erde: Danke für eure Mühe, ihr Menschen. Es hat sich gelohnt, daß ihr euch für mich so eingesetzt habt.

2. Erwachsener: Kinder, glaubt ihr wirklich, daß ihr es schafft, auf die Dauer anders zu leben?

Kinder: Wir schaffen es!

1. Kind: Wir möchten leben und unseren Kindern eine gute Erde übergeben, auf der sie leben können.
(nach: Gudrun Pausewang: „Die Kinder in der Erde", Verlag Maier, Ravensburg)

Lied Eine Handvoll Erde (aus: „Heut ist ein Tag", Menschenkinder-Musikverlag, Münster)

Hinführung zum Evangelium

Lektor: Unsere Mutter Erde weint. Sie ist krank, dem Sterben nahe, weil sie von uns Menschen ausgeraubt, ausgeplündert, verwundet wurde. Wer Gottes gute Schöpfung zerstört, Mutter Erde ausbeutet, der wird schuldig an seinen Mitmenschen. Wir dürfen weder den Kindern, die jetzt leben, noch deren Kindern eine Erde überlassen, die ausgeplündert, verblutet, dem Tode nahe ist.

Evangelium Das Gleichnis vom barmherzigen Samariter Lk 10,25–37:
(Lektionar für Gottesdienste mit Kindern Bd I, Nr. 152)

Musik

Aktion

Lektor: Kinder schenken allen Erwachsenen eine Handvoll Erde (Blumentopf). Die Erde ist in unserer Hand. Sie ist uns anvertraut. Wir sollen sie hüten und pflegen, um sie einmal an die nächste Generation weiterzugeben. – Diese Handvoll Erde ist eine Frage an uns: Gleichen wir den Räubern, die diese Erde verwunden und ausplündern? Oder sind wir barmherzige Samariter, die sich um die verwundete, kranke Erde kümmern und sie pflegen?

Blumentöpfe mit Erde verteilen – Lied: Eine Handvoll Erde

Fürbitten

Priester: Unsere Mutter Erde ist unter die Räuber gefallen. Sie ist verwundet, krank, ausgeplündert, dem Tod nahe. Wir wollen Gott bitten:

Mutter: Mache uns bereit, Kraft und Zeit zu investieren, damit unsere Mutter Erde leben und Leben schenken kann.

Alle: Wir bitten dich, erhöre uns!

Vater: Rette unsere gute Erde von den Forschern und Industriellen, die meinen, alles sei erlaubt. **A.:**

Jugendlicher: Öffne uns die Ohren, damit wir das Stöhnen, Weinen und Klagen unserer Mutter Erde hören und uns dafür einsetzen, daß sie nicht völlig zerstört wird. **A.:**

Erwachsener: Öffne unsere Augen, damit wir die Wunden der Erde sehen, damit wir erkennen, wie und wo wir helfen, retten und heilen können. **A.:**
Großvater: Öffne unsere Hände, damit wir bereit sind, mehr Geld auszugeben, um uns umweltgerecht zu verhalten. **A.:**
Großmutter: Hilf, daß wir uns alle spürbar verantwortlich fühlen für eine gesunde Erde, die wir den Kindern und Enkelkindern überlassen wollen. **A.:**
Priester: Gott, wir wissen, wenn wir deine Schöpfung verachten, dann mißachten wir dich, den Schöpfer dieser guten Erde. Hilf uns, deine Schöpfung zu bewahren, sie zu pflegen und zu schützen heute und an allen Tagen unseres Lebens. Amen.

Gabenbereitung

Lied GL 490: Was uns die Erde Gutes spendet – *oder* GL/EA 026: Gottes gute Gaben (T: Willi Fährmann / M: Heino Schubert 1972)

Gabengebet

Herr, unser Gott, nimm uns mit den Gaben dieser Erde an und verwandle uns in Menschen, die verantwortlich mit deiner Schöpfung umgehen. Darum bitten wir durch Jesus Christus, der mit dir lebt und liebt in Ewigkeit. Amen.

Drittes Hochgebet für Meßfeiern mit Kindern

Heilig-Lied GL 510: Heilig

Vater unser

Friedensgruß

Kanon GL/EA 020: Herr, gib uns deinen Frieden (T: W. Poeplau / M: L. Edelkötter)

Kommunion Meditative Musik

Dank Lied Ls 53: Die Erde ist schön (Sœur Sourire, Neue Stadt-Verlag, München) – *oder* GL 297: Gott liebt diese Welt

Schlußgebet

Gott, wir danken dir für dein Wort, für Brot und Wein, für unser Leben auf dieser Erde. Wir danken dir für die gute Erde, die du uns anvertraut hast, für die Schätze, die du im Acker unseres Lebens verborgen hast. Wie die Erde uns nährt, so laß uns leben aus dir und reiche Frucht bringen. Darum bitten wir durch Jesus Christus, durch den du diese Schöpfung und uns vollenden wirst. Amen.

 **Senfkorn**

Märchen: „Die Reise zur Sonne"

Vorzubereiten:
Kinder schreiben auf gelben Schablonen, (die ein aufgeplatztes Senfkorn zeigen, aus dem zwei Keimblätter gewachsen sind,) welche besonderen Fähigkeiten sie haben, die schon gewachsen sind oder noch groß werden sollen. Diese werden auf dem Teppich im Mittelgang der Kirche befestigt. Vor dem Altar ein großes Bild – nachgestaltet dem Bild „Gleichnis vom Senfkorn" von Sigmunda May, Kinder drücken ihre Hände um den „Senfkorn-Menschen" Jesus – einige Blumentöpfe mit Erde.

Vor dem Gottesdienst
Allen Mitfeiernden wird ein Senfkorn in die Hand gelegt.

Einzug
Instrumentalmusik – bis alle Kinder auf den Plätzen sind.

Eröffnung
Lied GL/EA 031: Wo zwei oder drei in meinem Namen versammelt sind (T: Mt 18,20 / M: Jesus Bruderschaft, Gnadenthal)

Begrüßung und Einführung
Klein und unscheinbar hat unser Leben begonnen. Bei der Taufe wurden Glaube, Hoffnung und Liebe – klein wie ein Senfkorn – in den Acker unseres Lebens gesät. Wir freuen uns heute mit euch, liebe Kommunionkinder, über das, was in euch schon wachsen und sich entfalten konnte. Herzlich begrüßen wir euch mit euren Eltern, Großeltern, Paten und mit allen, die euch mit ihrer Liebe und Sorge begleitet haben, damit ihr wachsen und euch entfalten konntet. Mit allen, die heute hier zusammengekommen sind, wollt ihr eure Erstkommunion, eure Verbindung mit Jesus und mit allen, die zu ihm gehören – wie die Zweige zu einem Baum – feiern. Als Bild für diese Feier habt ihr das „Senfkorn" gewählt. Der Teppich erzählt davon, daß ihr alle schon erlebt habt, daß aus einem kleinen Anfang etwas Großes geworden ist. Ihr habt Hoffnung, daß aus dem, was noch klein und verborgen in euch ruht, Großes und Gutes wachsen wird durch die Verbindung mit Jesus, der ein „Senfkorn-Mensch" war. In euch soll wachsen und sich entfalten, was anderen Schutz und Leben schenkt. Mit euch zusammen möchten wir uns dem Licht, der Liebe Gottes entgegenstrecken und aus seiner Kraft miteinander wachsen und reifen.

Wir feiern eure Erstkommunion: Im Namen des Vaters ...

145

Den Kommunionkindern werden die Kerzen abgenommen. Ein Senfkorn wird ihnen in die Hand gelegt.

Lied GL/EA 047: Ubi caritas et amor (Gesang aus Taizé)

1. Kind: Ein Senfkorn wurde mir in die Hand gelegt: klein, unscheinbar, wehrlos. Unter anderen Samenkörnern würde es sich verlieren, nicht mehr ins Auge fallen.

2. Kind: Das Senfkorn in meiner Hand läßt sich nicht begreifen, nicht mit Händen, nicht mit Worten. Es ist ein Wunder des Lebens.

3. Kind: Dieses Senfkorn ist ein Bild für mich. In der großen Welt der Starken und Mächtigen fühle ich mich oft klein, unbedeutend, wehrlos, verloren.

4. Kind: Das Senfkorn ist ein Bild für alle, die in dieser Welt nicht zählen, die klein, schwach, unscheinbar sind, die kein Aufsehen erregen und deshalb leicht übersehen werden.

5. Kind: Das Senfkorn ist auch ein Bild für Jesus, der als Kind armer Leute klein und schwach in den Acker der Menschheit, in den Acker unserer Welt gesät wurde.

Erwachsener: Das Senfkorn ist ein Bild für die Kirche. Jesus hat unbedeutende Menschen um sich gesammelt: Sünder, Zöllner, Frauen und Kranke. Diese Gemeinschaft wirkte in den Augen der Frommen und Mächtigen seiner Zeit klein und unbedeutend.

6. Kind: Das Senfkorn ist ein Bild für Brot und Wein. In diesen kleinen, unscheinbaren Zeichen verschenkt Jesus sich heute an uns, um uns den Himmel, das Reich Gottes zu schenken.

7. Kind: Gott hat Jesus wie ein Senfkorn in diese Welt, in unser Leben gesät. Er ist ein Senfkorn-Mensch.

Lied GL/EA 03 1. Str.: Kleines Senfkorn Hoffnung (T: Alois Albrecht / M: L. Edelkötter)

Besinnung

8. Kind: Gott, in Jesus bist du klein und schwach wie ein Senfkorn in diese Welt gekommen. Wir aber halten es für gefährlich, klein und schwach zu sein. Wir haben Angst und fühlen uns in der Welt der Großen und Mächtigen verloren. Darum wehren wir uns und versuchen, uns mit Macht und Gewalt durchzusetzen.

Kyrieruf KD 99: Kyrie, Kyrie eleison (Taizé)

Mutter: Gott, Jesus hat sich wie ein Senfkorn wehrlos den Frommen und Mächtigen in die Hand gegeben, weil er sich von deiner Hand gehalten wußte. Wir aber sind oft mutlos, weil wir meinen, wir könnten in der Welt der Großen und Mächtigen nichts ausrichten.

Kyrieruf:

146

Katechetin: Gott, in Jesus ist der Himmel klein wie ein Senfkorn in diese Welt gekommen. Vergib, wenn wir meinen, daß aus allem, was klein und unscheinbar ist, nie etwas Großes und Gutes werden kann. Vergib, wenn wir verhindern, daß dein „Senfkorn" in uns und in anderen aufgehen kann. Vergib, wenn wir füreinander nicht zum Himmel geworden sind.

Kyrieruf:

Zuspruch der Vergebung
Der gute Gott erbarme sich unser. Er vergebe uns unseren Unglauben, unseren Mangel an Liebe und schenke uns ein hoffnungsvolles, frohes Herz und neues Leben durch Jesus Christus, seinen Sohn. Amen.

Kanon GL/EA 042: Der Himmel geht über allen auf (Wilhelm Willms / P. Janssens) (möglich als Tanz)

Gebet
Jesus, mit dem Bild vom Senfkorn singst du ein Loblied auf alles, was klein, unbedeutend und leicht zu übersehen ist. Durch dich wissen wir, daß alles, was in dieser Welt klein und schwach erscheint, in deinem Reich groß wird. Wir danken dir, daß du in den kleinen unscheinbaren Gestalten von Brot und Wein dich heute an uns verschenken willst, damit das Gute, das noch anfanghaft in uns verborgen ist, groß werden und sich entfalten kann. Gib uns Hoffnung und gute Augen, die im Keim schon die Frucht sehen. Darum bitten wir durch Jesus Christus, unsern Herrn. Amen.

Gedanken zum Senfkorn in der Hand
9. Kind: Das Senfkorn in meiner Hand sagt mir, daß aus einem winzig kleinen Anfang etwas Großes werden kann, wenn ich es säe. Ich muß es verlieren, in den dunklen Acker dieser Erde fallen lassen, sonst wird daraus nie etwas Großes.

10. Kind: Das Senfkorn in meiner Hand will mir Mut und Hoffnung zusprechen, daß aus mir etwas Großes werden kann, auch wenn ich jetzt noch klein und unbedeutend bin.

Vater: Das Senfkorn in meiner Hand erinnert mich an alle, die leben oder gelebt haben wie ein Senfkorn: unbedeutend in den Augen der Starken, Großen und Mächtigen, wehrlos und schwach. Viele starben und wurden in die Erde gesät. Ihre Namen sind unvergeßlich.

Großmutter: Das Senfkorn in meiner Hand erinnert mich an Jesus. Er hat gelebt wie ein Senfkorn. Er glaubte daran, daß Liebe, Sanftmut, Glaube und Vertrauen stärker sind als Macht und Gewalt. Er glaubte, auch wenn ich jetzt mit meiner Botschaft und mit meinem Tun scheitern muß, Gottes Reich breitet sich aus. Aus meinem kleinen Anfang wird Gott etwas Großes wachsen lassen.

Mutter: Das Senfkorn in meiner Hand erinnert mich an den kleinen unscheinbaren Anfang der Kirche. Aus dem unbedeutenden Kern der Freunde Jesu ist das große, weltweite Gottesvolk dieser Erde hervorgegangen.

11. Kind: Das Senfkorn in meiner Hand erinnert mich an die kleinen Gaben Brot und Wein, in denen Jesus sich heute an uns verschenkt. Durch diese unbedeutenden Gaben kann ich groß werden in der Liebe und anderen Schutz und Heimat geben.

Katechetin: Das Senfkorn in meiner Hand erinnert mich an Jesus, der ein „Senfkorn-Mensch" war. Mit ihm und durch ihn können wir „Senfkorn-Menschen" werden, durch die Gottes Reich, der Himmel, sich in dieser Welt ausbreiten kann wie ein großer Baum, der anderen Schutz und Heimat gibt.

12. Kind: Das kleine Senfkorn möchten wir nicht in der Hand behalten. Wir legen es in die Erde, damit es im Segen Gottes wächst und sich entfalten kann.

Senfkörner in die Blumentöpfe legen – **Lied:** Kleines Senfkorn Hoffnung ...

Erklärung zum Tanz der Kommunionkinder

Unsere Kommunionkinder spielen jetzt das Gleichnis vom Senfkorn nach. Zunächst sind sie Körner, die in der dunklen Erde ruhen. [Kinder liegen auf dem Boden – ruhige Musik]

Langsam erwachen sie zum Leben, strecken sich dem Licht entgegen und werden größer und größer. Kinder richten sich langsam auf – knien – heben Arme – etwas bewegtere Musik – stellen sich

Sie wiegen sich in Sonne und Wind und breiten sich aus, bis sie zu einem großen Baum werden, der anderen Halt und Schutz gibt. [freudig bewegte Musik]

Tanz Musik: Orgel und Flöte

Evangelium

Das Gleichnis vom Senfkorn Mt 13,31 f. – *oder:* Mk 4,30–32 – *oder:* Lk 13,18 f.

Ansprache

Wir alle haben uns für den heutigen Tag schönes Wetter, Sonnenschein gewünscht. Es ist schön, wenn die Sonne alles hell, leuchtend und warm macht. Das chinesische Märchen: „Die Reise zur Sonne" erzählt von einem Volk, das seit unvordenklichen Zeiten in Nacht und Finsternis wohnte. Kein Sonnenstrahl drang in das Land Dschuang. Die Menschen hatten gehört, daß es am Himmel eine Sonne gebe, aber sie hatten noch keinen Lichtstrahl von ihr gesehen. In dem dunklen Land schlichen wilde Tiere umher und versetzten die Leute in Angst und Schrecken. Eines Tages beschlossen die Bewohner dieses finsteren Landes, einen Boten zur Sonne zu schicken mit der Bitte, sie möge dem Volk helfen und ihr Licht auch ins Land Dschuang senden. Ein Mann von 60 Jahren sagte: „Laßt mich gehen. Ich kann nicht mehr arbeiten, aber marschieren kann ich noch gut." Ein

148

junger Mann drängte sich vor und sagte: „Zur Sonne gehe ich! Ich bin jünger und kräftiger." Da sprang ein 10jähriger Junge in die Höhe und rief: „Die Sonne ist unendlich weit weg. Man braucht sicher 90 Jahre, um dieses Himmelswunder zu erreichen. Ich bin jung. Laßt mich gehen!" Malo, eine junge Frau von 20 Jahren, meldete sich zu Wort und sagte: „Laßt mich gehen, denn ich erwarte ein Kind. Wenn ich mein Ziel nicht erreiche, dann erreicht mein Kind es aber ganz bestimmt." Alle waren einverstanden. Malo wurde ausgewählt und auf die Reise zur Sonne geschickt. Nach ihrer Ankunft sollte sie sogleich ein Feuer anzünden. Dies sollte das verabredete Zeichen sein.

Malo ging ostwärts, denn dort sollte das himmlische Wunder aufgehen. Nach acht Monaten schenkte sie einem gesunden Jungen das Leben. Sie nahm ihn mit auf dem Weg zur Sonne. Als der Junge selbst laufen konnte, wanderten beide unentwegt in Richtung Sonne. Es gab viele Gefahren zu überwinden: Hohe Berge, tiefe Schluchten, reißende Wasser, wilde Tiere, selbst dem Tod waren sie oft begegnet. Aus jeder Gefahr aber wurden sie wunderbar gerettet. Auf dieser unendlich langen Reise trafen sie viele Menschen, die ihnen halfen. Die Leute staunten über die beiden, die auf dem Weg zur Sonne waren. Sie setzten Malo und ihren Sohn mit Booten über Flüsse, führten sie sicher durchs Gebirge, gaben ihnen Kleider, Schuhe und warme Mahlzeiten. Nach siebzigjähriger Wanderschaft war Malo müde und erschöpft. Sie blieb in einem Bauernhaus zurück und ließ den Sohn alleine weitergehen.

Die Menschen im finsteren Dschuang schauten jeden Morgen erwartungsvoll nach Osten, wo das Feuer aufgehen sollte. Siebzig Jahre vergingen, aber das verabredete Zeichen erschien nicht. Die Sonne war nicht zu sehen, keine Wärme zu spüren. Alles blieb dunkel; und Wölfe, Schlangen und Tiger trieben weiter ihr Unwesen. Die Leute glaubten, Malo sei auf ihrer Wanderschaft schon längst umgekommen. Doch am letzten Tag des 99. Jahres schlugen die Wächter plötzlich Alarm. Am östlichen Himmel sah man ein gewaltiges Feuer auflodern. Die Menschen konnten es kaum glauben. Doch dann ging glühend und in großer Herrlichkeit die Sonne auf. Ihre Strahlen drangen bis in die letzten Winkel von Dschuang. Die wilden Tiere flüchteten. Zum Zeichen der Verehrung für Malo und ihren Sohn beginnen seit jenem Tag die Leute in Dschuang ihre Arbeit mit dem Sonnenaufgang und kehren heim bei Sonnenuntergang.

Dieses Märchen, liebe Kommunionkinder, hat mit uns und unserem Leben zu tun. Wir alle waren einmal wie ein kleines Senfkorn im Leib unserer Mutter, die sich mit uns auf den Lebensweg machte, voller Hoffnung, die Sonne zu erreichen, die Licht und Leben schenkt in der Dunkelheit dieser Welt. In der Taufe haben Vater und Mutter sich wieder bewußt mit euch auf den Sonnenweg gemacht. Mit euch sind sie unterwegs, um die Sonne, die das wahre Leben gibt, zu suchen. Inzwischen seid ihr nicht mehr das kleine Kind, das von der Mutter der Sonne entgegengetragen wird. Ihr selber könnt jetzt den Weg zur Sonne gehen. Wir alle, jung und alt, sind mit euch unterwegs. Wir alle brauchen für unser Leben Licht und Wärme. Wir sind unterwegs in der Hoffnung, daß das Licht der wahren Sonne, die Jesus Christus ist, unser ganzes Leben, unser Wesen durchdringt. Alle Dunkelheit, alle Finsternis, alles, was uns in Angst und Schrecken versetzt, soll aus unserem Leben weichen, das Licht der Sonne soll uns überfluten und glücklich machen. Gottes Liebe ist wie die Sonne. Seit Ostern ist Jesus Christus die unbesiegbare Sonne, die strahlend aufgegangen ist über der dunklen Welt. Sein Licht, die Ostersonne, kennt keinen Untergang. Wenn wir uns dieser Sonne Jesus Christus zuwenden, immer weiter auf den Weg zu ihm gehen, dann wird uns seine Kraft durchdringen und unser Leben leuchtend, strahlend und warm machen. Das kleine Senfkorn Himmelreich, das heute in euch hineingesät wird, soll im Licht seiner Sonne wachsen, sich entfalten und groß werden. Wir wünschen euch heute, daß euer Leben leuchtend und strahlend wird durch die Sonne, die Jesus ist. Und wenn es wieder dunkel wird in eurem Leben, dann wünsche ich euch, daß ihr hoffnungsvoll weitergeht auf eurem Lebensweg in Richtung Sonne. Alle Wege, die in eine andere Richtung führen, bringen euch nicht weiter. Wie es viele Menschen gab, die Malo und ihrem Sohn auf dem Weg zur Sonne geholfen haben, so sollen auch wir einander helfen, alle Gefahren des Lebens zu überwinden und auf dem Weg zur Sonne uns weiterzuhelfen. Mit euren Eltern, Großeltern, Paten und Geschwistern, in Gemeinschaft mit vielen Freunden und Freundinnen aus der Gemeinde, könnt ihr Tag für Tag der Sonne mehr entgegengehen. Jesus Christus ist unsere Sonne. Er will uns zu Sonnenmenschen machen, nicht nur heute. Er stärkt uns auf der Lebensreise mit Brot vom Himmel, mit sich selbst. Durch ihn gestärkt und erleuchtet, können wir froh und hoffnungsvoll unsern Weg weitergehen. Er begleitet uns und durchdringt uns immer mehr mit seinem Licht, damit wir durch ihn zu Sonnenmenschen werden, die der dunklen Welt Licht, Freude, Hoffnung und Leben schenken.

Instrumentalmusik

Glaubensbekenntnis

1. Kind: Jesus, wir glauben, daß du die Sonne bist. Durch dich ist Gottes Reich zu uns Menschen gekommen. Es wird wachsen und sich trotz aller Hindernisse durchsetzen und ausbreiten.

Liedruf GL 448: Amen, wir glauben!

Mutter: Jesus, wir glauben, daß du als Senfkorn-Mensch von Gott in den Acker unseres Lebens, in den Grund der Menschheitsgeschichte eingesenkt bist.

Liedruf:

2. Kind: Jesus, wir glauben, daß Gottes Reich, das durch dich klein wie ein Senfkorn begonnen hat, wächst und sich ausbreitet und zu einem großen Baum wird, der vielen Menschen Schutz und Heimat gibt.

Liedruf:

3. Kind: Jesus, wir glauben, daß Gottes Reich sich durch Menschen ausbreitet, die in deinem Licht leben und versuchen, so zu leben, wie du es ihnen gezeigt hast.

Liedruf:

4. Kind: Jesus, wir glauben, daß Gottes Reich in uns ist und sich ausbreiten kann, daß wir aus der Verbindung mit dir anderen Schutz und Geborgenheit schenken können.

Liedruf:

Gabenprozession
Meditative Musik – *oder* Lied: GL/EA 010: Alle Knospen springen auf (T: Wilhelm Willms / M: L. Edelkötter)

Gabengebet
Guter Gott, Brot und Wein sind Zeichen für uns und unser Leben. Verwandle uns mit diesen Gaben in Sonnenmenschen und schenke uns einen neuen Seh- und Hörsinn für das Kleine und Unbedeutende in dieser Welt, in dem sich das Himmelreich mitten unter uns verbirgt. Laß dein Reich in uns und unter uns wachsen und sich ausbreiten durch Jesus Christus, deinen Sohn. Amen.

Zweites Hochgebet für Meßfeiern mit Kindern

Präfation
Es ist gut und richtig, es bringt uns Segen und Heil, wenn wir dir, guter Gott, immer und überall danken. Von deinem Licht kommt alles Leben. Du hast Jesus wie ein Senfkorn in diese Welt, in unser Leben gesät, damit wir in den kümmerlichen Ansätzen unseres Menschseins die Kraft entdekken, die uns wachsen und großwerden läßt. Wir danken dir für die vielen guten Fähigkeiten, die du uns geschenkt hast, für die Kraft und den guten Willen zu helfen, daß dein Reich sich ausbreiten kann. Wir danken dir, daß wir dem zarten, keimenden Leben in uns und anderen trauen dürfen, daß wir den Kindern trauen, durch die du neues Leben wachsen, blühen und fruchtbar werden läßt. Wir danken dir für das Senfkorn Jesus. Durch ihn können wir zu „Senfkorn-Menschen" werden, durch die dein Reich, der Himmel, sich in dieser Welt ausbreitet und zu einem großen Baum wird, der tragende und bergende Kraft hat.
Mit allen Engeln und Heiligen, mit allen, durch die dein Reich wächst und sich ausbreitet, singen wir zu deinem Lob:

Heilig-Lied GL 510: Heilig

Vater unser (singen)

Friedensgruß

Die Kommunionkinder bringen den Friedensgruß zu allen, die mit uns feiern.

Lied: Friede soll mit euch sein (Polnisches Friedenslied, aus: Jugendkreuzweg 1982, Deutsch: D. Zils, tvd-Verlag, Düsseldorf)

Kommunion

Danklied Komm, bau ein Haus, das uns beschützt (mit Bewegungen) (T: P. Horst, F. K. Barth, H.-J. Netz / M: P. Janssens, P. Janssens-Musikverlag, Telgte)

Schlußgebet

Guter Gott, in dieser Feier hast du den Himmel wie ein Senfkorn in unser Herz gesenkt. Laß dein Leben, das immer jung und kraftvoll ist, uns durchdringen. Vollende, was du in uns begonnen hast und laß uns mit dir zum herrlichen Baum in deinem Reich werden, der andere tragen und schützen kann. Darum bitten wir durch Jesus Christus, der die wahre Sonne unseres Lebens ist. Amen.

Kommunionandenken

Auf dem Kreuz, das wir euch jetzt schenken, werdet ihr die Sonne wiederentdecken. Jesus, der Auferstandene, ist von der Sonne umgeben. Diese unbesiegbare Ostersonne möge jeden Tag für euch leuchten und euch zu sonnigen Menschen machen. Mit Jesus könnt ihr immer wieder auferstehen zum neuen Leben.

Segen

Einladung zum gemeinsamen Brotbrechen.

Dankandacht zur Erstkommunionfeier „Senfkorn"

Eröffnung
Tanz-Kanon GL 282: Lobet und preiset, ihr Völker, den Herrn

Begrüßung
Herzlich begrüße ich euch zum Dankgottesdienst an eurem Erstkommuniontag. Es ist schön, liebe Kommunionkinder, daß ihr mit euern Eltern, Großeltern, Paten und Verwandten und mit allen, die mit euch gefeiert haben, gekommen seid, um euch bei unserem guten Gott zu bedanken, für alles, was euch heute geschenkt worden ist. Die Sonne leuchtet wieder über uns, und die Sonne, die Christus ist, ist in unserer Mitte. In der Gestalt des Brotes will er uns ganz nahe sein.

Einführung
Ein Mann verteilte Senfkörner, winzig kleine gelbe und schwarze Perlen, voll Leben und Geschmack. In den Straßen der Stadt sprach er die Vorübergehenden an. Er sagte zu ihnen: „Darf ich Ihnen etwas Schönes geben?" Die Angesprochenen schauten ihn mißtrauisch oder ablehnend an. Andere blieben zögernd stehen. Als er sagte: „Halten Sie die Hand auf", gingen manche spöttisch lächelnd weiter. Einige aber hielten vorsichtig ihre Hand hin. Mit spitzen Fingern legte der Mann ein Senfkorn in die offene Hand und sagte: „Das Himmelreich ist einem Senfkorn gleich." Menschen, die das kleine Senfkorn in ihren Händen hielten – so wie wir es heute morgen getan haben – merkten, wie behutsam sie sein mußten, um das Hoffnungszeichen, das Himmelreich, nicht zu verlieren. „Das kleine Korn geht leicht verloren", sagte eine Frau, die zurückkam und sich noch ein Senfkorn geben ließ. „Ja", sagte der Mann, „das Himmelreich muß man gut hüten, damit es nicht verlorengeht." „So ist es mit unserem Himmel?" fragte ein junger Mann erstaunt zurück. „Nicht zu begreifen, kaum zu fühlen, ohne Gewicht, aber wichtig ...", dachte er laut. „Was mache ich jetzt damit?" fragte er. „Ja, was machen wir mit unserem Senfkorn?" fragten andere Leute. „Lassen wir das Senfkorn ‚Himmel' im Acker unseres Lebens aufgehen und großwerden, dann können wir den Himmel in die Welt tragen und anderen Schutz und Heimat geben, wie ein großer Senfbaum." „Das Korn lädt uns ein, an eine herrliche Zukunft zu glauben!" staunte ein junges Mädchen. „Ja, wenn der Anfang auch klein und unbedeutend ist, ist er einmal gemacht, führt Gott ihn mit Gewißheit zu einem guten und großen Ende." – „Wir sind also das umhergehende Himmelreich?" „Ja, das stimmt! Das Senfkorn ‚Himmel' kann in uns groß werden und von uns auf andere übergehen." (nach W. Willms)

Kanon GL/EA 042: Der Himmel geht über allen auf (mit Bewegungen) (Wilhelm Willms / P. Janssens)

Ansprache

Eines Tages entdeckte ein Mädchen in sich eine gute Fähigkeit, klein wie ein Senfkorn. Es spürte, da will etwas in mir wachsen und großwerden, das die Welt verändern kann. Es merkte, wie durch ihr frohes und strahlendes Aussehen und Wesen sich viele Gesichter, manchmal sogar finstere Mienen veränderten. Es nahm sich vor, immer freundlich und froh allen Menschen zu begegnen. So wurde das Kind zu einem Sonnenschein für viele Menschen. Die Eltern hatten große Sorgen. Wenn sie aber ihre frohe Tochter anschauten und ihr zuhörten, merkten sie, daß sie ihre Last viel leichter tragen konnten. Die Nachbarn wurden angesteckt von dem Sonnenschein und der Freude. Sie vergaßen ihren Ärger, wurden zu ihren Hausbewohnern freundlicher und steckten wieder andere an mit ihrer Freude. Und plötzlich war es so, als ob die Sonne viel öfter scheinen würde als vorher. Sie entdeckten auch, wie schön es ist, ein Sonnen-Mensch zu sein. Die Mitarbeiter aus dem Betrieb von nebenan, der Nachbar war Abteilungsleiter, merkten, daß sie so viel besser miteinander leben und arbeiten konnten. Die Familien dieser Mitarbeiter spürten, daß die Väter und Mütter abends ganz anders nach Hause kamen als vorher. Die Kinder wurden froh und brachten ihre Freude auf den Spielplatz, in die Schule und überall hin, wo sie waren. Es dauerte gar nicht lange, da sprach man von der freundlichen Stadt.

Das Senfkorn „Himmel", das ein kleines Mädchen in sich entdeckt hatte, konnte wachsen, sich entfalten und groß werden. Es konnte die Welt verändern. Haben wir schon das Senfkorn „Himmel" in uns entdeckt? Kann es auch in uns und durch uns groß werden, sich entfalten und zum Segen für andere werden?

Lied: Komm, bau ein Haus (mit Bewegungen) (T: P. Horst, F. K. Barth, H.-J. Netz / M: P. Janssens)

Evangelium

Lk 17,5–6; Mk 11,23; Mt 17,19–21 *Die Kraft zum Glauben*
Die Apostel spürten, daß ihr Glaube klein und schwach war. Deshalb baten sie Jesus: Herr, mache unseren Glauben stark. Jesus sagte: „Wenn euer Glaube auch nur so groß wäre wie ein Senfkorn, dann könntet ihr zu dem großen Baum hier sagen: Reiß dich mit deinen Wurzeln aus dem Boden und verpflanze dich ins Meer. Er würde euch gehorchen." Wenn euer Glaube auch nur so groß ist wie ein Senfkorn, dann könnt ihr Berge versetzen und damit die Welt verändern.

154

Bitten um Glauben

Priester: Jesus, du siehst den Senfkornglauben deiner Freunde. Du hilfst ihnen, daß er groß werden kann. Mit ihnen bitten wir dich: Herr, stärke unsern Glauben.

Alle: Herr, stärke unsern Glauben!

Vater: Jesus, du gehst auf den Senfkornglauben des Thomas ein, der nur glauben wollte, was er begreifen konnte. Er durfte seine Finger in deine Wunden legen und erkennen, daß du lebst. A.:

Mutter: Jesus, du weißt um den Senfkornglauben der Frau, die nur dein Gewand berühren wollte, um geheilt zu werden. A.:

1. Kind: Jesus, du kennst den Senfkornglauben unserer Eltern, Großeltern und Paten, wenn es ihnen schwerfällt, mit uns über Gott zu sprechen. A.:

2. Kind: Jesus, du kennst auch unseren Senfkornglauben, den wir in der Welt der Mächtigen und Lautstarken so leicht verlieren können. A.:

Aussetzung

Priester: Wir holen jetzt die große Hostie und setzen sie aus in der Monstranz, einem kostbaren Zeigegefäß, das aussieht wie eine goldene Sonne. Jesus, die Sonne unseres Lebens, ist in der Gestalt des Brotes ganz nahe bei uns.
Wir glauben, daß das Senfkorn ein Bild ist für das Stückchen Brot, in dem Jesus sich selbst an uns verschenkt, damit Gottes Reich in uns und durch uns wachsen kann. Jesus hat gesagt: „Das ist mein Leib für euch!" Wir freuen uns, daß Jesus bei uns ist und daß wir das eucharistische Brot verehren können. Wir singen zu seinem Lob:

Lied UL 39: Halleluja, preiset den Herrn (mündlich überliefert, Verfasser unbekannt) oder: Halleluja, danket dem Herrn (Getanztes Gebet Nr. 17)

Fürbitten

Priester: Gott, du schenkst uns durch Jesus die Hoffnung, daß aus einem kleinen Anfang etwas Großes werden kann. Wir bitten dich:

3. Kind: Für alle, die sich für klein und unbedeutend halten. Schenke ihnen einen Senfkornglauben, damit sie vor der Macht derer, die groß sind oder groß tun, nicht erschrecken müssen.

Liedruf: Segne sie alle, Herr! **nach jeder zweiten Bitte:** Breite deine Hände aus. Nimm uns all in deine Hut. Breite deine Hände aus, dann wird alles gut.
(aus: Pfälzer Kindermesse „Alle Kinder dieser Welt sind dein", Verlag Studio Union, Limburg)

Vater: Für alle Kommunionkinder, in deren Lebensacker du heute das Senfkorn „Himmel" eingesenkt hast. Laß sie durch Jesus wachsen in der Liebe und so zum Himmel für andere werden.

Liedruf:

4. Kind: Für alle, die heute mit uns feiern. Öffne ihnen die Augen und Herzen, damit sie dich in den kleinen, unscheinbaren Gestalten von Brot und Wein immer mehr finden.

Liedruf:

Patin: Für alle, die groß und mächtig sein wollen, weil sie meinen, daß es gefährlich ist, klein und schwach zu sein. Gib ihnen Mut, sich mit ihrer Schwäche und mit ihrem Kleinsein anzunehmen. Laß sie glauben, daß du die Kleinen groß machst.

Liedruf:

5. Kind: Für alle, denen du einen neuen Anfang in der Freundschaft mit dir schenkst. Hilf, daß sie sich für deine Nähe und Liebe öffnen, damit du Großes an ihnen tun kannst.

Liedruf:

Mutter: Für alle, die sich für Liebe, Frieden und Gerechtigkeit einsetzen. Laß sie glauben, daß durch ihr oft unauffälliges Tun Gottes Reich sich ausbreitet.

Liedruf:

Großvater: Für alle, die alt und krank sind, die kaum beachtet werden und sich in dieser Welt oft unnütz vorkommen. Laß sie glauben, daß du durch „Senfkorn-Menschen" dein Reich ausbreiten und großwerden läßt.

Liedruf:

Katechetin: Für uns alle. Laß uns glauben, daß dein Reich in uns und durch uns wachsen und großwerden kann, daß wir für andere zur Heimat, zum Himmel werden können.

Liedruf:

Priester: Wir wollen den guten Gott um seinen Segen bitten, damit er uns zu Senfkorn-Menschen macht. Wir empfangen heute den Segen mit dem eucharistischen Brot in der Monstranz.

Segen
Lied GL/EA 010: Alle Knospen springen auf (T: W. Willms / M: L. Edelkötter)

26. Wer beschenkt ist, muß weiterschenken

Vorzubereiten:
8 – 10 Beutel mit Pelzchen, evtl. Kleidung für Kobold (möglich: Kinder bringen selbstgebastelte Geschenke mit.

Einführung

1. Kind: Wir sind zusammengekommen, um Gott zu danken für alles, was er uns geschenkt hat.

2. Kind: Wir alle werden oft beschenkt. Wir sind reich Beschenkte. Geschenke sind Zeichen der Liebe, sie zeigen an, daß jemand sich mir in Liebe schenken will. Für alle Liebe, die uns durch Gott und Menschen geschenkt wurde, wollen wir heute danken.

3. Kind: Wir wollen aber nicht nur mit Worten danken. Wir wollen danken, indem wir als Beschenkte eine kleine Gabe weiterschenken. Vor allem wollen wir für das größte Geschenk Gottes danken, für Jesus Christus, seinen Sohn. Mit ihm feiern wir unseren Dank an Gott, das heißt: wir feiern Eucharistie.

Spiel
Die kleinen Leute von Swabeedoo

Erzähler: In Swabeedoo laufen sehr glückliche, kleine Leute herum mit einem Lächeln bis hinter die Ohren. Sie grüßen sich freundlich, und für jeden haben sie ein gutes Wort.

4. Kind: Wir kleinen Leute aus Swabeedoo sind glücklich, weil wir uns einander warme, weiche Pelzchen schenken. Darum tragen wir alle einen Beutel mit warmen, weichen Pelzchen bei uns. Sooft wir uns treffen, geben wir einander ein warmes, weiches Pelzchen.

Erzähler: Warum tut ihr das?

5. Kind: Nun, es ist besonders schön, jemandem ein warmes, weiches Pelzchen zu geben. Es sagt dem anderen: „Ich mag dich! Du bist etwas Besonderes!"

6. Kind: Wer so ein Pelzchen bekommt, der freut sich. Er fühlt sich anerkannt und geehrt. Der Beschenkte ist glücklich. Er möchte dem, der ihm ein Pelzchen geschenkt hat, ebenfalls etwas Schönes geben.

7. Kind: Wir, die kleinen Leute von Swabeedoo, geben uns gerne warme, weiche Pelzchen. Und wir nehmen gerne solche an. Wir fühlen uns so in Liebe miteinander verbunden und sind froh und glücklich.

Erzähler: Außerhalb des Dorfes, in einer kalten, dunklen Höhle wohnt ein großer grüner Kobold. Er lebt allein. Er kommt mit keinem Menschen aus. Manchmal fühlt er sich sehr einsam.

157

Kobold: Was die kleinen Leute in Swabeedoo tun, das ist doch ein großer Unsinn.

8. Kind: Guten Morgen, Kobold! Haben wir nicht einen wunderschönen Tag? Hier, nimm ein warmes, weiches Pelzchen. Es ist besonders schön. Ich habe es eigens für dich aufbewahrt, weil ich dich so selten sehe.

Kobold: Du bist dumm! Wenn du alle deine Pelzchen weggibst, dann gehen sie dir an einem schönen Swabeedoodah-Tag aus. (Kind schaut ihn erstaunt und erschrocken an)
(Kobold schaut in den Pelzchenbeutel)
Sei vorsichtig mit dem Verschenken! Du behältst sonst nichts für dich!

Erzähler: Der Kobold tappt mit seinen großen, grünen Füßen davon. Er läßt einen verwirrten und unglücklichen Swabeedoodah zurück. Der Kobold weiß auch, daß jeder hier in Swabeedoo einen unerschöpflichen Vorrat an Pelzchen besitzt.

Kobold: Ich weiß, daß die Pelzchen für das ganze Leben reichen. Ich habe den Mann belogen, um herauszufinden, ob in den kleinen Swabeedoodahs auch das steckt, was ich bei mir entdecke: Selbstsucht, Habsucht, Egoismus.

Erzähler: Es dauert nicht lange, da kommt einer an einem kleinen Swabeedoodah vorbei.

9. Kind: Guten Morgen, mein lieber Freund! Mit dir habe ich schon viele weiche, warme Pelzchen ausgetauscht. Weil ich dich mag, schenke ich dir heute ein besonders schönes Pelzchen.

8. Kind: Gib auf deine Pelzchenvorräte acht! (Geht schnell weg)

9. Kind: Es tut mir leid, aber ich habe kein warmes, weiches Pelzchen für dich. Ich muß aufpassen, daß mir meine Pelzchenvorräte nicht ausgehen.

10. Kind: Ich bin sehr vorsichtig geworden. Ich schenke nicht mehr jedem ein warmes, weiches Pelzchen. Ich weiß nicht, ob du es auch wirklich schätzt.

Erzähler: Die Neuigkeit verbreitet sich schnell im ganzen Dorf. Plötzlich beginnt jeder, seine Pelzchen aufzuheben. Man schenkt sich zwar immer noch welche, aber alle sind sehr, sehr vorsichtig.

Die kleinen Leute von Swabeedoo beobachten sich mißtrauisch und verbergen voreinander ihre Pelzchen. Streit bricht aus, wer wohl die meisten Pelzchen hat. Bald beginnen die Leute, Pelzchen für Sachen einzutauschen. Es wird mit Pelzchen gehandelt, statt sie einfach zu verschenken. Es werden sogar Pelzchen gestohlen.

4. Kind: Schade, wir sind abends draußen nicht mehr sicher. Früher gingen wir abends gerne in den Park, und auf den Straßen standen wir oft zusammen. Wir grüßten uns einander und schenkten uns warme, weiche Pelzchen.

5. Kind: Das Schlimmste ist, daß so viele von uns krank werden. Ganz viele haben Schmerzen im Rücken und laufen gebückt umher. Seitdem wir unsere Pelzchenbeutel zu Hause einschließen, leiden wir an Rückgraterweichung.

Kobold: Mit dem Ergebnis meiner Lüge bin ich ganz zufrieden. Eigentlich wollte ich ja nur herausfinden, ob die kleinen Leute auch so selbstsüchtig, habgierig und egoistisch sein können wie ich. Wenn ich jetzt in das Dorf komme, begrüßt mich keiner mit einem frohen Lächeln und niemand schenkt mir ein warmes, weiches Pelzchen. Die Leute starren sich mißtrauisch an. Sie begegnen mir nur noch mit einem traurigen Gesicht und einem mißtrauischen Blick. Ja, so ist die Welt wirklich!

Erzähler: Einige der kleinen Leute von Swabeedoo sind schon gestorben an Rückgraterweichung. Vielleicht liegt es auch daran, daß ihnen niemand mehr ein weiches, warmes Pelzchen gegeben hat. Nun ist alles Glück aus dem Dorf Swabeedoo verschwunden.

Kobold: Mein Gott, ich wollte ihnen doch nur zeigen, wie die Welt wirklich ist. Ich habe ihnen nicht den Tod gewünscht. Was mache ich jetzt? – – – In meiner Höhle habe ich noch viele kalte, stachelige Steine. Ich will sie mit den kleinen Leuten von Swabeedoo teilen.

Erzähler: Der Kobold geht und füllt über 100 Säckchen mit kalten, stacheligen Steinen. Er bringt sie ins Dorf. Die Leute nehmen sie froh und dankbar an.

11. Kind: Jetzt haben wir wieder etwas, was wir uns schenken können. – Kalte stachelige Steine verschenken, das macht aber nicht viel Spaß. Warme, weiche Pelzchen sind angenehmer.

12. Kind: Wer einen kalten, stacheligen Stein verschenkt, der gibt dem andern gleichsam die Hand. Der Stein ist aber kein Zeichen der Liebe und Freundschaft.

6. Kind: Wenn man mir einen kalten, stacheligen Stein schenkt, dann sind meine Finger oft zerstochen. Ich weiß nicht, was der andere mir damit sagen will. Wie schön wäre es doch, wenn mir jemand wieder ein warmes, weiches Pelzchen schenken würde.

7. Kind: Ich fange wieder an, warme, weiche Pelzchen zu verschenken. Ich möchte, daß wir wieder glücklich und gesund werden.

9. Kind: Ein warmes, weiches Pelzchen, das macht mich froh und glücklich.

10. Kind: Ich habe ein warmes, weiches Pelzchen gegeben und dafür einen kalten, stacheligen Stein zurückbekommen. So dumm bin ich nie wieder.

11. Kind: Ich möchte meinem Jungen wohl ein warmes, weiches Pelzchen schenken. Aber er hat es nicht verdient.

Erzähler: Einige fangen wieder an, sich warme, weiche Pelzchen zu schenken. Sie möchten gerne wieder so leben wie früher, sich warme, weiche Pelzchen schenken und schenken lassen. Aber ich glaube, es wird nie wieder Mode in Swabeedoo. Nur einige der kleinen Leute entdecken, daß sie weiterhin einander warme, weiche Pelzchen schenken können, ohne daß ihre Vorräte ausgehen. Die Kunst, Pelzchen zu schenken, wird aber nicht von vielen gepflegt. Das Mißtrauen steckt tief in den Leuten von Swabeedoo. Viele möchten sich gerne wieder beschenken – so wie sie es früher getan haben –, aber sie tun es nicht, weil sie sehen, wie die Welt wirklich ist.

Musik

Gebet

Gott, wir danken dir, daß du uns nicht mit kalten, spitzen Steinen beschenkst, sondern mit deiner warmen Liebe. Du beschenkst uns, ohne danach zu fragen, ob wir mit den Geschenken, die du uns in deiner Liebe gibst, dankbar umgehen. Du beschenkst uns ganz unverdient mit einer unendlichen großen Liebe, obwohl du von uns oft nur kalte, stachelige Steine bekommst. Wir danken dir für deine Liebe. Laß uns von dir lernen, einander zu beschenken, damit die Menschen durch uns wieder froh und glücklich werden. Amen.

Pelzchen verteilen (falls vorhanden, die kleinen mitgebrachten Geschenke)

Evangelium

Mk 6,30–44 – *oder:* Eine Geschichte von Jesus
Viele Menschen kommen zu Jesus. Sie laufen ihm nach. Sie bedrängen ihn sehr. Er wird von ihnen fast erdrückt, verzehrt. Er geht weg wie frisches Brot. Es sind arme, kranke, ausgestoßene Menschen, die ihm nachlaufen, solche, die sonst wenig beachtet werden. Sie warten darauf, daß er ihnen ein gutes Wort schenkt, daß er ihnen Hoffnung und eine neue Zukunft gibt. Sie warten darauf, daß er sie anrührt und sie heil und gesund macht. Sie warten darauf, daß er ihren Hunger stillt und ihnen Brot und Leben schenkt. Jesus sieht sie. Er schaut sie alle an. Er schenkt ihnen seine ganze Aufmerksamkeit. Er kennt ihren Hunger nach Brot und Liebe. Er weiß um ihre Not und ihr Elend. Er hat Mitleid mit ihnen. Er muß ihnen helfen. Jesus ruft seine Freunde zusammen. Er fragt: „Wie bekommen wir die Menschen satt? Sie haben Hunger. Viele sind von weither gekommen. Wir müssen ihnen Brot schenken, sonst sterben sie vor Hunger." Die Jünger sagen: „Wo soll das Brot herkommen für so viele Menschen? Wir sind hier mitten in der Wüste." Andreas sagt: „Da ist ein Kind, ein Junge, der hat fünf Brote und zwei Fische, aber bei den vielen tausend Menschen ist das nicht viel." Jesus sagt: „Wo ist der Junge? Wenn jeder gibt, was er hat, dann werden alle satt." Da kommt der Junge auch schon. Er ist von weither gekommen, um Jesus zu sehen und zu hören. Er weiß sich von Jesus beschenkt. Ihm will er alles schenken, was er noch hat. Jesus nimmt das Geschenk des Kindes an. Er dankt Gott dafür. Er bricht die Brote in viele Stücke und gibt sie den Jüngern zum Weiterschenken. Die Jünger schenken weiter, was Jesus ihnen gegeben hat. Sie nehmen das Brot und verteilen es. Immer mehr Brot wird geschenkt, gebrochen und geteilt. Ein Schenkender steckt den anderen an. Es wird geschenkt, geteilt und verteilt, und alle werden satt. Brotvermehrung.
Viele fragen, wo kommt das Brot denn her mitten in der Wüste? Das hat Jesus gemacht, sagen andere. Das ist ein Wunder. Einer beginnt zu schenken und steckt damit andere an, daß sie auch zu Schenkenden werden.

Wenn jeder gibt, was er hat, dann werden alle satt. Jesus meint, es kann alles wieder gut werden auf dieser Welt, wenn wir anfangen zu schenken wie der Junge, wenn wir anfangen zu schenken ohne Berechnung, wenn wir schenken, ohne zu fragen, was wir dafür wiederbekommen. Es kann alles wieder gut werden auf dieser Welt, wenn wir anfangen zu schenken wie das Kind, ohne zu fragen, wie andere mit unseren Geschenken umgehen. Wenn jeder anfängt, zu schenken und zu teilen, wenn einer den anderen mit dem Schenken ansteckt, dann geschieht ein Wunder, dann ist es auf der Welt wunderbar. (nach: Mk 6, 30–44)

Lied: Wir spinnen, knüpfen, weben (W. Willms / Janssens, aus: Fest der Hoffnung) *oder* Lied KD 29: Weil wir von Hilfe leben (Eckart Bücken / P. Janssens, aus: „Liebe ist nicht nur ein Wort")

Gabengebet
Guter Gott, wir haben Brot und Wein auf den Altar gestellt. Mit diesen Gaben schenken wir uns dir selbst. Verwandle uns, daß wir Jesus ähnlicher werden, der sich verschenkt – einfach aus Liebe – ohne jede Berechnung. Laß uns Schenkende werden, damit die Menschen froher und glücklicher werden. Nur so kann dein Reich kommen. Amen.

Drittes Hochgebet für Meßfeiern mit Kindern

Präfation
Schenkender Gott, wir danken dir für Jesus Christus, deinen Sohn. Er ist dein größtes Geschenk an uns. Seinetwegen haben wir Hoffnung, daß diese Welt neu und gut werden kann. Durch ihn schenkst du uns Leben und Liebe, Heil und Kraft. Er ist dein frohmachendes Wort. Durch ihn schenkst du uns Vergebung und Frieden. Jesus schenkt sich uns als frisches Brot und belebender Wein. Seinetwegen loben wir dich und singen voll Freude:

Heilig-Lied GL 491: Heilig

Vater unser – Friedensgruß

Kommunion

Dank Lied GL 266: Nun danket alle Gott

Schlußgebet
Schenkender Gott, wir danken dir für dieses Mahl und für die Gemeinschaft, die wir erfahren durften. Laß uns in Liebe und Freundschaft miteinander verbunden bleiben. Laß uns helfen, den Hunger der Menschen zu stillen, weil du dich uns als Nahrung geschenkt hast. Laß uns vergeben und Freude schenken, weil du uns deinen Frieden gegeben hast. Laß uns Schenkende werden, weil wir von dir beschenkt sind. Amen.

27 Spielend leben

Vorzubereiten:
Aufkleber für Erwachsene. Klebeetiketten von Kindern bemalen lassen, Einladung darauf schreiben: „Wenn Kinder spielen, dann spiel mit!"

Eröffnung

Lied GL 519: Komm her, freu dich mit uns – *oder:* Ich freu mich, daß die Sonne lacht (Krenzer/Edelkötter, aus: „Halte zu mir heute, guter Gott")

Begrüßung und Einführung

Lektor: Es wird erzählt, daß der alte Apostel Johannes gern mit seinem zahmen Rebhuhn spielte. Eines Tages kam ein Jäger zu ihm. Er wunderte sich, daß Johannes, ein so angesehener Mann, spielte. Er hätte doch in der Zeit viel Gutes und Wichtiges tun können. Deshalb fragte er: „Warum vertust du deine Zeit mit Spielen? Warum wendest du deine Aufmerksamkeit einem nutzlosen Tier zu?"
Johannes schaute ihn verwundert an. Warum sollte er nicht spielen? Warum verstand der Jäger ihn nicht? Er sagte deshalb zu ihm: „Weshalb ist der Bogen in deiner Hand nicht gespannt?" „Das darf man nicht", gab der Jäger zur Antwort. „Der Bogen würde seine Spannkraft verlieren, wenn er immer gespannt wäre. Wenn ich dann einen Pfeil abschießen wollte, hätte er keine Kraft mehr." Johannes antwortete: „Junger Mann, so wie du deinen Bogen immer wieder entspannst, so mußt du dich selbst auch entspannen und erholen. Wenn ich mich nicht entspanne und einfach spiele, dann habe ich keine Kraft mehr für eine große Anspannung, dann fehlt mir die Kraft, das zu tun, was notwendig ist und den ganzen Einsatz meiner Kräfte fordert."
Priester: Spielend leben, wer kann das heute noch? „Das Leben ist kein Kinderspiel", sagen viele Menschen. Erwachsene und Kinder haben weitgehend verlernt zu spielen, miteinander zu spielen. Ohne Spiel aber kann unser Leben nicht gelingen. Erwachsene und Kinder müssen spielen, spielend leben lernen. Sie müssen sich immer wieder entspannen und erholen. Goethe sagt: „Der Mensch ist nur dann ganz Mensch, wenn er spielt." In den Ferien haben wir Zeit zum Spielen, da sollen wir uns entspannen und erholen.

Besinnung

Vater: Gott, in jedem von uns steckt noch das Kind, das spielen will, das spielerisch den Dingen auf den Grund kommen will. Vergib uns, wenn wir uns keine Zeit zum Spielen nehmen, wenn wir alles so tierisch ernst nehmen und nur noch auf Leistung und Erfolg schauen.

Kyrie-Ruf GL 475: Herr, erbarme dich.

Mutter: Gott, Kinder können spielen und spielerisch ihr Leben meistern, wenn sie sich geliebt, anerkannt und geborgen wissen. Vergib, wenn wir zu wenig mit unsern Kindern gespielt haben. Vergib, wenn wir ihren Spielen zu wenig Aufmerksamkeit und Anerkennung geschenkt haben.

Kyrie-Ruf:

1. Kind: Gott, vergib, wenn wir zu wenig gespielt haben, wenn wir zuviel vor dem Fernseher oder im Kino gesessen haben. Vergib, wenn wir nicht fair miteinander gespielt haben, wenn wir andere vom Spiel ausgeschlossen haben.

Kyrie-Ruf:

Zuspruch der Vergebung

Lied-Tanz-Kanon KD 143: Laßt uns miteinander (Mündlich überliefert)

Gebet

Guter Gott, unser Leben ist wie ein Spiel. Manchmal spielen wir mit dir Verstecken. Du aber findest uns immer, auch wenn wir uns traurig in dunkle Ecken zurückgezogen haben, wenn wir uns verrannt haben und tief in Sünde und Schuld geraten sind. Du findest uns auch dort, wo sonst niemand uns sieht und hört. Du kennst uns und rufst uns mit Namen. Du ziehst uns an dich und schenkst uns einen neuen Anfang. Gott, es ist wunderbar, mit dir zu leben. Hilf, daß wir dich finden in der Freude und im Spiel, in der Ruhe und der Erholung. Darum bitten wir durch Jesus, unsern Freund und Bruder. Amen.

Evangelium

Mk 6,30–34: *Kommt mit an einen einsamen Ort*

Ansprache

(kann leicht in ein Spiel umgeschrieben werden)

Auf einer Vollversammlung der Tiere wurde von der Mehrheit beschlossen, einen „Tag der offenen Tür" durchzuführen, um die Menschen besser kennenzulernen. Nachdem sie sorgfältig das Risiko durchgesprochen hatten – denn es ist immer ein Risiko, Menschen zu begegnen – wurden die Vögel beauftragt, die Menschen einzuladen. Es sollte ein Fest der Begegnung, ein fröhliches Fest der ganzen Schöpfung werden.
Einige Tiere wurden bestimmt, Wache zu halten, denn sie wollten nur richtige Menschen zum Fest der Begegnung zulassen. Als alle Vorbereitungen getroffen waren, kam der erste Mensch. „Womit kannst du dich als Mensch ausweisen?" fragte der Löwe. „Nenne mir drei besondere Kennzeichen des Menschen!" Der Gefragte antwortete: „Du siehst, daß ich aufrecht gehe und aussehe wie ein Mensch. Du hörst, daß ich wie ein Mensch spreche." „Der Gang, das Aussehen und die Sprache machen den Menschen noch nicht zum Menschen", sagte der Löwe, und er wies den Gast ab.

Andere Menschen kamen zum „Tag der offenen Tür". Auch sie wurden nach den Kennzeichen eines echten Menschen gefragt. Die Antworten waren sehr verschieden. Sie lauteten: „Ich denke, ich arbeite und plane die Zukunft, deshalb bin ich ein Mensch." „Ich untersuche alles auf seinen Nutzwert. Ich sorge dafür, daß in der Wirtschaft alles auf Hochtouren läuft. Ich prüfe nach, ob alle genug und mit Erfolg arbeiten, das kann doch nur ein Mensch." – „Ich habe einen Beruf, ich muß schwer arbeiten und Geld verdienen", sagte ein anderer. „Ich habe Geld, Macht und Waffen." – „Ich habe ein Auto, eine Wohnung und viele Angestellte, die für mich arbeiten", so und ähnlich antworteten die Menschen. Alle wurden abgewiesen. Die Tiere waren enttäuscht. Sie wollten den „Tag der offenen Tür" schon absagen, als drei singende Kinder angehüpft kamen. „Warum singt und springt ihr?" fragten einige Tiere. „Weil wir uns freuen und froh sind, daß wir leben", antworteten die Kinder. „Warum seid ihr gekommen?" „Weil wir mit euch spielen und ein Fest feiern wollen. Wir möchten euch danken." „Und warum kommt ihr zu dritt?" wollte der Elefant wissen. „Weil wir uns lieben und gerne miteinander spielen und fröhlich sind", riefen die Kinder. Da wurden sie von allen Tieren herzlich aufgenommen. „Ja, das sind Menschen!" sagte die weise Eule. „Freude, Spiel und Gemeinschaft, Dank und Liebe, das sind wahre Kennzeichen eines Menschen."
In den Ferien wünsche ich euch und Ihnen allen: Viel Freude und Zeit zum Spielen, damit wir uns entspannen und Gemeinschaft erfahren. Schön wäre es, wenn unsere Ferien zu einem Fest der Begegnung, zu einem fröhlichen Fest der ganzen Schöpfung würden.

Instrumentalmusik

Fürbitten
Priester: Gott, du willst, daß wir ausruhen von der Arbeit, daß wir uns entspannen und erholen, daß wir spielen und miteinander Freude erleben. Wir bitten dich:

2. Kind: Für alle, die durch ihre Arbeit sehr angespannt sind, daß sie jetzt in den Ferien Zeit und Ruhe finden, um sich zu entspannen und zu erholen.

Liedruf GL 358,3: Herr, erbarme dich

3. Kind: Für alle, die zuviel arbeiten, die sich in ihrer Arbeit verlieren. Laß sie erkennen, daß Ruhe und Erholung, Spiel und Freude für ihr Leben ganz wichtig sind.

Liedruf:

4. Kind: Für alle Eltern, daß sie Spielen nicht für nutzlos und überflüssig halten. Laß sie erkennen, daß ihr Leben und das Leben ihrer Kinder ohne Spiel nicht gelingen kann.

Liedruf:

5. Kind: Für alle, die miteinander spielen, daß sie rücksichtsvoll und fair spielen und dadurch Freude und Gemeinschaft erfahren.

Liedruf:

6. Kind: Für alle, die sich in den Ferien begegnen, daß sie sich Zeit füreinander nehmen und miteinander fröhliche Feste feiern.

Liedruf:

Priester: Gott, laß uns spielen leben und spielend den Dingen auf den Grund kommen. Laß uns vor dir singen und spielen heute und für immer. Amen.

Gabenbereitung

Lied: Wir spinnen, knüpfen, weben (T: W. Willms / M: P. Janssens, aus: „Fest der Hoffnung", Peter-Janssens-Musikverlag, Telgte)

Gabengebet

Gott, laß unser Leben ein gutes Spiel sein. Du selbst bringst dich immer wieder in das Spiel unseres Lebens ein. Jedes gute Zusammenspiel macht das Leben zu einem Fest. Wir bringen dir Brot und Wein für das Fest mit dir und mit allen, die zu dir gehören. Nimm uns mit diesen Gaben an und schenke sie uns verwandelt zurück. Gib uns durch Jesus Christus die Kraft, daß wir uns nach seinem Beispiel für ein besseres Zusammenspiel aller Menschen einsetzen und dich durch Wort und Tat immer mehr ins Spiel bringen. Amen.

Erstes Hochgebet für Meßfeiern mit Kindern

Präfation

Es ist gut und richtig, großer Gott, vor dir zu spielen und dir ein Loblied zu singen. Wir danken dir, daß du dich durch Jesus Christus in das Spiel unseres Lebens eingebracht hast. Wir danken dir für jedes gute Zusammenspiel, das uns Gemeinschaft erfahren läßt und unser Leben zu einem Fest macht. Mit allen, die spielen und spielend leben, singen wir zu deinem Lob:

Heilig-Lied GL 469: Heilig

Vater unser – Friedensgruß
(Kinder verteilen Aufkleber an die Erwachsenen)

Kommunion

Dank Lied GL 272: Singt das Lied der Freude über Gott

7. Kind: Wie gut ist es, Gott, daß du mich kennst. Du siehst, wenn ich arbeite und wenn ich ruhe. Du schaust mir zu, wenn ich spiele, springe und tanze. Du liebst es, wenn ich mich freue und meine Freude im Spiel zum Ausdruck bringe. Du hörst mir zu, wenn ich Kummer habe, wenn Angst und Sorgen mich bedrücken. Du verstehst mich auch dann, wenn ich etwas nicht aussprechen kann. Du weißt, was ich denke. Du bist bei mir in der Schule, zu Hause und am Urlaubsort. Du siehst, wenn ich allein bin, mich entspanne und von einem schönen Leben träume, das vor mir liegt. Wie gut, daß du mich kennst und mich liebst, daß du für mich sorgst und bei mir bleibst. Wie in zwei großen Händen hältst du mich. Ich bin darin geborgen wie ein Vogel im Nest. Gott, das ist wunderbar. Ich danke dir dafür. Amen.

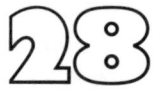 **Geh deinen Weg**

Vorzubereiten:
Große Schmetterlinge malen und darauf schreiben, wo und wann wir uns verändert haben, neu geworden sind, Fähigkeiten in uns entdeckt und entfaltet haben. Schmetterlinge in der Kirche anbringen – Schmetterlingsaufkleber.

Vor dem Gottesdienst: Kinder kleben allen, die in die Kirche kommen, einen Schmetterling auf.

Eröffnung
Lied Ls 53: Die Erde ist schön (Sœur Sourire, Neue-Stadt-Verlag, München)

Begrüßung und Einführung
Ganz viele Wege haben uns hier zusammengeführt. In den Ferien waren wir an verschiedenen Orten. Nun treffen sich unsere Wege wieder, und wir wollen unseren Lebensweg miteinander gehen: in der Schule, in der Familie, in der Gemeinde, in den Gruppen.
Wir alle sind auf den Weg unseres Lebens gestellt. Jeder muß den Weg gehen, auf dem er sein Glück findet und sich so entfalten kann, wie Gott es gewollt hat. An den Wendepunkten unseres Lebens – Beginn eines neuen Schuljahres – müssen wir Rast machen und nachdenken über unsern Lebensweg, wie er bisher war, und wie es in Zukunft weitergehen kann. Wir müssen uns immer wieder neu orientieren und ausrichten.

Jugendlicher: Wir müssen uns fragen: Was ist aus uns geworden? Sind wir ursprünglich und spontan geblieben oder haben wir uns angepaßt?

1. Kind: Denken wir daran, daß wir einmalige Gedanken Gottes sind? Glauben wir daran, daß wir einmalig und geliebt sind und so werden können, wie Gott uns gewollt hat? Oder möchten wir so sein, wie alle anderen auch sind?

Erwachsener: Wir müssen uns fragen: Sind wir noch Originale oder sind wir Kopien? Haben wir uns unsere Eigenständigkeit bewahrt oder lassen wir uns von Werbung, Konsum und Mode bestimmen? Ist das, was alle tun, auch für uns zur Norm geworden?

Kyrie-Lied GL 506: Christus, Herr, erbarme dich

Zuspruch der Vergebung

Lied Ls 73: Ein Neues beginnt (mündlich überliefert, Verfasser unbekannt) – *oder* GL/EA 010: Alle Knospen springen auf (T: Wilhelm Willms / M: L. Edelkötter)

Gebet

Guter Gott, du hast uns mit vielen Fähigkeiten und guten Anlagen beschenkt. Du hast uns als Originale erschaffen, einmalig und unersetzbar. Hilf, daß wir entfalten und zur Reife bringen, was du in uns grundgelegt hast, damit wir nicht als Kopien sterben. Begleite und führe uns auf unserm Lebensweg durch Jesus Christus, unsern Herrn. Amen.

Geh deinen Weg

(Nach Texten der Dia-Serie von Marlis u. Rolf Notter, Impulsstudio 8000 München 83, – Dias können dazu eingesetzt werden)

Erzähler: Auf einer großen Wiese lagen mitten auf einem Blatt Raupeneier. An einem warmen, sonnigen Morgen schlüpften die ersten zwei Raupen aus. Azzurro sagte:

Azzurro: Ein herrlicher Tag! Wunderbar, was es hier zu sehen gibt!

Erzähler: Giallo nickte und blinzelte zur Sonne hinauf.

Giallo: Ja, wirklich – ein schöner Tag! Herrlich, lebendig zu sein.

Erzähler: Beide hatten Hunger, und es dauerte nicht lange, da hatten sie schon mehr als die Hälfte des Blattes gefressen. Das saftige Grün schmeckte ihnen. Sie probierten an diesem und mal an jenem Kräutchen und trafen dabei viele Kollegen. Sie waren zufrieden und erzählten ihre Freude den Blumen. Diese bewegten sich sachte im Wind und flüsterten geheimnisvoll:

Blumen: Euer Leben wird nicht immer so bleiben. Ihr werdet euch verändern und ganz neu werden. Geht euern Weg und werdet so, wie es eurer Veranlagung entspricht. Der Schöpfer hat euch herrliche Möglichkeiten gegeben.

Erzähler: Azzurro schaute mit seinen blauen Augen nachdenklich in die Ferne. Die Worte der Blumen beschäftigten ihn so sehr, daß er vergaß zu fressen.

Azzurro: Was meinen die Blumen wohl? Was soll anders werden in meinem Leben? Wie kann ich neu werden? Welchen Weg muß ich gehen, um so zu werden, wie der Schöpfer mich gedacht hat?

Erzähler: Giallo hingegen war sich bald im klaren:

Giallo: Was soll's! Ich bleibe, was ich bin und wie ich bin. Mir gefällt es hier. Ich habe Blätter zum Fressen, Sonne, die mich wärmt und Kollegen. Was will ich mehr!

Erzähler: Giallo kletterte auf einen Stein und hielt eine Rede:

Giallo: Liebe Kollegen! Ihr werdet mir sicher zustimmen, daß es unvernünftig ist, sich auf einen Weg zu begeben, den man nicht kennt. Es ist eine große Dummheit, sich verändern zu wollen, nachdem es uns hier gut geht.

Erzähler: Alle stimmten ihm zu. Und weil gerade Zeit zum Fressen war, krochen alle hinter Giallo her, um frische Blätter zu suchen. Nur Azzurro blieb zurück. Er mußte immer wieder darüber nachdenken, was die Blumen gesagt hatten:

Azzurro: Weitergehen, sich verändern! – Es muß also mehr geben als nur Fressen! – Vielleicht sollte ich mich aufmachen und meinen eigenen Weg suchen und ihn gehen.

Erzähler: Azzurro kam zu einem großen Stein.

Azzurro: Stein, sage mir, weißt du etwas von einem Weg, auf dem ich mein Leben verändern kann?

Stein: Ich bin ein Stein und bleibe ein Stein. Seit vielen tausend Jahren liege ich an diesem Platz. Verändert habe ich mich nur wenig.

Erzähler: Azzurro kam zu einer jungen Eiche und fragte sie:

Azzurro: Weißt du, welchen Weg ich gehen muß, um mich zu verändern?

Eiche: Schau, ich bin als Eichel an einem großen Baum gewachsen. Dann mußte ich mich trennen und fiel zu Boden. Im Boden habe ich Wurzeln geschlagen, Blätter begannen zu wachsen, und jetzt bin ich dabei, ein großer Baum zu werden. Wachsen und sich immer mehr entfalten, das verändert, das bringt Leben.

Erzähler: Die anderen Raupen hatten von Azzurros Gesprächen nichts gehört. Sie hatten seine Sehnsucht nach Veränderung und Entfaltung nicht wahrgenommen. Sie haben nur gefressen und gefressen und gefressen. Für Azzurro war es klar: Fressen, das kann nicht alles sein in meinem Leben. Ich muß meinen Weg finden. Ich muß mich verändern und ganz neu werden. Kaum hatte Azzurro diesen Entschluß gefaßt, da spürte er in sich eine große Sehnsucht nach Ruhe und Stille. Er wollte allein sein und viel Zeit haben. Er spann einen langen Faden und baute damit rund um sich herum eine schützende Hülle. In der Hülle ereignete sich bald etwas Sonderbares: Azzurro veränderte sich, und mit der Zeit spürte er ganz neue Kräfte. Vorsichtig machte er sich ein Loch in seine Hülle. Helles Licht lockte und blendete ihn. Mühsam versuchte er, sich aus diesem Loch zu zwängen. Endlich hatte er es geschafft. Aus der Raupe Azzurro war etwas ganz Neues geworden, ein wunderschöner Schmetterling. Seine Farben glänzten in der Sonne! Mit seinen zarten Flügeln flog er zur höchsten Blüte hinauf und wärmte sich vergnügt im Sonnenlicht. Er erlebte sich und seine Welt ganz neu. Neue Farben, neue Blumen gab es in seinem Leben. Er konnte fliegen und war frei. Azzurro genoß sein neues Leben. Alles war herrlich, nur ein bißchen einsam fühlte er sich.

Azzurro: Gibt es noch andere, die einen solchen Weg gehen, die gleiches erleben wie ich?

Erzähler: Am anderen Morgen war Azzurro ganz verwirrt vor lauter Freude. Er traf einen wunderschönen Schmetterling. Schnell hatten sich die beiden angefreundet. Sie erzählten sich, was sie auf ihrem Lebensweg erlebt hatten und beschlossen, ihren Weg gemeinsam fortzusetzen.

Azzurros frühere Kollegen ahnten von all dem nichts. Sie stillten weiterhin ihren Hunger mit grünen Blättern. Später hat man noch lange von der kahlgefressenen Wiese erzählt, von den großen schwarzen Vögeln und vom traurigen und sinnlosen Ende Giallos und seiner Kollegen.

Azzurro hingegen war glücklich. Täglich erlebten die beiden Schmetterlinge neue Wunder. Sie durften auch erleben, daß sie von ihrem Leben weitergeben konnten. Und so lagen auf einem Blatt schon bald wieder kleine Raupeneier.

Musik

Lied UL 25: Eine freudige Nachricht breitet sich aus (M. G. Schneider)

Evangelium

Das Gleichnis von den Talenten Mt 25, 14–30 – oder: *Das Gleichnis vom Sämann* Lk 8, 4–15

Möglich: Statt Glaubensbekenntnis: Einige Texte von den gemalten und beschriebenen Schmetterlingen vorlesen.

oder:

Fürbitten

Priester: Gott, du hast uns allen viele Talente und Fähigkeiten anvertraut. Du willst, daß wir wachsen, uns entfalten und viel Frucht bringen. Wir bitten dich:

1. Kind: Für alle Kinder. Laß dein Wort tief in ihre Herzen fallen. Hilf, daß sie ihre Fähigkeiten erkennen und den Weg gehen, den du für sie bestimmt hast.

Liedruf: GL/EA 022: Kyrie, Kyrie eleison (mündlich überliefert)

Jugendlicher: Für alle Jugendlichen, die in Gefahr sind, durch Schule, Umwelt oder Gesellschaft eingeebnet, flachgewalzt und angepaßt zu werden. Hilf, daß sie ihre Originalität nicht verlieren durch Reklame, Werbung, Fernsehen oder falsche Leitbilder. Hilf, daß sie nicht so beeinflußt werden, daß sie vergessen, ihren je eigenen Weg zu gehen.

Liedruf:

Erwachsener: Für alle, die ihre Ursprünglichkeit und Spontaneität verloren haben, die das, was alle tun, zur Norm ihres Lebens gemacht haben. Gib ihnen die Kraft, aufzubrechen aus allen Zwängen und das zu tun, was du von ihnen erwartest.

Liedruf:

2. Kind: Laß uns dankbar sein für alles, was du uns geschenkt hast. Hilf, daß wir mit deinen Gaben gut umgehen, daß wir sie entfalten und vermehren.

Liedruf:

Jugendlicher: Für alle, die noch Originale sind und den Mut haben, ihren je eigenen Weg zu gehen. Gib ihnen die Kraft, alle Hindernisse zu überwinden, und laß sie die Erfüllung ihres Lebens finden.

Liedruf:

Erwachsener: Für alle Christen, daß sie sich orientieren am Wort und Beispiel Jesu, der seinen Weg bis zum Ende gegangen ist. Laß sie glauben, daß sie durch ihn zum „Leben in Fülle" gelangen.

Liedruf:

3. Kind: Sei bei uns im neuen Schuljahr. Gib uns Mut und Kraft, das zu tun, was du von uns erwartest.

Liedruf:

Priester: Guter Gott, du hast uns als Originale erschaffen. Hilf, daß wir keine Kopien werden, sondern unsern je eigenen Weg gehen und das entfalten, was du in uns angelegt hast. Laß uns neu werden durch Jesus Christus, unseren Herrn. Amen.

Gabenbereitung
Lied: Wir spinnen, knüpfen, weben (aus: „Fest der Hoffnung" T: W. Willms / M. P. Jannssens)

Gabengebet
Gott, mit Brot und Wein bringen wir uns selbst. Laß uns mit diesen Gaben verwandelt werden in neue Menschen, die voll Mut und Kraft den Weg gehen, den Jesus uns gezeigt hat. Laß uns durch ihn zum „Leben in Fülle" gelangen. Darum bitten wir dich heute und an allen Tagen unseres Lebens. Amen.

Drittes Hochgebet für Meßfeiern mit Kindern

Präfation
Es ist gut und richtig, es bringt uns Segen und Heil, wenn wir dir, Gott, immer und überall danken für unser Leben. Wir danken dir für alle Talente und Fähigkeiten, die du uns gegeben hast, durch die unser Leben sinnvoll und fruchtbar sein soll. Wir danken dir für Jesus Christus, deinen Sohn, der sich im Tod verwandelt und wie ein Schmetterling zu neuem Leben auferstanden ist. Durch ihn, der in deinem Licht lebt, willst du auch unser Leben verwandeln und erneuern. Mit allen, die nach seinem Wort und Beispiel gelebt haben, singen wir zu deinem Lob:

Heilig-Lied GL 510: Heilig

Vater unser

Friedensgruß
Lied: Herr, geh mit, Herr geh mit auf den dunklen Wegen (aus: Licht auf meinem Weg, Menschenkinder-Musikverlag, Münster)

Danklied
Ls 82: Ja, freuet euch im Herrn (aus: Lieder Mariapoli, Neue-Stadt-Verlag, München) – oder: Geh mit uns auf unserm Weg (T: Norbert Weidinger / M: L. Edelkötter)

Schlußgebet
Gott, du hast uns gestärkt für unseren weiteren Lebensweg. Wir danken dir für dein Wort, für die Wegweisung, die du uns durch Jesus Christus gegeben hast. Laß uns in seiner Liebe leben und durch ihn neu werden. Segne uns im kommenden Schuljahr und gib uns die Kraft, miteinander zu teilen, einander zu helfen und Freude zu schenken. Begleite du uns auf allen Wegen, bis unser Lebensweg in dir seine Vollendung findet. Darum bitten wir durch Jesus Christus, unsern Herrn. Amen.

 **Aus der Reihe tanzen**

Märchen: „Der Elefant, der sang"

Eröffnung

Instrumentalmusik – oder **Lied** GL/EA 049: Suchen und fragen (T: Michael Scouarnec / M: Jo Akepsimas / S: Heinz Martin Lonquich)

Begrüßung und Einführung

Heilige sind Menschen, die, von der Botschaft Jesu begeistert, ihr Leben nach Gottes Willen ausgerichtet haben. Sie hatten Mut – so wie Jesus – aus der Reihe zu tanzen, auch wenn sie den Widerspruch ihrer Mitmenschen erfahren mußten. Sie waren nicht bereit, zu schweigen und sich anzupassen, wenn sie sahen, daß Menschen Unrecht geschah. Das, wovon sie innerlich erfüllt waren, mußten sie durch ihr Wort und Leben anderen weitersagen, auch wenn sie dafür leiden und sterben mußten. (Apostel, Martyrer = Stefanus, Vitus … Hildegard von Bingen, Geschwister Scholl …)

Auch heute gibt es noch viele Menschen, die, von Jesus angesteckt, aus der Reihe tanzen (Aktuelle Beispiele). Sie schweigen nicht zu dem Unrecht in dieser Welt. Sie widerstehen den Mächtigen, auch wenn sie dafür verlacht, verstoßen oder zum Tod verurteilt werden. Sind wir bereit, aus der Reihe zu tanzen, zu tun, was Gott von uns erwartet, oder leben wir so, wie man heute so lebt?

Besinnung/Kyrie-Ruf

Erwachsener: Gott, oft leben wir gedankenlos dahin. Wir kleiden uns modisch, passen uns an und machen das, was alle tun, zum Maßstab unseres Handelns. Vergib, wenn wir zu wenig nach deinem Willen fragen.

Liedruf GL 463: Herr, erbarme dich!

Jugendlicher: Gott, oft richten wir uns nach der Meinung der anderen. Wir passen uns an, um unsere Ruhe zu haben. Vergib, wenn wir keinen Mut haben, zu widersprechen und das zu tun, was wir für richtig halten.

Liedruf:

1. Kind: Gott, vergib, wenn wir haben wollen, was alle haben, wenn wir keinen Mut haben, uns für die einzusetzen, die verlacht und verstoßen werden.

Liedruf:

Zuspruch der Vergebung

Loblied Ls 53: Die Erde ist schön (Sœur Sourire, Neue-Stadt-Verlag, München)

Gebet

Gott, Jesus, dein Sohn, hat immer deinen Willen erfüllt und sich eingesetzt für alle, die benachteiligt waren. Er hat in dieser traurigen Welt ein Lied der Liebe und Freude angestimmt, auch wenn Fromme und Mächtige seiner Zeit nicht damit einverstanden waren. Laß uns mit ihm so leben, wie du es von uns erwartest und einstimmen in das Lied der Freude, der Liebe, des Glaubens und der Hoffnung. Gib uns deinen heiligen Geist, damit wir neue Lieder singen und das Fest der Befreiung feiern durch Jesus Christus, der uns auf dem Weg zu dir vorangegangen ist. Amen.

Lesung

Röm 12, 2.9–12: Richtet euch nicht nach den Maßstäben dieser Welt.

Märchen

Kai-to, ein junger Elefant, war anders als die anderen Elefanten. Er freute sich seines Lebens und sang. „Psst!" zischte die Mutter. „Sei still!" Elefanten singen nicht! Da sperrte Kai-to das Lied in sich ein und schwieg. Doch eingesperrte Lieder wollen frei sein.

Als Kai-to größer wurde und den geheimnisvollen Urwald mit seinen schönen Pflanzen und vielen Tieren bewunderte, da konnte er nicht länger still sein. Er hob die Stimme und sang. „Ruhe!" brüllte die Elefantenherde. „Noch nie hat ein Elefant gesungen! Wir dulden es nicht, daß du singst!" Kai-to verstand nicht, warum er nicht singen durfte, warum er seine Lebensfreude nicht im Lied ausdrücken durfte. Der Leitelefant hatte zum Glück nichts gehört. Er war schon alt und konnte nicht mehr gut sehen und hören.

Tag für Tag zogen die Elefanten auf ihren Elefantenstraßen dahin. Der Leitelefant ging voraus, und alle trotteten hinterher. Kai-to freute sich seines Lebens und zog singend mit. Er sang unterwegs, er sang, wenn sie Rast machten, manchmal sang er sogar mit vollem Mund. Einmal geschah es, daß er nachts im Traum sang. Da wurden alle Elefanten böse.

Die jungen Elefanten mochten Kai-to und sein Lied. „ Sing!" riefen sie und stellten sich im Kreis um ihn auf und lauschten. Eines Tages jedoch hörte der Leitelefant Kai-tos Lied. „Noch nie hat ein Elefant gesungen", sagte er. „Also ist es verboten!" Er jagte Kai-to fort und schloß ihn aus der Herde aus. Die Elefanten zogen weiter. Kai-to folgte ihren Spuren aus großer Entfernung. Er konnte es nicht verstehen, warum die anderen sich nicht mit ihm freuten. Manchmal sang er ein trauriges, manchmal ein zorniges Lied, aber er sang ein Lied.

„Kai-to singt!" sagten die jungen Elefanten. Unruhe überkam sie. Sie ver-

mißten den fröhlichen Kai-to und sein Lied. „Kai-to soll wiederkommen!"
riefen die jungen Elefanten und stellten sich drohend dem Leitelefanten in
den Weg. „Wenn Kai-to nicht zurückkommen darf, dann gehen wir auch!"
„Das ist noch nie geschehen", sagte der Leitelefant. „Denk nach!" riefen die
anderen. „Es ist Zeit!" Der Leitelefant hatte schon lange nicht mehr nachge-
dacht. „Das ist alles noch nie geschehen", sagte der Leitelefant. „Daß ein
Elefant singt, daß man sich gegen mich stellt und daß ich denken muß, das
gab es noch nie." „So geschieht dies alles zum erstenmal", sagten die Jungen. „Hol Kai-to und sein Lied zurück!" „Das geht nicht", sagte der Leitelefant. „Ich würde gegen ein altes Elefantengesetz verstoßen". „Und?" fragten
die Jungen. „Wenn ein Gesetz alt ist, dann muß es nicht gut sein. Hol
Kai-to zurück!" riefen die jungen Elefanten. Da fügte sich der Leitelefant
und ging zu Kai-to.
„Wir holen dich und dein Lied zurück!" riefen seine Freunde. Kai-to freute
sich, denn es gefiel ihm nicht, allein zu sein. Als sie ihm einen Blumen-
kranz umhängen wollten, fraß er ihn auf. „Ich bin nichts Besonderes", sagte
er. „Ich singe nur, weil ich mich freue."
„Jagt ihn fort!" riefen seine Freunde und zeigten auf den Leitelefanten.
„Ich habe Erfahrung. Ich weiß, wo die Wasserlöcher sind, und vieles mehr",
sagte der Leitelefant. „Wir wollen miteinander gehen", sagte Kai-to. „Du
bist erfahren, und ich habe gute Augen."
So zogen sie zusammen los. Viele Reiher waren plötzlich am Himmel, und
auf jeden Elefantenrücken setzte sich einer von ihnen. Seit damals geschieht es öfter, daß Elefanten singen.
(nach: Gina Ruck-Pauquet)

Stille

Liedruf Ls 217: Andere Lieder wollen wir singen (T: A. Albrecht /
M: P. Janssens, aus: Wir haben einen Traum)

2. Kind: Herr, wir singen dir ein Lied, ein Lied der Hoffnung. Wenn du alle
befreist, die in Ängsten sind, siehe, dann werden wir leben, dann werden
wir lachen auf den Straßen, tanzen auf den Plätzen und singen in den Häusern, dann werden wir jubeln und rufen: Der Herr hat uns befreit. Er lebt
und läßt uns leben.

Liedruf:

Evangelium
Weil ich euch erwählt habe, haßt euch die Welt Joh 15, 18–21 – *oder: Die
Jünger rupfen Ähren* Lk 6, 1–5 – *oder: Heilung der verkrümmten Frau am
Sabbat* Lk 13, 10–17 – *oder: Die syrophönizische Frau* Mk 7, 24–30 – *oder:
Ich habe aufgespielt, ihr habt nicht getanzt* Mt 11, 16–19; Lk 7, 31–35

Ansprache

Kai-to freut sich seines Lebens und singt. Weil das nicht üblich ist, weil man das nicht tut, muß er sein Lied in sich einsperren. Wer von uns hat nicht solche Erfahrungen gemacht? Claudia erzählte mir ein Jahr nach der Erstkommunion: „Am Heiligabend wollte ich in die Familienmette kommen, aber Mutter hat gesagt: ‚Das gibt es nicht, wann soll denn die Bescherung sein? Wir wollen doch auch zusammen essen und feiern.‘ Enttäuscht blieb Claudia zu Hause. ‚Bei Tisch‘, sagte sie, ‚hatte ich das Gefühl, daß ich beten mußte. Ich schlug vor, mit einem Tischgebet zu beginnen.‘ ‚Spinnst du?‘ fuhr mein Vater mich an. Wütend, traurig und weinend lief ich in mein Zimmer und sperrte mich ein."

Andreas verkaufte, vom Beispiel seiner Mutter angesteckt, Missionskalender. Es machte ihm Freude, denn er hatte guten Erfolg. Als er seinen Klassenkameraden welche anbot, wurde er laut ausgelacht und verspottet. „Warum machst du den Quatsch? Er bringt dir doch nichts ein!" sagte einer. In der Missionsarbeit der Gemeinde half Andreas seiner Mutter nicht mehr.

Jürgen hatte von seinen Klassenkameraden zum Geburtstag Kriegsspielzeug geschenkt bekommen. Er ließ sich von seinen Eltern überzeugen, daß es nicht gut sei, Krieg zu spielen und Kriegsspielzeug zu haben. Deshalb warf er alles in den Mülleimer. Von seinen Kameraden wurde er als „Friedensengel" verlacht und ausgestoßen.

Gefühle, Wünsche, Freuden, die eingesperrt werden, machen lahm und mutlos, verleiten dazu, still und gedankenlos hinter den anderen herzutrotten. Jeder und jede von uns könnte ähnliche Beispiele aus seinem Leben erzählen. In Kirche, Schule und Gesellschaft dürfen wir so vieles nicht tun, weil es nicht üblich ist, weil man das nicht macht. Wieviele Gefühle, Hoffnungen, Überzeugungen, wieviel Freude und Spontaneität müssen wir einsperren, weil man so nicht redet, denkt und handelt. Eingesperrte Lieder, Gefühle, Wünsche und Hoffnungen aber wollen frei sein. Kai-to kann das Lied der Freude, des Dankes nicht länger einsperren, als er die Schönheit des Urwaldes und die Vielfalt der Tiere dort sieht. Er singt und freut sich seines Lebens. Es wäre gut, wenn wir uns alle so befreien könnten, um unser eigenes Lied, das Lied, das Gott in uns singt, herauszubringen.

Jesus ließ sein Lied, das Lied der Freude, der Liebe, der Güte und Menschenfreundlichkeit Gottes in sich aufkommen und sang es vor Gott und den Menschen. Er ließ es zu, daß Gott in ihm sein Lied sang. Er sang es weiter vor armen und benachteiligten Menschen, er sang es vor den Mächtigen und Frommen seiner Zeit. Diese aber wollten ihm die Lebensfreude, das, was er von Gott sagte und sang, verbieten. Jesus aber sperrte sein Lied nicht ein. Er machte und macht allen Menschen Mut, ihr eigenes Lied zu singen, Gottes Lied in ihrem Innern zu vernehmen und es weiterzusingen. Jesus wurde getötet, weil er sagte und tat, was nicht üblich war, weil es noch nie jemand gab, der so von Gott geredet, so aus der Kraft Gottes gelebt und gehandelt hat wie er. Durch sein Beispiel befreit, haben viele Heilige nach seinem Beispiel gelebt. Seinetwegen hatten sie Mut, ihr Lied vom Glauben, von der Hoffnung, von der Freude, vom Frieden, von der Liebe in dieser Welt zu singen, das Lied weiterzusingen, das Gott in ihnen begonnen hatte. Die Heiligen haben sich nicht nach den Maßstäben dieser Welt gerichtet. Deshalb wurden sie – wie Jesus – abgelehnt, verurteilt, oft auch gequält und getötet. Gott aber braucht heute dringend Menschen, die das Lied der Freude und Hoffnung singen in einer Welt, in der so viele Menschen traurig und mutlos sind. Er braucht Menschen, die das Lied vom Frieden singen in einer Welt, die voller Waffen ist. Gott braucht Menschen, die das Lied der Liebe singen in einer Welt, in der sich das Unrecht breit macht. Er braucht Menschen, die das Lied vom Leben singen in einer Welt, die vom Tod bedroht ist. Gott braucht Menschen, die das Lied der Ehrfurcht und Zärtlichkeit singen in einer Welt, in der es viel Gewalt gibt, in der seine gute Schöpfung ausgebeutet und zerstört wird. Er braucht Menschen, die das Lied des Glaubens singen in einer Welt, die nach Erlösung schreit, in der Gott aber oft vergessen und an die letzte Stelle gerückt wird. Ob wir bereit sind, mit Jesus und den Heiligen dieses Lied zu singen, das Lied, das Gott in uns singen möchte? Ob wir bereit sind, es auch dann zu singen, wenn wir deswegen verurteilt, ausgelacht und ausgestoßen werden? Singen wir es! Die Welt braucht dringend solche Menschen. Jesus stärkt uns dazu durch sein Wort und Leben, durch das eucharistische Brot. Singen wir das Lied, das in uns ist, das Lied, das Gott in uns singt.

Instrumentalmusik

Fürbitten
Lied GL/EA 039: Zeige uns den Weg, (T: und M: Richard Strauß-König) – *oder* GL 299: Manchmal kennen wir Gottes Willen

Gabenbereitung
Orgel

Gabengebet
Gott, nimm uns mit Brot und Wein an und verwandle uns in Menschen, die mutig dem Beispiel Jesu folgen und aus der Reihe tanzen, die dein Lied in dieser Welt aufklingen lassen, das Lied der Liebe und der Freude. Darum bitten wir durch Jesus Christus, der uns befreit hat zum Leben. Amen.

Erstes Hochgebet für Meßfeiern mit Kindern

Präfation
Es ist gut und richtig, dir, Gott, immer und überall zu danken, für die Wunder deiner Schöpfung, für das Lied der Freude und des Lebens, das du in uns hineingelegt hast. Wir danken dir für Jesus, deinen Sohn, der uns befreit hat und uns den Weg zu dir gezeigt hat. Wir danken dir für alle heiligen Menschen, die sich nicht nach den Maßstäben dieser Welt gerichtet haben,

sondern mutig dem Beispiel Jesu gefolgt sind. Wir danken dir für alle Hilfe, die Menschen durch ihre Fürbitte erfahren haben. Mit allen Erlösten singen wir zu deinem Lob:

Heilig-Lied GL 257,3: Heilig, Herr Gott Zebaoth

Vater unser   Friedensgruß

Vor der Kommunion
Lied 036, 1.–3. Str. GL/EA Brot, das die Hoffnung nährt (T: Wilhelm Willms / M: P. Janssens)

Kommunion

Dank Lied GL/EA 046: Ihr Mächtigen, ich will nicht singen (T: Christine Heuser / M: Naomi Shemer–Sapir) – *oder* GL 473: Im Frieden dein

Schlußgebet
Gott, wir danken dir für alle heiligen Menschen, die uns an den Himmel erinnern. Sie leben im stummen Protest, wo alles unabänderlich zu sein scheint. Sie singen ein neues Lied, wo alle gedankenlos dahintrotten, sie wagen es, den Mächtigen zu widerstehen und sich für eine bessere Zukunft der Menschen einzusetzen. Wir danken dir, daß du sie uns gegeben hast und immer wieder gibst. Laß uns, durch dieses Mahl gestärkt, mutig dem Beispiel Jesu folgen und das Lied von deiner Liebe und Güte in dieser Welt singen. Darum bitten wir dich durch Jesus Christus, unsern Bruder und Wegbegleiter. Amen.

Singt und tanzt vor dem Herrn!

Die Sprache unseres Körpers ist unmittelbarer und kann vieles besser zum Ausdruck bringen als Worte. Der Tanz ist eine lebendige Möglichkeit, das auszudrücken, was uns bewegt. Meditative, liturgische Tänze sind fast immer Kreistänze. Im Kreistanz drückt sich aus, daß wir uns um eine gemeinsame Mitte bewegen. Im Gottesdienst ist diese gemeinsame Mitte der Altar, Symbol für Jesus Christus. Die Mitte kann auch durch Licht oder Blumen betont werden. Gemeinsam nähern wir uns unserem Zentrum und erleben so die Mitte als Quelle der Gemeinschaft, der Kraft und Freude.

Im Tanz beten wir ganzheitlich mit unserem ganzen Körper. Wir zeigen, daß wir miteinander auf dem Weg sind, beweglich sind, miteinander feiern. Erfahrungen unseres Lebens können im Tanz einen leibhaftigen Ausdruck finden. Der Tanz schafft Verbindung zwischen den Tanzenden, er kann lösen, was hart und starr geworden ist, kann befreien von Ängsten. Im Tanz haben wir einen Standpunkt, halten aber nicht starr daran fest, sondern wagen in der Verbundenheit mit anderen neue Schritte, Fort-schritte, Rückschritte, eine Änderung der Richtung, ein Innehalten. Mehr als es oft mit Worten oder anderen Medien möglich ist, kann im Tanz der „Umgang" mit einem bestimmten Thema zu einer sehr dichten und intensiven Erfahrung werden. Im Kreis, einem Symbol der Ganzheit, öffnen wir uns, strecken wir uns aus nach dem, was über uns ist, verneigen wir uns, drehen wir uns um uns selbst, gehen wir aufeinander zu und wieder auseinander, wiegen uns an unserem Platz und schwingen uns ein am dem Ort, wo wir jeweils stehen, um uns so vorzubereiten auf ein neues Stück Weg oder eine neue Begegnung. Das alles sind Lebens- und Wegerfahrungen. Die Orante-Haltung kann uns weit werden lassen und auch füreinander öffnen. Mit ausgestreckten Händen dastehen, kann bedeuten, daß wir uns mit den Kräften aus dem Himmel und aus der Erde verbinden; das Drehen, daß wir das Empfangene aus dem Kreis heraustragen wollen.

Es ist schwierig, Tänze mit Worten zu vermitteln. Bei jedem Tanz können wir die Bewegung mit anderem Inhalt füllen. Unsere Tanzrichtung im Kreistanz ist zunächst immer rechtsherum, d. h. in Richtung aufgehender Sonne. Wir bewegen uns also auf das Licht, auf den Tag, auf das Leben, auf den neuen Anfang hin. Linksherum bewegen wir uns in Richtung Sonnenuntergang, Nacht, Tod. Wir bewegen uns zwischen Licht und Dunkel, Anfang und Ende, Leben und Tod. Unsere Zuwendung zum Licht symbolisieren wir durch die Haltung der Hände. Die rechte Hand ist nach oben geöffnet. Sie ist bereit, anzunehmen, aufzunehmen, sich beschenken zu lassen. Mit der linken Hand geben wir das Empfangene weiter. Wir zeigen damit: Wir leben vom Nehmen und Geben. Im Tanz stellen wir uns aufeinander ein. Jeder und jede trägt zum Gelingen bei, zum Singen und Tanzen vor dem Herrn.

Tanzbeschreibungen

Lobet und preiset, ihr Völker, den Herrn
(Kanon GL 282)
3 Kreise (um den Altar) bilden
Lobet und preiset, ihr Völker, den Herrn, (Offene Hände hoch erheben = Orante-Haltung)
freuet euch seiner und dienet ihm gern. (Hände anfassen = eine offen, um die Hand des Nachbarn, der Nachbarin zu nehmen, die andere gebend –
1. Kreis geht rechts in Tanzrichtung,
2. Kreis geht links
3. Kreis geht rechts
All ihr Völker, lobet den Herrn. (Mit geöffneten Händen sich tief verneigen)

Mache dich auf und werde Licht
(Ls 112, aus: Lieder Mosaik, Präsenz-Verlag der Jesusbruderschaft, Gnadenthal)
Alle Tanzenden halten ein Licht in der Hand – so kann man im Schreittanz in die Kirche einziehen – oder Kanon: zwei oder vier Kreise (um den Altar) bilden – alle tragen ein Licht in der linken Hand und halten die rechte Hand schützend davor
1. **Mache dich auf und werde Licht!** (Rechte Hand im weiten Bogen zur Seite führen = sich öffnen)
2. **Mache dich auf und werde Licht!** (2 × 2 Anstellschritte in Tanzrichtung rechts)
3. **Mache dich auf und werde Licht,** (Licht hochheben und sich 1 × um die eigene Achse drehen = 4 Schritte)
4. **denn dein Licht kommt!** (Lichter hochheben und in der Mitte zusammenhalten)

Der Himmel geht über allen auf
(GL/EA 042; T: Wilhelm Willms / M: Peter Janssens) Vier Kreise (um den Altar) bilden
Der Himmel geht über allen auf, (Arme in der Mitte zusammen – hochheben und dann rechts und links mit den Händen einen großen Kreis zeichnen)
auf alle über, über allen auf. (Arme rechts und links auf die Schulter des Nachbarn / der Nachbarin legen und rechts gehen.
Bei der Wiederholung links gehen.

Laßt uns miteinander
(Ls 102, mündlich überliefert / Verfasser unbekannt) Kreis(e) (um den Altar) bilden – Hände anfassen.
Laßt uns miteinander, laßt uns miteinander singen, loben, preisen den Herrn! (rechts in Tanzrichtung gehen – 1. Zeile wiederholen und links gehen)
Laßt uns das gemeinsam tun (zur Mitte gehen – Hände hochhalten)
singen, loben, preisen den Herrn, (zurückgehen – Hände sinken lassen)
singen, loben, preisen den Herrn, (jeweils zwei Partner/innen legen rechte Hände ineinander und drehen sich rechtsherum) – bei der Wiederholung linke Hände ineinander legen und linksherum gehen. Zum Kreis anfassen.

Singen, loben, preisen den Herrn, (gemeinsam zur Mitte gehen)
singen, loben, preisen den Herrn. (und zurück!)

Von guten Mächten treu und still umgeben

(T: D. Bonhoeffer / M: Siegfried Fietz)

Kreis (um den Altar) bilden – alle reichen sich die Hände und schwingen mit dem Körper leicht in die Musik ein. Zum Schluß der jeweiligen Strophe Hände loslassen.

Kehrvers: 1. Str.:

Von guten Mächten wunderbar geborgen, Arme und Hände so formen, als würden sie jemanden liebevoll umarmen.

erwarten wir getrost, was kommen mag, beide Hände offen nach oben halten

Gott ist mit uns am Abend und am Morgen, mit offenen, erhobenen Händen einmal um die eigene Achse drehen

und ganz gewiß an jedem neuen Tag – alle fassen sich wieder an.

Kehrvers 2. Str.:

Von guten Mächten wunderbar geborgen Hinwendung zum rechten Nachbarn/ Nachbarin Hände auf die Oberarme des/der anderen legen

erwarten wir getrost, was kommen mag, offene Hände ineinanderlegen – Handteller nach oben

Gott ist mit uns am Abend und am Morgen sich miteinander einmal drehen

und ganz gewiß an jedem neuen Tag alle fassen sich wieder an.

Kehrvers 3. Str. = 1. Str.

Kehrvers 4. Str. Hinwendung zum linken Nachbarn/Nachbarin usw.

Laudate omnes gentes

(Taizé-Liederheft Nr. 23)

Laudate omnes gentes Arme hochheben und zur Mitte gehen – Arme ruckartig sinken lassen

laudate dominum sich nach außen mit weit offenen Armen 1 ½ × drehen = 3 große Schritte (um die eigene Achse)

Laudate omnes gentes in Tanzrichtung gehen, mit ausgebreiteten Armen sich langsam zur Kreismitte drehen und zum Kreis anfassen

laudate Dominum gemeinsam in Kreisrichtung gehen

O, Adoramus te Domine

(Taizé-Liederheft Nr. 31)

2 Kreise (um den Altar) bilden – 2. Kreis steht in der Lücke des vorderen Kreises.
1. Kreis: O – – –, zur Mitte gehen und Arme erheben, Hände offen
2. Kreis: zurückgehen, Hände geöffnet, seitlich nach unten halten

Adoramus te Domine 1. u. 2. Kreis: sich tief verbeugen
1. Kreis: O – – –, zurückgehen und sich die Hände reichen.
2. Kreis: vorgehen und Hände auf die gefaßten Hände im ersten Kreis legen.

Adoramus te Domine singen – leicht wiegen – dann geht 2. Kreis vor und 1. Kreis zurück

Jubilate Deo (Kanon)

(Taizé-Liederheft Nr. 8)

Kreis(e) (um den Altar) bilden

Jubilate Deo mit erhobenen Armen und offenen Händen zur Mitte gehen

Omnis terra mit erhobenen Armen 1 x um die eigene Achse drehen (Hände locker fallen lassen)

Servite Domino in laetitia rückwärts gehen mit Armen nach unten – offene Hände seitlich halten – zum Kreis durchfassen

Alleluja, alleluja, in laetitia gemeinsam mit erhobenen Händen zur Mitte gehen – bei der Wiederholung zurück.

Komm, bau ein Haus

(Friedrich Karl Barth / Peter Horst / Hans-Jürgen Netz / P. Janssens)

Kreis (um den Altar) bilden

Komm, mit beiden Händen einladen (zu sich hin winken)

bau ein Haus, Fingerspitzen aneinander halten, Unterarme auseinander = Form eines Daches

das uns beschützt,

pflanz einen Baum, der Schatten wirft mit beiden Händen vom Boden her Wurzeln, Stamm, große Krone nachzeichnen – Hände in der Mitte zusammenführen

und beschreibe den Himmel, der uns blüht, Hände weit auseinander

und beschreibe den Himmel, der uns blüht Hände fassen sich an, Arme hochheben.

Kehrvers nach der 1. Str.

Komm, den rechten Nachbarn/Nachbarin einladen (zu sich hinwinken)

bau ein Haus, das uns beschützt Hände aneinander halten, Arme hoch (= gemeinsames Dach)

pflanz einen Baum, der Schatten wirft, miteinander Wurzeln, Stamm, Krone nachzeichnen – Hände in der Mitte zusammen,

und beschreibe den Himmel, der uns blüht, Hände auseinander im weiten Bogen und sich zur Kreismitte drehen

und beschreibe den Himmel, der uns blüht. Alle fassen sich an, Hände und Arme hochhalten.

Kehrvers nach der 2. Str. = wie 1

Kehrvers nach der 3. Str. wie 2, nur zur linken Nachbarin hin usw.

Lobt den Herrn auf Straßen und auf Plätzen

(Ls 55, mündlich überliefert, Verfasser unbekannt)

Kreis (um den Altar) bilden – alle fassen sich an

Lobt den Herrn auf Straßen und Plätzen! In Tanzrichtung rechts gehen.

Halleluja, Halleluja! In die Hände klatschen und 1 × rechts um die eigene Achse drehen.

Lobet ihn, denn er ist unser Leben, in Tanzrichtung links gehen

Halleluja, Halleluja! In die Hände klatschen und 1 × links um die eigene Achse drehen.

Refrain: Halleluja, Halleluja, gemeinsam zur Mitte gehen – Hände hoch

Halleluja, halleluja! Hände sinken lassen und zurückgehen.

Vater unser – mach alles neu

(Stefan Vesper, Rechte beim Deutschen Katecheten-Verein, München)

Aufstellung: 2 Kreise auf Lücke

Unser Vater im Himmel, vor (rechts, links, anstellen) zurück

mach alles neu, seit – seit (2 Anstellschritte)

geheiligt sei dein Name, vor (rechts, links, anstellen) zurück

mach alles neu. seit – seit (2 Anstellschritte)

Dein Reich komme auf die Erde Innenkreis drehen, nach außen gehen, Außenkreis mit zwei Schritten nach innen

mach alles neu, scit – seit (2 Anstellschritte)

unser Vater im Himmel, vor – zurück

mach alles neu. seit – seit.

Zwischenspiel: Außenkreis drehen – seit – seit, Innenkreis vor – zurück usw.

Stichwortverzeichnis

Schriftstellen

Hilfen für die Gottesdienstgestaltung

Heriburg Laarmann
Mit Freude das Leben feiern
Neue Familiengottesdienste
Neue, vollständig ausgearbeitete Vorschläge für die Feier von
Familiengottesdiensten. Sr. Heriburg Laarmann zeigt wieder einmal,
wie es möglich ist, die Grunderfahrungen menschlichen Lebens auf
die Botschaft Gottes hin durchsichtig zu machen.
3. Auflage, 176 Seiten, Paperback. ISBN 3-451-23047-X

Heriburg Laarmann
Mit Märchen und ihren Sinnbildern
Neue Familiengottesdienste
„In diesem Buch unternimmt Heriburg Laarmann den gelungenen
Versuch, wesentliche Aussagen aus der Welt der Märchen im Spiegel
der Offenbarung zu sehen und mit den Aussagen Jesu zu verdichten"
(Pfarrer Willi Hoffsümmer).
8. Auflage, 160 Seiten, Paperback. ISBN 3-451-21036-3

Heriburg Laarmann
Wir feiern Erstkommunion
Gottesdienstmodelle
Acht Eucharistiefeiern, Dankandachten und eine Maiandacht, alle
in der Gemeinde erprobt und mit viel Phantasie und Liebe zum Kind
ausgeführt; mit einer Einführung und praktischen Anregungen zur
Vorbereitung mit Kindern und Eltern.
4. Auflage, 80 Seiten, Paperback. ISBN 3-451-21161-0

Heriburg Laarmann
Mit allen Sinnen das Leben feiern
Neue Familiengottesdienste
Dieses Buch regt mit seinen Vorschlägen für Rollenspiele, Aktionen,
Tanz und gemeinsamen Gebeten zu eigener, neuer Kreativität an.
Ideal für Seelsorger, Katecheten und Liturgiekreise.
176 Seiten, Paperback. ISBN 3-451-23570-6

Verlag Herder Freiburg · Basel · Wien